09/07

Padres para Dummies™

onos importantes

a: _____

eros: _____

co: _____

lancia: _____

tal: _____

os: _____

io: _____

s: _____

Mandamientos para padres

Nada sobrepasará en importancia a tus hijos.

Tratarás de tener mucha paciencia en épocas de estrés.

Les darás a tus hijos alimentos nutritivos y saludables.

Amarás y cuidarás a tus hijos.

Tratarás de proteger y mantener a tus hijos fuera de peligro.

Te comunicarás abierta y honestamente con tus hijos.

Servirás de ejemplo a tus hijos en todas las circunstancias.

Tratarás a tus hijos con respeto.

No sacudirás ni tratarás de agredir físicamente a tus hijos.

Serás un apoyo para el padre o la madre de tus hijos.

nsejos generales para padres

1. Usted no siempre va a hacer las cosas bien. Cuando se dé cuenta de que ha manejado mal una situación, corrija el error, olvídelo y vuelva a ensayar.

   Ser un buen padre es algo que toma tiempo y requiere práctica.

   Ser padres es una secuencia de ensayos y errores. Ya aprenderá de ellos. Aparte de las reglas sobre ser consecuente, mantenerse firme y comunicarse positivamente, hay muy pocas reglas definitivas para ser padres. Es necesario averiguar qué funciona mejor en sus circunstancias.

   No se exaspere con sus hijos. Seguir las reglas que se dan en este libro puede ser difícil. Sea persistente y continúe tratando. Sus hijos necesitan que usted sea fuerte.

5. Diviértase con sus hijos. Éstos no querrán jugar con usted por mucho tiempo. Aproveche ese tiempo y juegue con ellos lo más posible. Llegará el día en que ellos sólo querrán jugar con sus amigos y usted tendrá que rogarles que pasen un rato con usted.

6. Apague el televisor y lean juntos. Leer, conversar, caminar y jugar es mucho más divertido que el efecto hipnotizador de la televisión.

Padres para Dummies ™

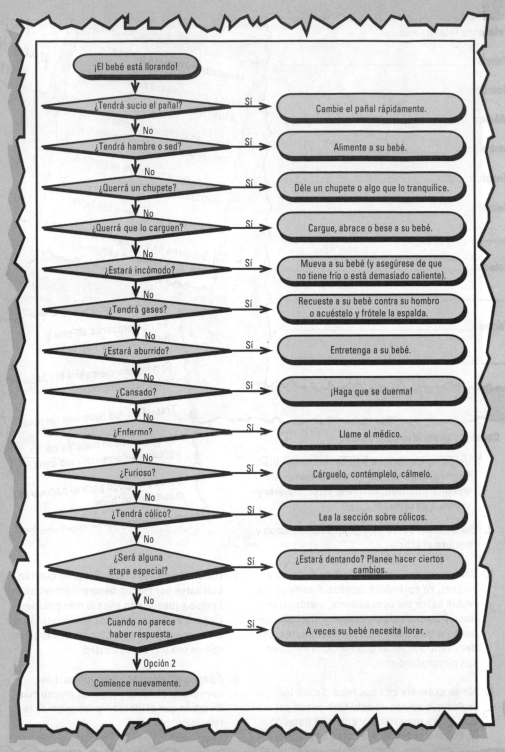

¡El bebé está llorando!

¿Tendrá sucio el pañal? — Sí → Cambie el pañal rápidamente.
No ↓
¿Tendrá hambre o sed? — Sí → Alimente a su bebé.
No ↓
¿Querrá un chupete? — Sí → Déle un chupete o algo que lo tranquilice.
No ↓
¿Querrá que lo carguen? — Sí → Cargue, abrace o bese a su bebé.
No ↓
¿Estará incómodo? — Sí → Mueva a su bebé (y asegúrese de que no tiene frío o está demasiado caliente).
No ↓
¿Tendrá gases? — Sí → Recueste a su bebé contra su hombro o acuéstelo y frótele la espalda.
No ↓
¿Estará aburrido? — Sí → Entretenga a su bebé.
No ↓
¿Cansado? — Sí → ¡Haga que se duerma!
No ↓
¿Enfermo? — Sí → Llame al médico.
No ↓
¿Furioso? — Sí → Cárguelo, contémplelo, cálmelo.
No ↓
¿Tendrá cólico? — Sí → Lea la sección sobre cólicos.
No ↓
¿Será alguna etapa especial? — Sí → ¿Estará dentando? Planee hacer ciertos cambios.
No ↓
Cuando no parece haber respuesta. — Sí → A veces su bebé necesita llorar.
↓ Opción 2
Comience nuevamente.

Padres PARA DUMMIES

Sandra Hardin Gookin
Dan Gookin, Ed.

Traducción
Marcela De Narváez Cuervo

GRUPO
EDITORIAL
norma

Bogotá, Barcelona, Buenos Aires, Caracas, Guatemala,
Lima, México, Panamá, Quito, San José, San Juan,
Santiago de Chile, Santo Domingo

Edición original en inglés:
PARENTING FOR DUMMIES
de Sandra Hardin Gookin.
Una publicación de Wiley Publishing, Inc.
Copyright © 1995 del texto y del material gráfico por Not Another Writer, Inc.

Edición en español publicada mediante acuerdo con
Wiley Publishing, Inc.
Copyright © 1996 para todo el mundo de habla hispana,
excluyendo España, por Grupo Editorial Norma, S. A.
Apartado Aéreo 53550, Bogotá, Colombia.
http://www.norma.com
Reservados todos los derechos.
Prohibida la reproducción total o parcial de este libro,
por cualquier medio, sin permiso escrito de la Editorial.
Impreso por Cargraphics S. A. — Imprelibros
Impreso en Colombia — Printed in Colombia
Segunda edición, 2005

Edición, María del Mar Ravassa y Lucrecia Monárez
Armada electrónica, Samanda Sabogal Roa
ISBN 958-04-8536-4

Tome un tema de actualidad y de interés general, añádale el nombre de un autor reconocido, montones de contenido útil y un formato fácil para el lector y a la vez divertido, y ahí tiene un libro clásico de la serie ...para Dummies.

Millones de lectores satisfechos en todo el mundo coinciden en afirmar que la serie ...para Dummies ha revolucionado la forma de aproximarse al conocimiento mediante libros que ofrecen contenido serio y profundo con un toque de informalidad y en lenguaje sencillo.

Los libros de la serie ...para Dummies están dirigidos a los lectores de todas las edades y niveles del conocimiento interesados en encontrar una manera directa y a la vez entretenida de aproximarse a la información que necesitan.

GRUPO
EDITORIAL
norma

WWW.DUMMIES.COM

¡Descubra Dummies en línea!

El sitio web de la serie ...para Dummies es un recurso divertido y amistoso, diseñado para que usted tenga a la mano toda la información que necesita sobre los libros publicados en la serie ...para Dummies. Desde este sitio web usted puede comunicarse directamente con Wiley Publishing, Inc, la editorial que publica en Estados Unidos los libros que el Grupo Editorial Norma traduce al español y distribuye en América Latina. En este sitio usted puede intercambiar ideas con otros lectores de la serie en todo el mundo, conversar con los autores de los libros, ¡y divertirse!

10 cosas divertidas y útiles que usted puede hacer en www.dummies.com:

1. Participar en rifas de libros de la serie ...para Dummies.
2. Registrar su libro y participar en concursos.
3. Conocer sus autores favoritos en los chats que organiza Wiley Publishing, Inc.
4. Intercambiar información útil con otros lectores de la serie ...para Dummies.
5. Descubrir otros libros ...para Dummies en inglés.
6. Comprar ropa ...para Dummies, exclusiva en este sitio web.
7. Comprar otros libros ...para Dummies en inglés.
8. Hablar con Wiley Publishing, Inc. Hacer comentarios y preguntas y ¡obtener respuestas!
9. Descargar software gratuito.
10. Ubicar otros recursos útiles por intermedio de los autores de los libros de la serie.

Busque otros libros en español ...para Dummies sobre cualquiera de estos temas:
Alimentos y bebidas • Nutrición • Historia • Religión • Arte • Música • Mitología
• Psicología • Superación personal • Idiomas

Sobre la autora

Sandra Hardin Gookin se graduó en comunicaciones en la Universidad del Estado de Oklahoma. Su entrenamiento en comunicaciones ha sido la base de sus teorías sobre cómo ser padres en el mundo de hoy. Eso ... y mucha experiencia, han tenido como resultado métodos de crianza que funcionan.

Sobre el editor

Dan Gookin se graduó en comunicaciones en la Universidad de California en San Diego. Ha escrito más de 30 libros sobre computadores, traducidos a más de 25 idiomas, entre ellos el bestseller internacional *DOS for Dummies*. Dan y Sandra son los orgullosos padres de cuatro chicos.

Dedicatoria

Este libro está dedicado a usted, nuestro lector. Le agradecemos el hecho de interesarse tanto en sus hijos como para querer ser el mejor padre posible. No hay nada tan importante en este mundo como su labor de padre, y lo felicitamos por sus esfuerzos.

Agradecimientos

Este libro se escribió con un deseo sincero de ayudarles a los padres en temas que tienen muy pocas respuestas correctas e incorrectas. Se requiere mucha gente realmente buena para sacar adelante un proyecto como éste, y ésas son las personas a quienes quisiéramos manifestarles nuestro agradecimiento.

Gracias, Matt Wagner, de Producciones Waterside, por poner este libro en manos de John Kilcullen y Kathy Welton, de libros IDG. Gracias a John y a Kathy por aceptar esta idea y por publicarla. Gracias, Bill Helling, por su excelente trabajo de edición y por hacer que parezca como si nosotros realmente fuéramos expertos en gramática y en el uso correcto de la puntuación,.!?

Queremos darles las gracias a nuestros padres por enseñarnos a todos algo muy especial: A Shirley por inculcarnos la firme creencia de que la familia es lo más importante que podemos tener (y por enseñarnos que uno *siempre* debe apoyar a sus hijos); a Virgil por no gritar, a pesar de tener bastantes razones para hacerlo; a Jonnie por su amor y respeto hacia la lectura y a Bob por saber cómo retirarle el motor a un Volkswagen.

Tenemos que mencionar a nuestros hijos, Jordan, Simon, Jonah y Jeremiah. Todos ustedes han sido unos maravillosos ratones de laboratorio, con los que hemos podido practicar nuestros conocimientos acerca de la crianza de los hijos. Esperamos que no se resientan por habernos referido a sus vidas en un libro.

Les agradecemos sus comentarios a las *muchas* personas que revisaron este libro. Los leímos todos, a pesar de que no siempre estuvimos de acuerdo con ustedes:

Chris J. Boyatzis, Ph.D., padre de Jeniss (próximo a nacer) y padrastro de Janine (9 años).

Michelle Brock, ex funcionaria de un centro infantil y todavía interesada en los adultos del mañana.

Melissa Buddendeck, madre de Andy (2 años) y Sarah (4 años).

Tamara S. Castleman, poetisa.

Robin Coons, enfermera profesional; madre de Justin (16) y de Jessica (8).

Denise Delozier, auxiliar de otontología; madre de Megan (13), Malary (10), Madalyn (8) y Bryar (3).

Terri Edelman, nueva madrina de Ryan Parker Lefebvre (7 meses).

Debra Englander, madre de Elise (6).

Richard Graves, padre de la recién nacida Ericka (7 meses).

Paula Hershman, posible futura madre.

Diana Korte, madre de Aren (29), Drew (31), Juliana (27) y Neil (33); abuela de Akio (3) y Hope (2).

Beth Lefebvre, madre de Ryan (7 meses).

Stacey Holden Prince, hermana mayor de Gerry, Trista y Greg.

Anna Rohrer, madre de tres adolescentes y de un marino de los Estados Unidos: Brian (20), Amie (18), Reilly (15) y Mark (14).

Helen Saraceni, madre de dos hijos adultos, quienes sobrevivieron a los ensayos y errores de su madre.

Dra. Mary Jo Shaw, pediatra, madre de Kellen (9), Christopher (6) y Mason (3).

Jennifer Wallis, tía extraordinaria.

Jody wilson, maestra, madre de Jeff (14), Molly (13) y Tim (9).

Bronwyn Wolf, especialista en currículo de centros infantiles y futuro padre.

Jeanne Wolverton, voluntaria profesional, madre de Bill (33), Kay (30) y Andy (29); abuela de Christopher (4) y Drew (1).

(La casa editorial desea agradecer de manera especial a Patrick J. McGovern y a Bill Murphy, sin quienes no habría sido posible escribir este libro.)

Tabla de contenido

• •

Prólogo

• •

A pesar de que el tema de este libro podría dar la sensación de que está dirigido a una subclase de la población — los *dummies**—, el hecho es que, cuando se trata de criar hijos, en algún momento todos nos sentimos *despistados*.

Yo llegué a esta conclusión bastante temprano en la vida. Tan temprano, en realidad, que todavía no había salido del hospital. Yo era tan ingenua cuando nació mi hijo hace 15 años, que entré en pánico cuando le vi por primera vez en el pecho lo que parecían dos granitos. Ustedes se podrán imaginar lo turbada que me sentí cuando la enfermera me dijo que eran sus tetillas.

Bien, pues yo empecé lentamente. Si usted está próximo a ser padre, o si ya tiene hijos pequeños, es posible que a veces se sienta perplejo, y, también, un poco abrumado. No se preocupe; eso es normal. El hecho de que usted haya tomado este libro indica que la ayuda viene en camino.

Escrito por una madre de cuatro hijos, que ha navegado por las aguas peligrosas de la crianza — como esos momentos interminables cuando su hijo gime durante lo que parecen cinco minutos (o quizás sean cinco horas) —, *Cómo ser padres hoy para dummies* pasa por alto teorías y explicaciones sofisticadas, va al grano y brinda consejos prácticos y sensatos que usted puede aplicar ahora mismo.

En realidad, sentarse a leer este libro es como almorzar con un buen amigo que está ahí para ofrecerle una orientación serena, tranquila y confiable. De una manera directa y franca, y sin asustarlo innecesariamente acerca de lo que pasaría si usted no maneja con éxito cada berrinche de su pequeño hijo, este libro explica precisamente lo que usted necesita saber para criar hijos felices, bien educados, y bien adaptados. Lo animo a que lo lea y a que ponga en práctica sus acertados consejos. Usted se beneficiará, ¡y también sus hijos!

> Deborah A. Wilburn
> Editor Principal,
> revista *Madre Trabajadora*

---

*Palabra inglesa que puede significar bobos, idiotas, tontos. *(N. del Ed.)*

Introducción

● ●

Bienvenido a *Padres para Dummies,* un libro que no contiene palabrería psicológica ni bla-bla-bla histórico, y que va directo a lo que significa ser un buen padre.

La idea es sencilla: Usted es una persona inteligente que ama a sus hijos y que desea criarlos de la mejor forma posible. Pero hay demasiada charlatanería que lo hace sentir a usted como si estuviera haciendo algo malo. Lo que usted quiere es descubrir cómo debe actuar con sus hijos durante todas las etapas y las fases por las que van a pasar, sin llenarse prematuramente de canas ni tener que mandar a sus hijos a la escuela militar.

Este libro cubre los aspectos básicos de la crianza de los hijos (lo que se necesita para comenzar y para mantenerse firme en esta tarea, hasta un día en que ellos salen a hacer su propia vida, y le hacen preguntas a usted acerca de la crianza de sus propios hijos) sin teorías psicológicas, sin gráficas de crecimiento y sin otras tonterías que se atraviesan en el camino de un buen padre.

Acerca de este libro

Usted no tiene que leer este libro de principio a fin. Es una obra de referencia para la gente que tiene hijos, desde recién nacidos hasta alrededor de los diez años, aunque los primeros seis capítulos se refieren a los niños de todas las edades. Cada capítulo trata sobre un tema específico de la crianza. No es necesario leer absolutamente todo para entender lo que está ocurriendo; simplemente diríjase al capítulo y a la sección que le interesan. Entre las secciones características están:

- ✔ Hablar y ser escuchado (no siempre es lo mismo).
- ✔ El arte de mantener la calma.
- ✔ Las dificultades y las alegrías de la hora de acostarse.
- ✔ El diagrama del bebé llorón.
- ✔ Pautas para compartir la crianza (el sistema de dos partes).
- ✔ Salidas a comer con los hijos (a sitios distintos de McDonald's).
- ✔ Búsqueda de ayuda adecuada para los hijos.
- ✔ Técnicas de disciplina.

En este libro usted no encontrará la historia del entrenamiento para que el niño aprenda a ir al baño, ni los efectos psicológicos del biberón vs. los del amamantamiento. Pero sí encontrará algunas pautas excelentes y algunas claves útiles a la hora de acostar a los niños, de encontrar un buen médico y de hacer que su hogar sea lo más seguro posible. Es decir, asuntos prácticos. Los ejemplos que encontrará han sucedido realmente en nuestra familia. Hemos cambiado los nombres para proteger a los que no son tan inocentes.

Suposiciones tontas

La única suposición que se hace en este libro es que usted tiene niños, que va a tener niños, que le gustaría tener niños, que conoce a alguien que tiene niños, que vive al lado de alguien que tiene niños, o que usted fue niño alguna vez. Tratándose de niños, y sea cual sea el tema, ésta es su referencia.

En cuanto a nosotros, usted quizás notó que en la pasta del libro se mencionan dos nombres. Es correcto: somos casados. No estamos afirmando que seamos *expertos en la crianza de los hijos* — creemos que no hay expertos en esta materia —, pero tenemos cuatro hijos y toneladas de experiencias como padres. De modo que buena parte de la información que contiene el libro ha sido practicada en situaciones de la vida real. Y verdaderamente funciona.

Cómo está organizado este libro

Este libro consta de cinco partes principales. Cada una tiene por lo menos seis capítulos. Cada capítulo tiene subsecciones que esperamos se refieren al tema particular. A pesar de que la organización del libro le permitirá empezar a leerlo por donde le llame la atención, a continuación reseñamos el libro para usted:

Parte I: Los aspectos básicos e importantes

Esta primera sección es la columna vertebral de todo el tema de la crianza. Contiene información acerca de cómo se debe hablar e interactuar con los hijos y cómo escucharlos: los aspectos básicos e importantes.

Parte II: El quid del asunto

Esta parte del libro trata temas propios de la crianza, como la alimentación, la hora de ir a dormir, la hora del baño, y su nuevo trabajo como maestro. Es acerca de la interacción y de las experiencias que compartirá diariamente con sus hijos.

Parte III: El manejo de los bebés

Los bebés son una clase aparte, de modo que merecen su propia sección especial (que habríamos escrito en color amarillo, que es neutral, si lo hubiéramos pensado oportunamente). Hay un gran capítulo sobre el mal humor de los bebés, que todos los padres realmente necesitan leer.

Parte IV: Ayuda para padres desesperados

Esta sección trata temas específicos, como la búsqueda de una persona idónea para cuidar a su hijo, la obtención de servicios de salud, y el manejo de aquéllas peleas y discusiones. ¡Se trata nuevamente de crimen y castigo! Tarde o temprano, todos los padres enfrentan estos problemas. Es inevitable.

Parte V: La parte de las decenas

En esta parte del libro hay varios capítulos que contienen diferentes listas. Por ejemplo, diez riesgos de asfixia, diez cosas que no se deben hacer, diez cosas que se deben hacer todos los días, diez razones para jactarse de sus hijos, etc.

Parte VI: Los apéndices

Contienen abundantes listas de verificación y cuestionarios. Los apéndices A al E contienen listas de verificación completas y útiles, así como cuestionarios que le ayudarán a realizar con éxito labores aburridas, como salir de compras, empacar y hacer entrevistas.

Iconos utilizados en este libro

Claves útiles. Son claves, guías y sugerencias que usted no encontrará en otros libros. Provienen de nosotros mismos y de otros padres como nosotros, que *sabemos* que funcionan porque las utilizamos o las ponemos en práctica. Son cosas que su abuelita podría haberle enseñado a usted.

Recuerde. Es un recordatorio para que usted no olvide.

Advertencia. Es una señal para que usted esté atento a algo.

PSI. Es información breve que le será útil mientras aprende cómo debe actuar con sus hijos.

Aprobado por los padres. Son datos y consejos prácticos, o productos que actualmente utilizan los padres que se consideran excelentes.

Palabras de sabiduría. Son citas de algunas personas famosas y de otras que no lo son tanto.

¿Hacia dónde nos dirigimos?

Ésta es una obra de referencia, en la cual podrá buscar el tema que le interese, leerlo y luego continuar con su vida. Yo sugiero enfáticamente que, sin importar lo que usted haga, lea los capítulos 1 al 6 (aunque sea en desorden, pero léalos). La información que contienen es sumamente importante. Tiene que ver con la manera general de abordar la crianza de los hijos, al tiempo que da pautas básicas sobre la forma de tratarlos, independientemente de la situación en que usted se encuentre. Por favor, lea estos capítulos. Luego lea lo que le llame la atención. Pero no trate de cambiar un pañal y leer el libro al mismo tiempo. Como usted ve, este libro no es solamente para hojear.

Ser padre es lo más trascendental que usted hará en su vida. Ninguna otra cosa será tan importante o ejercerá tanto efecto en el mundo. No tome esta responsabilidad a la ligera.

Parte I
Los aspectos básicos e importantes

La 5ª ola   **por Rich Tennant**

"SEIS DE LOS PECES DE JUANITA SE MURIERON HOY Y, BUENO, NO CREO QUE VALGA LA PENA QUE HAGAMOS UNA RESERVACIÓN PARA COMER *SUSHI* EN EL RESTAURANTE JAPONÉS ESTA NOCHE".

En esta parte...

A veces la solución del rompecabezas es sorprendentemente fácil. Tomemos el ejemplo de Alejandro Magno, que tuvo que hacer frente al legendario Nudo Gordiano. (Era como uno de esos nudos que sus hijos hacen con los cordones de sus zapatos). Aquél que pudiera deshacer el nudo regiría los destinos de Asia. Muchos lo habían intentado, pero ninguno había tenido éxito. Finalmente llegó Alejandro, quien cortó el nudo por la mitad con su espada. ¿Hizo trampa? Quizás. Pero funcionó. A veces las mejores soluciones son las más sencillas, lo cual es el tema central de esta parte del libro. El aspecto más básico y más importante de ser padre es la comunicación (aunque ayuda tener una *espada* a la mano).

Capítulo 1

Cómo se gana
El Juego de la Crianza

• •

En este capítulo

▶ Cómo se juega *El Juego de la Crianza*.

▶ Las cinco habilidades básicas de la crianza.

▶ Mantenga el sentido del humor.

▶ Fin del juego.

• •

Admítalo: Usted no es el que manda. Son sus hijos. Y tanto usted como ellos lo saben. Los niños nos engatusan y luego saltan al ataque. Saben cuándo llorar; saben cómo hacer para que digamos "Sí". Saben cuándo no estamos mirando. Es como jugar una partida de ajedrez contra un contendor con un CI de 300. Pero usted no desea destruir a sus oponentes. Usted desea amarlos y, ojalá, criarlos adecuadamente.

Bienvenido al *Juego de la Crianza*. El objetivo de este juego no es la victoria total, sino una solución mutua que los deje a todos contentos. Usted desea criar a su hijo de tal forma que llegue a convertirse en un adulto bien adaptado, y quiere hacerlo sin tener que llegar al extremo de ser escoltado por hombres de blanco, mientras usted se sofoca en una camisa de fuerza. Sin embargo, usted no puede jugar sin las habilidades necesarias. Esto es, precisamente, lo que le mostrará este capítulo.

Bienvenido al Juego de la Crianza

En *El Juego de la Crianza* usted no hará todo a la perfección. Tenga esto presente, porque es muy importante que usted se dé cuenta de que no será perfecto. Perderá la paciencia, gritará, de vez en cuando cederá ante los gemidos (aunque usted pierda puntos por esto), y les dará a sus hijos torta para la comida *por lo menos* una vez. Todo eso está bien. No existe un solo padre perfecto, y todo lo que usted puede hacer es tratar de esmerarse. El juego no termina hasta que sus hijos se vuelven adultos (o hasta que San Juan agache el dedo). Si sus hijos son personas felices y sanas — o si, por lo menos, aparentan serlo, o pueden engañar a un psicólogo — usted ha ganado.

Así, pues, el objetivo es que usted aprenda a perfeccionar sus habilidades para criar a sus hijos. Para lograrlo tendrá que entender dos cosas básicas:

- ✔ Criar a sus hijos es un oficio que usted nunca podrá abandonar.
- ✔ Criar hijos significa desempeñar algunos papeles nuevos y emocionantes.

Hay quienes afirman que el juego nunca termina. Sería bueno tener una respuesta para la pregunta: "¿A qué edad son independientes los hijos?" La respuesta es "Nunca".

El sueño americano no es tener casa propia. El sueño americano es que llegue el momento en que los hijos se vayan de la casa. — Congresista Dick Armey

Bienvenido a un oficio que nunca podrá abandonar

Su trabajo como padre no empieza a las 8 A.M. ni termina a las 5 P.M. Es una labor de 24 horas diarias. Que usted trabaje fuera del hogar no significa que al llegar a casa su trabajo haya terminado. Significa, más bien, que al llegar a su hogar usted se coloca instantáneamente el "uniforme" de padre para seguir trabajando. ¡No hay tiempo libre!

- ✔ No use prendas de seda como parte de su uniforme de padre; el vómito de los niños las mancha.

Su trabajo consiste en los siguientes deberes y responsabilidades hacia sus hijos: amarlos, alimentarlos, cuidarlos cuando estén enfermos, jugar con ellos, educarlos, disciplinarlos, ser buen amigo de ellos y ocasionalmente meter la pata para avergonzarlos delante de sus amigos. Usted no puede aflojar en su empeño, no puede renunciar a este trabajo y no debe esperar muchos descansos. Su labor como padre es responsabilidad suya, sin importar si usted trabaja fuera del hogar.

Por supuesto, hay un plan de premios. A cambio de sus esfuerzos, sus hijos lo amarán, lo frustrarán, lo harán reír, quizás lo harán llorar, lo pondrán furioso y lo harán sentirse verdaderamente orgulloso de ellos.

Si usted es uno de esos padres afortunados que pueden permanecer en el hogar con los hijos, quizás deba *orientar* cariñosamente a su pareja sobre lo que se debe hacer. Como ocurre al emprender un nuevo proyecto, es difícil saber por dónde se debe empezar. No tema decir, "Jessica se acaba de despertar de su siesta, ¿podrías cambiarle el pañal?"

Los dos padres deben comprometerse en la crianza de los hijos. Si su pareja piensa que este trabajo no le corresponde, siéntase libre de darle un golpe en la cabeza. (De acuerdo. Pegar es malo, de modo que por lo menos tenga una conversación sincera con su pareja.) Vea el capítulo 19, "Pautas para compartir la crianza (el sistema de dos partes)".

Las tres obligaciones de los padres

Lo que usted necesita entender a continuación acerca del juego de la crianza es que usted va a asumir nuevas e importantes responsabilidades. Si usted aspira a criar esos hijos bien adaptados con los que todo el mundo sueña, no podrá seguir siendo "usted mismo".

Para ganar el juego y convertirse en ese tipo de padre relajado y digno de elogio, usted necesita ser tres cosas:

1. Un modelo positivo.

2. Un maestro.

3. Un amigo.

El modelo positivo

Un *modelo* es alguien a quien uno respeta y a quien uno trata de parecerse. Quizás su modelo sea esa vecina suya que educó cinco hijos hasta que todos llegaron a ser profesionales. Tal vez sea un personaje ficticio. Batman era un excelente modelo. Aun cuando Batichica iba a ser sumergida en aceite hirviente, él sobrepasó su propio límite de velocidad. O quizás su modelo sea su madre o su padre. Quienquiera que sea, es alguien a quien usted desea parecerse, alguien que goza del aprecio de los demás.

La razón para ser un modelo positivo es obvia: Sus hijos lo ven a usted como un ejemplo de la manera en que hay que comportarse. Sin importar cuáles sean sus costumbres y su conducta, usted puede estar seguro de que su pequeño chupadedos lo observa y entiende que ésa es la conducta que debe imitar. Lo que usted hace ejerce un impacto directo: positivo o negativo.

Los malos hábitos son heredados. ¿Maldice usted o tiene alguna mala costumbre de la que no se sentiría orgulloso si sus hijos la exhibieran delante de sus amigos? Entonces, cambie de hábito. ¿Cree usted, acaso, que sus hijos saben que no deben utilizar ese lenguaje vulgar? No. Algunos padres dicen: "Haz lo que yo digo, y no lo que yo hago". Esta actitud está en boga y no funciona en la vida real. No haga ni diga cosas que no desee que su hijo haga o diga en el colegio.

Un *buen modelo* no tiene que ser una persona perfecta en todo sentido. Si usted puede caminar sobre el agua, ¡maravilloso! De lo contrario, usted debe tratar de hacer cosas que sabe que son correctas. Usted se enfadará; eso ocurre. Lo importante es excusarse más tarde, o explicarles a sus hijos por qué razón se enfadó. Para los hijos es sano saber que sus padres se alteran y se enfadan. A todos nos sucede. Lo importante es la *manera* en que usted maneje esos sentimientos.

Un *mal modelo* no es necesariamente una mala persona. Los malos modelos suelen ser las personas adictas al trabajo, las personas alcohólicas, las personas que consumen drogas psicotrópicas, o cualquier persona que anteponga lo material a su familia (es el padre descuidado).

Ser un buen modelo significa no fumar, no maldecir, no emborracharse, no mentir, no hacer trampa, no pasar la calle cuando el semáforo está en rojo, no robar, no gritar *(piense aquí en su costumbre desagradable),* etc.

El maestro siempre presente

El cerebro de su hijo absorbe todo lo que usted hace y dice. Le guste a usted o no le guste, esto sucede, de modo que bienvenido a su segundo papel como padre: el papel de *maestro*. (Y si usted piensa que los maestros de los colegios están mal pagados, ¡adivine qué! En su nuevo papel de maestro usted va a trabajar más duro que cualquier profesor, sin el aliciente de un sueldo.)

Desde el día en que nacen, sus hijos observan y aprenden de sus acciones y de su comportamiento. Es un pensamiento bastante intimidante, ¿verdad? Sus pequeños aprenden cuando usted les habla, cuando usted hace cosas con ellos y cuando usted está con ellos. Usted les enseña cómo deben reaccionar cuando se derrama la leche y cuando alguien cuenta un chiste; usted les enseña qué deben hacer cuando se caen, y todas las demás cosas con que tenemos que vérnoslas en la vida.

Si usted se muestra calmado, relajado y no reacciona exageradamente cuando, por ejemplo, se rompe un plato, con toda probabilidad sus hijos serán calmados y relajados. Si usted es nervioso y tenso, probablemente sus hijos también serán nerviosos y tensos.

El capítulo 8, "Su nuevo trabajo como maestro", profundiza en el tema del trabajo de los padres como maestros de sus hijos.

De todas las personas, un erudito es la menos apta para enseñarles a sus hijos. La madre es la verdadera guía del niño hacia el conocimiento.
— Edward Bulwer-Lytton

El buen amigo

¿Cómo pueden los padres ser *amigos* y seguir siendo padres? Aunque los niños y sus padres sean como el agua y el aceite, pueden lograr ser amigos. Esto quiere decir pasar tiempo juntos haciendo cosas. Jugar, reír y llorar juntos. Los buenos padres hacen que las cosas sean divertidas, como hacen los buenos amigos.

Ser buen amigo de sus hijos también significa que usted los acepta como son. No es señalar sus debilidades ni insistir en ellas, sino ayudarles a desarrollar los talentos que tienen. Cuando alentamos a nuestros hijos no sólo les demostramos que somos buenos amigos sino que les ayudamos a desarrollar la confianza en sí mismos.

Elogie siempre a sus hijos y a los hijos de otras personas. Esto, por supuesto, se refiere al elogio realista. Una palabra amable o una palmadita en la espalda pueden considerarse elogios. Hacerle a un niño un comentario sarcástico delante de sus amigos — aunque se haga como si fuera un chiste — produce dos resultados negativos: menosprecia al niño, y les enseña a los demás que es correcto hacer lo que usted está haciendo.

Un buen amigo recuerda lo que éramos y ve lo que podemos ser.
— Janette Oke

Deje que sus hijos le "ayuden", incluso si eso significa dejar que boten harina por toda la cocina cuando usted esté preparando la comida. Salir juntos de compras y después limpiar la casa también puede ser divertido. Esta estrategia no sólo es útil para enseñarles que el trabajo se puede hacer con alegría; también aprenden habilidades y usted invierte su tiempo desarrollando esta relación.

Piense en su mejor amigo. ¿Cómo se convirtió esa persona en su mejor amigo? Probablemente ustedes pasaron mucho tiempo juntos, se divirtieron, y, antes de que se dieran cuenta, ya eran amigos. Lo mismo puede sucederle con sus hijos. La época de criarlos no es precisamente la más adecuada para ser egoístas con nuestro tiempo o con nuestra energía. Es la época de *sacar tiempo* para nuestros hijos.

Si sus hijos son sus amigos, es más probable que compartan con usted sus problemas y sus preocupaciones acerca del colegio, de las presiones de sus compañeros, o de las demás cosas que inquietan a los niños. Para sus hijos será mucho más fácil compartir con usted sus problemas si ellos lo ven no sólo como un padre sino como un amigo.

Las cinco habilidades básicas de la crianza

Para jugar adecuadamente *El Juego de la Crianza* usted necesita conocer cinco habilidades básicas. Tirar los dados aquí es opcional. Si usted comienza a trabajar en estas cinco habilidades básicas, usted podrá manejar la mayor parte de las situaciones que se le presenten. Ellas son:

- ✔ Hable y escuche cuidadosamente.
- ✔ Sea consecuente.
- ✔ Insista en su empeño y haga cumplir su palabra.
- ✔ Conserve la paciencia.
- ✔ Aprenda a manejar la conducta.

Tan sencillo como cortar el Nudo Gordiano, estas reglas son realmente todo lo que usted necesita para convertirse en un padre eficaz y feliz y para criar esos niños *perfectos* que usted ve en los catálogos.

Su responsabilidad como padre no es tan grande como usted puede imaginar. Usted no tiene que darle al mundo el siguiente genio de la medicina, ni una importante estrella de cine. Si su hijo sencillamente crece hasta convertirse en una persona que no usa la palabra "cobrable" como sustantivo, usted se puede considerar un auténtico triunfador. — Fran Leibowitz

Hable y escuche con cuidado

Usted necesita una manera eficaz de expresarles a sus hijos sus ideas y sus deseos. Eso es comunicación. Hable con claridad, con precisión y sin mucha palabrería. Tómese el tiempo necesario para escuchar. En cualquier relación — incluso con su peluquero — si usted no se comunica eficazmente, o si usted no puede hacerlo, usted está definitivamente perdido. ¡Perdido! ¡Perdido! ¡Perdido!

Ser específico es lo opuesto de ser impreciso, y la mayor parte de la gente habla de manera imprecisa. ¿Acaso no detesta usted hablar con esas personas que no expresan con claridad lo que desean? La falta de precisión puede ser una bendición para un político o para un alto ejecutivo a punto de ser fogueado en el programa de televisión *60 Minutos*, pero puede ser peligrosa en *El Juego de la Crianza*.

Cuando les hablamos a nuestros hijos tenemos que ser específicos acerca de nuestros deseos. Ellos no siempre tienen el mismo marco de referencia que tenemos nosotros. Así, pues, cuando decimos: "Ve a arreglar tu alcoba", debemos ser específicos acerca de lo que significa "arreglar". Para nosotros puede significar dejar la habitación asépticamente limpia, pero ellos pueden pensar que se trata únicamente de ampliar el camino entre su cama y su guardarropa.

Palabrería. El *bla-bla-bla* es la enfermedad del decenio de los 90, cuando abundan los programas radiales hablados, los espectáculos de televisión del mismo género, y la habladuría, con la cual no se logra nada. A la gente le encanta oírse hablar. A los niños no les gusta oírnos hablar; ellos prefieren que vayamos al grano. Si nos extendemos demasiado en lo que les decimos, sus mentes empiezan a divagar y no oyen ni la mitad de lo que les estamos diciendo. Pero comunicarse también significa escuchar. Es una calle de doble vía: hablamos y escuchamos. Si no escuchamos, hablar no equivale a comunicarnos. Es llenar la habitación con ruido mientras que el aire se recicla en nuestros pulmones. Los niños captan esto muy rápido.

Las reglas básicas de la comunicación son: ser específicos acerca de lo que deseamos, y no cotorrear cuando lo decimos.

✔ ¡Sea específico!

✔ ¡Vaya al grano!

Sí; a veces ayuda expresarse con el lenguaje críptico de los abogados. Pero cuando usted dice: "Vamos a ir al supermercado, de manera que quiero que te comportes", ¿quiere usted decir con esto: "Vamos a ir de compras. No toques nada, no pidas nada, no grites, no hurgues la carne, y por favor siéntate calmadamente en el carrito?" Sea específico acerca de lo que usted desea. "Compórtate" puede tener distintos significados para usted y para sus hijos.

Hablarle a un niño pequeño es fácil. Él agarra una manzana y usted dice:

"No". Él empieza de nuevo a tocar la manzana y usted dice: "No". Esta situación puede repetirse hasta que usted se da cuenta de que debe retirar al niño de las manzanas. No cotorree: "Mi amor, por favor no toques las manzanas. Si tocas esas lindas manzanas rojas, se pueden caer todas al piso y tu mamá se va a sentir muy avergonzada". Lo que el niño oye es: "Mi amor, bla manzana bla bla..."

La comunicación es la clave de nuestra relación con nuestros hijos. Consulte el capítulo 2, "Cómo debemos comunicarnos con nuestros hijos".

No vacile ni titubee (cómo ser firme y consecuente)

Piense en un trompo. Gira hasta que empieza a tambalearse y luego se cae. Mientras está girando, el trompo se mantiene firme. Pero cuando empieza a perder velocidad, deja de ser firme, se tambalea y cae. Ser consecuente es establecer reglas y no retroceder ni cambiar esas reglas. Es no ser débiles con nuestros hijos. Incluso cuando el llanto nos afecte *(y lo hará),* tenemos que mantenernos firmes. Esto es tan importante que voy a resaltarlo:

▐ ✔ Sea consecuente. No se canse y no vacile.

Ésta es quizás la parte más difícil de ser padre. Cuando nuestro hijo se encarame sobre la mesa del comedor, debemos bajarlo *cada vez* que intente hacerlo. Después de un rato, no hagamos de cuenta que no lo vemos. Podemos cansarnos de este juego, pero él tiene la energía del Conejo Energizer y, sencillamente, no se detiene. Cada vez que lo bajamos de la mesa estamos siendo consecuentes.

Ser consecuente parece fácil, como si fuera una de las reglas más fáciles del *Juego de la Crianza.* Pero sus hijos le llevan una ventaja a usted. Son encantadores, lloran, suplican, sus pequeños bracitos se extienden para que usted los alce, sus ojos llorosos piden clemencia y hacen pucheros. No se dé por vencido. Sea fuerte. Sea consecuente. Sus hijos necesitan realmente eso.

Hay miles de ejemplos. La hora de acostarse debe ser siempre la misma. Usted debe ser firme cuando les niegue un dulce a sus hijos, si ya les dijo que no pueden comer más. Dios hizo encantadores a los niños para que no los matemos cuando lloran. Y esto los favorece cuando, con los ojos inundados de lágrimas, suplican que les den otro dulce. ¡Simplemente diga no! (Con firmeza.)

Ser consecuentes y mantenernos firmes es una especie de matrimonio entre primos; los dos conceptos se relacionan de una manera curiosa. Si no somos consecuentes ni nos mantenemos firmes, tendremos problemas con nuestros hijos. ¡Garantizado! Lea el capítulo 3, "Cómo es un padre consecuente".

Haga lo que dijo y piense antes de decirlo (el arte de mantenerse firme)

Mantenerse firme significa hacer lo que usted dijo que haría. Significa atenerse a su palabra, lo cual equivale a ser consecuente. Aquí la clave es pensar antes de decir algo. ¿Realmente quiere usted decir: *siéntate o no comes?* Más vale que así sea, si usted espera cumplir su palabra.

No diga: "Hazlo una vez más y lo lamentarás". Este tipo de amenazas le proporciona a usted una salida fácil del problema; sin embargo, usted no se compromete a hacer nada en cuanto a esa amenaza. Es mejor si, en cambio, usted dice: "Hazlo una vez más y Vicky no podrá quedarse a dormir aquí esta noche". Luego castigue al niño cuando desobedezca, de acuerdo con lo que usted le dijo.

✔ *Piense* antes de decir algo.
✔ Aténgase a su palabra o sus hijos no le volverán a creer.

El castigo también debe ser realista. Por ejemplo, en lugar de decir: "Haz esto una vez más y te castigaré durante *mil años*", dígale a su hijo: "Si haces esto una vez más te castigaré durante *una semana*". Luego castíguelo durante una semana. Si usted le dice a su hijo de seis años que le quitará su pelota si la vuelve a lanzar dentro de la casa, quítele la pelota la próxima vez que la lance dentro de la casa.

Para obtener mayor información acerca de la manera en que los padres pueden hacer que sus hijos les crean, vea el capítulo 4, "Insista en su empeño y manténgase firme".

Adquiera la virtud de la paciencia

¿A quién no le convendría tener un poco más de paciencia? Debemos mantener la paciencia y el control con nuestros hijos. No deje que nada lo perturbe: que el bebé esté llorando, que el pañal sucio haya manchado su linda sobrecama (y, de paso, gracias, Dan, por haber dejado allá al bebé), que usted esté demorado para una cita, todas estas cosas suceden. Debemos tener paciencia con nuestros hijos. Nos enloqueceremos si no la tenemos.

✔ Paciencia significa dedicarle más tiempo del necesario a hacer algunas cosas.

✔ Paciencia significa dejar que su hija se demore dos horas escogiendo la más perfecta de las muñecas Barbie, para luego llegar a casa a cortarle el pelo.

✔ La paciencia es algo que uno desarrolla. Toma tiempo y exige práctica.

Para aprender más acerca de cómo podemos incorporar la paciencia a nuestro carácter, lea el capítulo 5, "El arte de conservar la calma".

Habilidades para el manejo de la conducta

Las manos ociosas se meten en problemas. Si sus hijos están aburridos y no tienen nada que hacer, ellos mismos encontrarán la forma de entretenerse: desordenarán todos sus discos compactos, se encaramarán a la chimenea, se tiznarán y luego se arrastrarán por la alfombra, pintarán los muebles con mantequilla de maní. Estas actividades no son culpa de los niños: son el resultado de un manejo inadecuado de su conducta por parte de los padres.

Manejar la conducta es mantener a nuestros hijos ocupados *la mayor parte* del tiempo. Es conveniente darles su propio tiempo libre para que puedan utilizar su imaginación y crear sus propios medios de entretenimiento; por otra parte, si los llenamos de actividades cuando empiezan a parecer aburridos, no tendrán tiempo de hacer lo que no deben. Y no olvide elogiarlos cuando hagan algo bueno, como ayudar a recoger los juguetes o ser amables con un hermano. El elogio refuerza en sus hijos la noción de que usted se siente feliz por lo que acaban de hacer. Como a los niños les gusta complacer a sus padres, lo harán de nuevo para que usted los vuelva a elogiar.

Usted puede pensar que esto es manipulación, lo cual no está lejos de la verdad. Recuerde que los niños son maestros en manipulación. Por tanto, usted tiene que manipularlos más a ellos desde el principio. Manipular el comportamiento de los hijos, o manejar su conducta, es hacer parte de sus actividades, de sus actitudes y de su entorno cotidiano, para que ellos sean niños felices, para que no corran peligros y para que no se *metan en líos*.

Así, pues, en el manejo de la conducta intervienen algunos conceptos sencillos:

- ✔ Mantener ocupadas las manos ociosas.
- ✔ Brindar mucha atención.
- ✔ Elogiar.

El capítulo 6, "El manejo de la conducta", muestra que nuestros hijos son menos propensos a meterse en líos si recompensamos su buen comportamiento, si los elogiamos constantemente, si les damos grandes cantidades de besos y abrazos y si les ayudamos a organizar sus juegos.

Ponga a funcionar su sentido del humor

Sin ser malos, los niños tienen la extraña habilidad de sacarnos de quicio. Necesitamos en verdad poder reírnos de las cosas que normalmente nos volverían locos. Relájese. No se altere por el hecho de que su niño de dos años haya desocupado el tarro de talcos por toda la casa. Prepare, en cambio, la cámara fotográfica. Dentro de unas pocas horas ésta será una historia graciosa, de manera que consérvela en una fotografía antes de limpiar al niño y la casa.

Nuestra primera reacción es la ira porque lo que hacen los niños es inesperado y, por lo general, toca limpiarlo. Pero eso no es grave. Pare, respire profundamente varias veces, mire esa dulce carita y sonría. Ponernos furiosos es desperdiciar energía que debemos invertir en alguna otra cosa.

Deje que sus hijos sean niños. Ellos hacen travesuras y desordenan todo. Acepte ese hecho y nunca suponga que hacen ciertas cosas "para disgustarlo". Parte de la alegría de ser padre es relajarse y observar a los niños mientras hacen las mismas travesuras de las que nuestros padres nos acusaban cuando nosotros éramos niños. (Además, no podemos contar una historia que sea graciosa si termina con: "Y después por poco lo mato".)

Pare antes de reaccionar y respire profundamente. Respirar de este modo le ayuda a captar que aquello que está sucediendo en realidad no es tan atroz (o quizás lo que ayuda es, sencillamente, el hecho de detenerse y dejar que el cerebro trabaje durante un minuto). Incluso usted puede enfurecerse tanto que tenga que excusarse y decirles a sus hijos que lo lamenta y que discutirán la situación más tarde, cuando usted se haya calmado. No deje de resolver la situación ese mismo día. Si deja

---

Advertencia: Los peligros de la atención negativa

Sus niños harán todo lo que puedan para atraer su atención. Incluso si eso significa *atención negativa*. Si usted no se esfuerza por mantenerlos ocupados, si no les brinda grandes cantidades de atención positiva y si no los elogia a menudo por sus buenas acciones, ellos empezarán a hacer cualquier cosa con tal de obtener esa atención. Si ellos descubren que cuando derraman agua usted les presta atención (aunque sea atención negativa), entonces derramarán agua.

---

pasar mucho tiempo, para entonces a sus niños se les habrá olvidado el asunto.

Es bueno preocuparse por los hijos. Pero no proteja tanto a los suyos como para que olvide lo divertidos que pueden ser los niños. Reírse es maravilloso. Nos hace sentir bien, alivia el estrés y hace que la vida sea mucho más divertida.

¿Tiene final este juego?

El Juego de la Crianza en realidad nunca termina. Pronto sus hijos serán mayores y tendrán sus propios hijos. Entonces usted empezará de nuevo con los "yo te lo dije", lo cual es un derecho de todo abuelo (y lo cual usted probablemente ya utiliza bastante en la actualidad).

Ser padre puede ser difícil. Exige esfuerzo. Tratar de ser consecuente, pensar siempre en el modo apropiado de comunicarse con los hijos, recoger el desorden y procurar que los pequeños se mantengan ocupados no siempre es fácil. Anímese. Usted puede superar todos esto con su sonrisa.

Todos los padres del mundo están viviendo lo mismo que usted, de modo que no está solo. Todos tienen los mismos problemas que usted y todos llegarán al punto en que lo único que querrán será tirar la toalla y darse por vencidos. Haga lo que haga, simplemente conserve su sentido del humor.

Tres tipos de padres

Hay tres tipos diferentes de padres: los aprensivos, los descuidados y los tranquilos. Uno en realidad no elige ser uno u otro tipo de padre sino que se convierte en él. Por ejemplo, todo el mundo desea ser un padre "tranquilo". Sin embargo, si no entendemos a nuestros hijos o no jugamos *El Juego de la Crianza* de acuerdo con las reglas apropiadas, podemos llegar a convertirnos en uno de los otros dos tipos desagradables de padres. Esto es malo porque la clase de padre que somos (o en que nos convertimos) refleja directamente qué tipo de hijos criamos.

Padres aprensivos: Estos padres son un manojo de nervios. En consecuencia, suelen criar niños nerviosos. Todos conocemos esta clase de niños: lloran con más frecuencia, tienden a gimotear mucho y a nadie le gusta jugar con ellos. Y, más adelante, la historia se repite con sus propios hijos.

Los padres aprensivos son quisquillosos. Se ofuscan y suelen tener arranques de cólera. Ponen demasiado énfasis en las cosas pequeñas, desde darle correctamente el biberón al niño, hasta tratar de comprar el afecto de su hijo.

Entre las señales que caracterizan a los padres aprensivos están proteger excesivamente a sus hijos, no dejar que los niños corran riesgos, no permitirles ser independientes, reprimir su creatividad ayudándoles en todo y corregirlos en presencia de sus amigos.

Padres descuidados: Los padres descuidados son el polo opuesto de los padres aprensivos: son un poquito demasiado despreocupados en lo que se refiere a sus hijos. La razón principal es, probablemente, que estos padres no toman con seriedad la crianza de sus hijos. Piensan que es una gran incomodidad. Se imaginan que los niños pueden cuidarse solos. Pero quizás la razón más importante es que anteponen a la crianza de sus hijos otros aspectos de su vida (como el trabajo). Estos padres nunca aprendieron que nada puede ser más importante que sus hijos.

Entre las señales que caracterizan a los padres descuidados están no saber dónde se encuentran sus hijos, con quién están o qué están haciendo; pensar que sus hijos son responsables a cualquier edad; sentir que sus hijos son una carga; no tomar parte en sus actividades (o no ser siquiera capaces de contar cuáles son sus actividades) y no leer este libro.

Padres relajados: Éste es el tipo de padre que usted desea ser. Un padre tranquilo es un padre feliz; este tipo de padres crían (o, por lo menos, tratan de criar) hijos bien adaptados.

No exagere el concepto de la felicidad. Todo lo que usted tiene que hacer, en cambio, es seguir algunas reglas sencillas, asumir algunos papeles nuevos y entender que sus hijos están ahí para frustrar cualquier intento que usted haga por convertirse en el padre perfecto.

Entre las deliciosas señales de que usted se está convirtiendo en un padre tranquilo y feliz están ocuparse de los hábitos alimenticios de sus hijos (sin llegar al extremo de comprar un esterilizador), prestarles atención a la ingesta de líquidos y al número de movimientos intestinales diarios del bebé, prestarles atención a la actitud y al comportamiento de su hijo, verificar que su hogar sea un lugar seguro, no entrar en pánico, cuidar a sus hijos, permitirles que tomen riesgos (siempre y cuando que no impliquen peligro) y esforzarse por ayudarles a construir una alta autoestima.

El día que usted lleva al hogar a su bebé recién nacido es el más feliz de su vida. Sin embargo, la nueva mamá está exhausta, adolorida, y probablemente un poco inestable emocionalmente a causa de sus hormonas. El papá también está cansado. Ambos se sientan y miran a su bebé, al tiempo que piensan: "¿Y ahora qué?" En ese momento el precioso y pequeño bebé abre su boquita de querubín y empieza a llorar. ¿Qué hay que hacer entonces? Sonreír. Y seguir sonriendo a lo largo de todos los años que tengamos la suerte de ser padres.

Su lección de hoy

Comunicarnos con nuestros hijos es más que simplemente hablarles. También es saberlos escuchar.

Capítulo 2

Cómo debemos comunicarnos con nuestros hijos

- -

En este capítulo

▶ Cómo se habla de manera eficaz.

▶ La importancia de explicarles a los hijos lo que se espera de ellos.

▶ Cómo se enseñan las habilidades de comunicación.

▶ Cómo debemos responder las preguntas de nuestros hijos.

▶ Formas alternativas de comunicación para que nuestros hijos nos escuchen.

- -

Siempre ha sido más fácil hacer caso omiso de la gente que prestarle atención. Los niños son particularmente hábiles en esto, de modo que tenemos que esforzarnos mucho para lograr que nos escuchen. Parte del problema es que los niños tienen la capacidad de concentración de un colibrí (o, por lo menos, *así parece*).

Este capítulo trata de algunas cosas que usted puede hacer para que sus hijos lo escuchen. Esto no significa necesariamente que le prestarán atención (eso es algo totalmente diferente, que se trata en el capítulo 3, "cómo es un padre consecuente"), pero sus hijos oirán lo que usted les esté diciendo. Este capítulo también le enseñará lo que debe hacer para evitar problemas por falta de comunicación (además de que ofrece algunas ideas sobre la manera de enseñarles a los niños a ser buenos comunicadores).

Hablar y ser escuchado (no siempre es lo mismo)

— "Te he dicho mil veces que no fastidies a tu hermano".

— "Ajá, mamá".

Cuando les hablamos a nuestros hijos debemos tener en cuenta algunas cosas.

Si usted tiene algo que decir y desea que lo escuchen, haga lo siguiente:

✔ Bájese al nivel de sus hijos.

✔ Utilice palabras sencillas.

✔ Vaya al grano.

✔ No grite.

Bájese al nivel de sus hijos

Si en realidad usted quiere que sus hijos lo oigan cuando usted les está hablando, descienda físicamente al nivel de ellos. Si usted no puede ponerse en cuclillas, álcelos y siéntelos en su regazo. Mírelos directamente a los ojos. Es difícil evitar a alguien que nos está mirando a los ojos y eso es, precisamente, lo que usted tiene que lograr: que su hijo lo mire a usted.

Mire a su hijo a los ojos, hable despacio y con calma y diga lo que tenga que decir.

No hable con vaguedades, no cotorree y no trate de impresionar a su hijo con su fabuloso y amplio vocabulario.

Aliente a sus hijos a que lo miren a *usted* a los ojos. Los niños pueden estar parados exactamente frente a uno y, no obstante, tener la mente en otra parte, como esos perros que viajan en la ventana trasera de los automóviles de algunas ancianas. *Divagan, divagan, divagan.* No están prestando atención.

Usted, por supuesto, no tiene que ponerse al mismo nivel de sus hijos para decirles "Buenos días" o, "¿Tienes hambre?" Reserve esta clase de acción para conversaciones *serias*, como, por ejemplo: "Bien, Simón, ¿qué hiciste con las llaves de mamá?" o, "¿Entiendes por qué te metiste

Cuando sus hijos lo oyen pero no lo escuchan

Usted se para y les habla a sus hijos, pero la comunicación se daña cuando ellos pierden interés. Los niños pierden interés cuando usted quebranta las reglas de la comunicación; es decir, cuando habla en exceso y no va al grano. Si usted habla, pero sus hijos no se muestran interesados, usted ha perdido el contacto con ellos.

¿Alguna vez le ha hablado usted a alguien que sabe que no lo está escuchando porque lo está mirando un poquito demasiado intensamente? Esa persona lo oye a usted, pero no lo escucha. Los niños hacen eso todo el tiempo (son maestros en esta clase de conducta). Usted entiende: las luces están prendidas, pero no hay nadie en casa.

en líos por golpear a tu hermano en la cabeza con el bate?" Pero no olvide que la parte más importante de la comunicación es saber escuchar. La comunicación no puede ser de doble vía si usted se dedica solamente a hablar, pero no escucha.

Dios nos dio dos oídos y una boca para que escuchemos el doble de lo que hablamos. — Viejo proverbio de una persona importante

Utilice palabras sencillas

Como adultos, a veces somos lo suficientemente valientes como para preguntar: "¿Qué significa eso *exactamente?*" Y hacemos esa pregunta esperando no parecer demasiado idiotas. Pero los niños, en cambio, se sonríen e inclinan la cabeza o, mejor aún, se quedan mirándonos fijamente, con una mirada vacía en sus caras.

Hábleles a sus hijos con palabras que ellos entiendan. Es más fácil que entiendan su mensaje cuando saben de qué está hablando usted. Si usted piensa que no están entendiendo, pídales que le expliquen lo que usted acaba de decirles. Ésta es una excelente prueba para saber cuán eficazmente usted está transmitiendo su mensaje.

Si usted no les habla a sus hijos con palabras que ellos comprendan, daría lo mismo que les estuviera hablando en otro idioma. Ésta es la razón por la cual tantos padres eficaces les hablan a sus hijos con frases cortas y directas y les dan órdenes sencillas. (Aunque en algunas ocasiones parezca como si le estuvieran hablando a una mascota: "Siéntate. Quédate ahí. ¡No, no, no! ¡Para, para, para! Buen muchacho".)

En algún momento usted tendrá que ampliar su vocabulario, porque no

Ejemplos de la vida real que usted no tiene que leer

Lo que usted dice: "Jorge, debes ser *responsable* y poner tu ropa sucia en la canasta todas las noches".

Lo que él oye: "Jorge, tienes que ser *bla bla ble* y poner tu ropa sucia en la canasta todas las noches".

Lo que usted dice: No *te orines*. Se supone que debes arreglar tu cuarto".

Lo que él oye: "No *didines*. Se supone que debes arreglar tu cuarto".

Lo que usted dice: "No seas *sarcástico* con tu hermana".

Lo que él oye: "No seas *sar castigo* con tu hermana".

Pregúnteles siempre a sus hijos si entendieron lo que usted les dijo. Si se ven inseguros o dudosos, pídales que le expliquen lo que usted dijo. Ésa es, en realidad, la única manera de descubrir si recibieron correctamente su mensaje. Desde luego, usted puede tener un hijo que no dude en preguntarle lo que significan ciertas palabras. En ese caso no habrá dudas acerca de lo que entendió.

---

puede hablarles a sus hijos indefinidamente a nivel preescolar. Cuando empiece a emplear palabras nuevas para hablarles a sus hijos, tómese el tiempo necesario para preguntarles si entendieron lo que usted les dijo. Con frecuencia sonreirán dócilmente y responderán "Sí", no muy convencidos.

Vaya al grano

Haga de cuenta que le están cronometrando el tiempo que pasa conversando. Si usted no dice lo que tiene que decir en un corto lapso, ha perdido la oportunidad de que la mayoría de los niños le presten atención. Por otra parte, cuando usted habla demasiado brevemente, ellos piden más información si la necesitan.

Sus hijos lo entenderán a usted mucho mejor si es concreto y va directo al grano:

✔ No se vaya por las ramas.

✔ No dé largas explicaciones.

✔ Diga exactamente lo que quiere decir.

Los niños no tienen que escucharlo a usted si no quieren. Usted no puede forzarlos, ni sobornarlos, ni suplicarles, ni razonar lo suficiente como para que lo escuchen. A ellos no les importa si usted está en medio de una frase. Se irán si están aburridos o cansados de escucharlo a usted. Una buena comunicación entre usted y sus hijos es la base de una relación duradera, feliz y enriquecedora. Si sus hijos no lo escuchan, usted habrá perdido la oportunidad de sentar las bases de una buena relación con ellos.

No grite

Gritar es la peor forma de comunicarse. Permítame decirlo más alto, en caso de que usted no haya oído:

GRITAR ES LA PEOR FORMA DE COMUNICARSE.

Aquí está la prueba. Cuando usted les grita a sus hijos, ellos no oyen nada de lo que usted les está diciendo. Todo lo que hacen en esos momentos es quedarse quietos con los ojos llorosos, sintiéndose mal porque usted está gritando (o también es posible que ellos mismos se estén sintiendo enojados). Usted no ha logrado nada: ellos están disgustados, usted está disgustado. No se logró *nada*.

Si usted grita, no logrará transmitir su mensaje. De manera, pues, que si usted ha llegado hasta el punto en que va a gritarle a alguien, deténgase y sálgase de la habitación. Sólo por un momento. Respire hondo varias veces, recupere la compostura y enfrente otra vez la situación.

Usted está tratando de ser un modelo y un maestro. Gritar no es un rasgo que usted quiera que sus hijos le aprendan. (Volverá a gritar cuando sus hijos sean más grandes y se les alboroten las hormonas.) Este problema de los gritos se presenta con los niños cuando uno menos lo espera. Usted dice algo con calma e inocentemente y — de repente — su encantador y adorable hijo se convierte en Damián, el niño diabólico, y empieza a dar alaridos. Recuerde que tiene que darles a sus hijos buen ejemplo, siendo usted un *buen* modelo.

Explíqueles a sus hijos lo que espera de ellos (o "cómo evitar esos desagradables incidentes en el supermercado")

Usted puede reducir los arranques de cólera en el supermercado y las pataletas mediante un sencillo método de comunicación: explíqueles a sus hijos lo que usted espera de ellos. Dígales cómo se deben comportar.

A los niños les gusta, tanto como a usted, saber lo que está sucediendo; les gusta estar preparados e informados. Usted debe establecer las reglas antes de hacer ciertas cosas. Ponga en práctica esta estrategia cada vez que pueda y notará que las cosas se desenvuelven más fácilmente con sus hijos. Por ejemplo:

"Tommy, vamos a ir al almacén de juguetes a comprarle a tu hermana un regalo de cumpleaños. No te vamos a comprar a ti ningún regalo. Puedes mirar los juguetes y decirme lo que te gusta, pero hoy no te vamos a comprar nada. Hoy sólo le compraremos regalos a tu hermana. ¿Entendiste?"

Pero no se sorprenda si su hijo protesta, gime o llega con un juguete a donde usted está, y le cuenta que él siempre ha querido tener ese Batman especial con las alas desprendibles y que — si usted se lo compra hoy — nunca más volverá a pedirle nada.

Este consejo de explicarles a los hijos lo que uno espera de ellos sólo funciona si uno no cede a su llanto y a sus pataletas. Si usted les dice a sus hijos que no pueden comprar nada, pero después cede y les compra *sólo ese juguetico,* ellos no le creerán la próxima vez que usted les diga que no pueden comprar nada. Ceder a la presión únicamente conduce a más pataletas, porque, desde luego, les dan buenos resultados a sus hijos.

✔ Déles tiempo a sus hijos para que alisten las cosas que necesitan. Esto es importante. Para su hija, prepararse para salir con usted puede significar solamente guardar la muñeca Barbie en su casita antes de salir. O puede significar buscar durante diez minutos un juguete para llevar. Sea lo que sea, déles tiempo a los niños para que hagan lo que tengan que hacer antes de salir, y de este modo no se sentirán acosados.

✔ Mire a sus hijos a los ojos cuando lleguen a su destino (y compruebe que le están prestando atención) y dígales cómo deberán comportarse. Diga con precisión y claridad lo que tenga que decir. Usted no tiene que extenderse en largas explicaciones, a menos que sus hijos le pidan más información. Pero no espere milagros. El lapso atencional de los niños es corto y este proceso toma algún tiempo. Prepararse por anticipado puede representar una gran diferencia.

✔ Nunca suponga que sus hijos saben lo que usted quiere. Cuando usted deja de hablar y empieza a hacer suposiciones se mete en problemas. Imagínese, por ejemplo, que ustedes van a ir al matrimonio de un primo suyo. Cuénteles (brevemente) a sus hijos lo que es un matrimonio y cómo será la reunión. Luego dígales que se deberán sentar en silencio y observar. Que no se permite hablar ni pararse. Los niños deben tomar algo e ir al baño *antes* de que empiece la boda, para que no tengan que hacer esto durante la ceremonia.

Dar instrucciones por anticipado es muchísimo más fácil que tratar de establecer las reglas cuando ya estamos participando en la actividad. Terminamos haciendo mucho este sonido: "Shhh-quédate-quieto-shh" o, "No, ahora no te puedo comprar eso". En cambio, sólo serán necesarios unos pocos recordatorios de las reglas que ya hemos fijado. Así mismo, explicarles a los niños las cosas con anticipación funciona muy bien, en especial cuando estamos apurados: "Vamos a ir al supermercado por unos pocos minutos. No pidan nada". Como toma algún tiempo que los niños crean que usted realmente cumple lo que les dice, es probable que de todos modos le pidan algo. No ceda y, a la larga, ellos sabrán que usted habla en serio.

Planear por anticipado sólo produce resultados si usted no cede ante los sollozos ni cambia de parecer sobre las reglas que ha establecido. Cuando usted establece una regla, pero no se rige por ella, se mete en un grave problema. Sus hijos siempre lo presionarán, siempre llorarán y siempre harán pataleta si usted no cumple su palabra (una conducta paterna también conocida como *no ser consecuente*).

Cómo se enseñan las habilidades básicas de comunicación

A todo el mundo le gusta la gente que se comunica bien. Piense en alguien que sea carismático: sin duda es un excelente comunicador. Piense en los altos ejecutivos y advertirá que son comunicadores entusiastas. Son la clase de personas que admiramos y que deseamos que lleguen a ser algún día nuestros hijos.

El problema es que la habilidad de comunicarse se debe enseñar. Ésta es su tarea. Y la comunicación, como todo lo demás, tiene reglas. Las reglas son sencillas y, si usted no las está poniendo en práctica, éste es el momento de aprenderlas:

- ✔ Utilice el español correctamente.
- ✔ Mire a los niños a los ojos.
- ✔ Hable despacio y con claridad.
- ✔ Deje que los niños se expresen.
- ✔ Dé ejemplo.
- ✔ Permita que haya desacuerdos.
- ✔ Escuche y oiga.

A los niños con buenas habilidades de comunicación les va mejor en el colegio. Entablan amistades con mayor facilidad y, cuando son mayores, tienen más confianza en sí mismos.

Utilice el español correctamente (¡no hable en media lengua!)

El primer error que comete el nuevo padre es hablarle a su bebé en *media lengua*. Los bebés hablan como bebés, y a todos nos parece encantador. Pero si aspiramos a que en algún momento nuestros hijos hablen adecuadamente, tenemos que hablarles bien. Cuando les hablamos en media lengua, los niños suponen que así es, también, como hablan los adultos.

Hablar en media lengua no se refiere a la *manera* en que hablamos, sino a lo que decimos. Hablemos suavemente y con diversos tonos interesantes, pero prestémosle atención a nuestro *lenguaje infantil*.

Si uno dice: "¿Quiere bebé su tata?", nuestros hijos llamarán tata a su manta. Eso es simpático durante un tiempo, pero cuando un niño de cinco años llama *tata* a la manta, ya no lo es tanto.

No es justo con nuestros hijos enseñarles a hablar de cierto modo, para tener que corregirlos más tarde. Para usted es tan fácil decir *biberón* como decir *tete*. Sus hijos dirán *tete* cuando empiecen a hablar. Usted debe insistir en su empeño, diciendo: "Sí, *biberón*". Diga *biberón* lentamente unas pocas veces. El bebé captará con el tiempo que así es como se dice. No haga más difícil el español de lo que ya es.

El español como lo hablan algunas personas

"Eres el pitufito más cuquito y pechocho. ¿Nené es el más cuco chiquitín?; Sí, él es. Con sus miminas garritas y diciendo gu gu gú, es el pitufito más cuquito de mamá".

El bebé escucha estas palabras día tras día,

semana tras semana y, sin embargo, su madre se pregunta por qué no aprende a hablar.

Autor: Desconocido (me lo contó mi abuela Marcia Gookin).

No sólo los padres primerizos caen en hablar media lengua. Los abuelos también sucumben, al igual que los hermanos y hermanas, los extraños en el centro comercial y prácticamente todas las personas con quienes nos encontramos. Usted debe corregir suavemente las palabras inadecuadas y repetirlas para que su hijo entienda que ésa es la forma correcta de decirlas. Por ejemplo, si su tía Martha dice: "¿No son éstos los mininos más encantadores que he visto?", sencillamente responda: "Sí, éstos son los deditos más encantadores que he visto".

Mire a los niños a los ojos

Mirar a la gente a los ojos produce una sensación de confianza. Miramos a los bebés a los ojos todo el tiempo. No conozco a nadie que evite mirar a un bebé a los ojos. Sencillamente no se puede.

Empiece a mirar a sus hijos a los ojos cuando les hable; hágalo desde el momento en que su bebé nace. Al crecer y al adquirir mayor movilidad es más difícil que el bebé nos mire a los ojos, porque está muy ocupado observando todo lo que ocurre a su alrededor.

Los niños más pequeños nos miran automáticamente cuando empiezan a tratar de comunicarse. Mirémoslos también a ellos. (¡Hablémosles y mirémoslos a los ojos!) Pero cuando los niños crecen se pierde el contacto visual. En un momento u otro usted tendrá que pedirles que lo miren cuando usted se esté comunicando con ellos. Cuando hay contacto visual entre las partes, todos están prestando atención.

Cuando sus hijos empiecen a hablarle y a contarle historias sobre las cosas que les han ocurrido, suspenda lo que esté haciendo y dedique el tiempo necesario a escucharlos. ¡Présteles atención! Ésta es la mejor manera de enseñar contacto visual. También les indica a sus hijos que usted está interesado y que lo que están diciendo es importante para usted.

Hable despacio y con claridad

Nuestros hijos llegarán a hablar muy parecido a como lo hacemos nosotros. Si este pensamiento lo perturba, entonces es hora de que haga algunos cambios. ¿Habla usted muy rápido, se va por las ramas o suena como si tuviera la boca llena? Entonces no se sorprenda si sus hijos hablan del mismo modo.

Solamente hay dos maneras de enseñarles a los niños a hablar bien:

✔ Hablarles despacio y con claridad. Ellos adquirirán esa costumbre, y, con el tiempo, harán lo mismo.

✔ Decirles que hablen más despacio cuando estén muy emocionados y empiecen a hablar demasiado rápido.

No lo haga como si los estuviera regañando. Simplemente hágales saber que usted los entendería mejor si hablan un poco más despacio. Cuando estén hablando más lentamente, por supuesto que también empezarán a hacerlo con más claridad. Podemos decir, por ejemplo: "Lo siento, Sara, pero no puedo entenderte cuando hablas tan rápido. Por favor, habla más despacio".

Deje que los niños se expresen

"Hay días en que lo único que quiero es que mis hijos estén callados, ¿y ahora usted me dice que los aliente a expresarse? ¡Usted debe de estar bromeando!"

Es verdad. Hacer que los niños se expresen es una forma maravillosa de enseñarles a comunicarse. Cuando expresamos felicidad, ira, desilusión, confusión, o lo que sea, tenemos que formular nuestros pensamientos y luego tratar de decir lo que estamos sintiendo. Esto no es fácil. Hay muchos adultos que no han podido aprender a realizar esta proeza. Si animamos a nuestros hijos a comunicarse, no sólo serán buenos comunicadores cuando crezcan sino que aprenderán a expresar sus sentimientos.

Si usted sabe que algo que usted hizo enfadó a su hijo, como, por ejemplo, no haberle permitido repetir helado, *pregúntele* si está enojado. Mientras esté enfurruñado es posible que responda "No". Dígale que está bien que le diga si siente ira y que usted no se enfadará. Anime a sus hijos a decirle cómo se sienten.

Si usted empieza a enseñarles a sus hijos pequeños a expresarse abiertamente será más fácil que comuniquen sus temores y sus frustraciones cuando empiecen la vida escolar. En ese momento es cuando aparecen inesperadamente muchos de sus sentimientos y es necesario hablar acerca de ellos.

Dé ejemplo

La mejor manera de enseñar es a través del ejemplo, lo cual significa que tenemos que observar las mismas reglas que les imponemos a nuestros hijos.

Dar buen ejemplo puede significar hacer cambios en su estilo de comunicarse. Lea lo que viene a continuación y vea cuántos errores comete usted. Estos cambios no serán tan dolorosos como puede creer.

Al ir leyendo, trate de pensar en mejores formas de expresión para sus hijos. Enséñeles palabras que sean más adecuadas para ellos. Sus hijos pueden estar utilizando palabras o frases que han aprendido en alguna parte (como con los amigos o en la nociva televisión) y es posible que no se den cuenta de que lo que están diciendo es inapropiado para su edad o para la situación particular.

✔ **No maldecir ("¡Maldita sea!")**

No utilice palabras que no desee que sus hijos aprendan. Si usted lo hace, con seguridad las compartirán en el colegio con todos sus amigos. Entonces todos los padres lo llamarán a usted para darle las gracias por ayudarles a sus hijos a ampliar su vocabulario de una manera tan colorida.

Si usted oye que sus hijos están diciendo algo que usted considera inapropiado, aunque sólo sea "cállate la boca", hágales saber que hay palabras mejores y que usted les agradecería que no vuelvan a utilizar esa expresión. Dígales que, en cambio, pueden decir "no hables". No pase por alto el lenguaje inadecuado de sus hijos. Ellos podrían interpretar su silencio como si a usted no le importara. Y no reaccione gritando ni enfadándose. Ésta puede ser la reacción que sus hijos estaban esperando.

✔ **Evite el sarcasmo**

El sarcasmo es muy contagioso y puede ser sumamente hiriente para las demás personas. Y no actúe como si no lo supiera.

Si sus hijos son todavía muy jóvenes para entender el sarcasmo, no tendrá ningún sentido utilizarlo con ellos. Pero si, en cambio, lo entienden, pueden sentirse heridos. El sarcasmo es una forma innecesaria de comunicación.

✔ No grite

Hablar en un tono más alto no hace que las cosas sean más claras o más comprensibles. Si usted no entiende, VOY A HABLAR MÁS ALTO, ¿DE ACUERDO?

Usted tiene la responsabilidad de comunicarles sus ideas a sus hijos de manera calmada. Gritar les muestra que usted ha perdido el control y entonces ellos no escuchan. Sencillamente se quedan observando cómo se enrojece su cara y cómo se contrae en una mueca.

✔ No discuta

Para discutir se necesitan dos o más personas; no participe en este juego. Si usted y sus hijos tienen un desacuerdo, resuélvanlo con calma. Permanezca calmado. No discuta. Ni siquiera actúe como si fuera a discutir, porque eso no soluciona nada. ¿ME ESTÁ ESCUCHANDO? ¡NO RESUELVE NADA!

Si usted nota que su conversación está a punto de convertirse en una discusión, cálmese y recuérdeles a sus hijos que ellos también deben calmarse.

PALABRAS DE SABIDURÍA

Si usted tiene que gritarles a sus hijos, entonces no está suficientemente unido a ellos. — Virgil Hardin

¡ADVERTENCIA!

No mienta

Es posible que sus hijos le hagan alguna pregunta cuya respuesta usted no conozca. Está muy bien admitir que usted no sabe algo. Nunca les diga mentiras a sus hijos ni invente la respuesta cuando no la conozca (es lo mismo que mentir). Sencillamente dígales que usted no sabe, pero que quizás puedan encontrar la respuesta todos juntos. Luego cumpla lo que dijo y proceda a buscar la respuesta con sus hijos. Ellos no pensarán mal de usted por haber reconocido que no sabía algo.

Las personas *más inteligentes* del mundo son capaces de decir que no saben algo. Las personas *más tontas* del mundo son las que creen que lo saben todo.

Permita que haya desacuerdos

Su primera reacción puede ser: "Es natural que los niños no estén de acuerdo. Así son los niños". Esto puede ser verdad para muchos niños, incluso para la mayoría. Pero su papel como padre es *no* desalentar los desacuerdos. Que sus hijos no estén de acuerdo con usted no significa que estén discutiendo (aunque ésta sea la interpretación que muchos padres les dan a los desacuerdos).

Cuando alentamos a nuestros hijos a que expresen sus discrepancias, hacemos lo siguiente:

✔ **Les ayudamos a aclarar sus sentimientos**

Como dije en la sección anterior, verbalizar nuestros sentimientos es una excelente práctica para perfeccionar nuestras habilidades de comunicación.

✔ **Alentamos las discusiones**

Créalo o no — y, por favor, tome esto de la mejor manera posible — usted no siempre tiene razón. En algunas ocasiones sus hijos pueden exponer un punto de vista en el que usted no había pensado. Puede ocurrir.

✔ **Les permitimos ser escuchados**

La habilidad de expresarnos produce un sentimiento maravilloso. Nuestros hijos también apreciarán la habilidad de expresar sus sentimientos y de saber que sus opiniones han sido escuchadas.

✔ **Les enseñamos equidad**

Es equitativo dejar que la gente exprese sus opiniones. No obstante, sus hijos también deben aprender que haber expresado su opinión no siempre significa que pueden obtener lo que desean. Y, en algunas ocasiones, hasta pueden tener una buena razón para necesitar pasar la noche donde la tía Kathy.

Agradézcales a sus hijos su participación en la discusión. Hágales saber que usted ha oído su punto de vista y que aprecia su aporte. Sin embargo, no tema vetar su petición. La decisión final les corresponde a los padres. Pero explíqueles su decisión. "Por supuesto que has pensado por qué razón deberías poder pasar la noche donde tía Kathy y yo entiendo tu punto de vista. Sin embargo, tu tía tiene invitados, de modo que no podrá recibirte esta noche. ¿Qué tal si lo organizamos para otra ocasión?"

Escuche y oiga

Escuchar y oír son dos cosas distintas. Aunque ambas son sumamente importantes, a menudo se pasan por alto. Saber escuchar significa no interrumpir a nuestros hijos ni terminar sus frases por ellos, aunque sepamos qué van a decir. Cuando nos están contando una historia sentimos la urgencia de apurarlos porque nos parece que nunca van a terminar. (Los niños no tienen idea de lo que significa "ser breve"). Si pensamos que pedirles a nuestros hijos que nos cuenten qué hicieron durante el día puede ser una cuestión muy demorada, ¡entonces pidámosles que nos cuenten un chiste!

Oír es distinto de escuchar. Usted puede estar oyendo lo que sus hijos están diciendo, pero puede no estar escuchándolos. Oír significa que el ruido golpea su tímpano. Escuchar quiere decir que usted entiende lo que sus hijos están diciendo, o incluso lo que no están diciendo sino queriendo decir.

Algunas respuestas tradicionales a preguntas comunes (pero difíciles de responder)

P: ¿Por qué es el cielo azul?

R: Tiene que ver con la filtración cromática.

P: ¿Qué es filtración cromática?

R: Es lo que hace que el cielo sea azul.

P: ¿Por qué no puedo meter el codo en mi oreja?

R: Porque se atascaría.

P: ¿De dónde vienen los bebés?

R: De la mamá.

P: ¿Dónde los consiguen las mamás?

R: Papá le ayuda a mamá a hacer al bebé en su barriguita.

P: ¿Cómo?

R: ¿Quieres dulces?

P: ¿A dónde se va el sol por las noches?

R: Se mete al mar para refrescarse.

Y, si todo lo demás falla, siempre es posible satisfacer a los niños con:

R: Porque Dios lo hizo así.

Sin embargo, y con toda seriedad, no se sienta avergonzado de decirles a sus hijos: "No sé". Es mucho mejor decir "No sé" que inventar la respuesta.

¿Tiene alguna pregunta?

Su objetivo como buen padre (que es capaz de comunicarse bien) es ser accesible para sus hijos. Usted desea que ellos se sientan lo suficientemente cómodos como para hacerle preguntas complicadas o embarazosas.

Usted puede responder eficazmente las preguntas embarazosas de sus hijos si se rige por las cuatro reglas siguientes:

1. Formule la pregunta de otra manera

Asegúrese de que entiende exactamente lo que sus hijos están preguntando. Cuanto más entienda lo que ellos están tratando de saber, más fácil le será responderles.

— "¿Por qué le gusta a tío Richard usar los vestidos de tía Robin?"

— "¿Tú quieres saber *por qué* le gusta a tío Richard usar la ropa de tía Robin?"

2. Responda con sencillez

A sus hijos no les interesa una respuesta de libro.

— "¿De dónde vienen los bebés?"

— "De las mamás".

Si después de responder sus preguntas ellos se van tranquilos, entonces usted respondió tanto como ellos necesitaban saber en ese momento. Si le siguen pidiendo información, usted tendrá que entrar en más detalles y sacar a relucir las ayudas visuales.

3. Trate de responder lo más pronto posible

Si usted no puede responder en ese momento, recuerde hacerlo más tarde. Usted no desea que sus hijos sientan que no quiere responder sus preguntas.

— "¿Qué es sexo?"

— "Bien, querido, el *sexo* es un tema interesante. ¿Qué te parece si después de comida nos sentamos y hablamos de eso?"

Recuerde sentarse con su hijo después de comida para hablar de sexo.

4. Observe

Si nota que sus hijos están preocupados por algo, o si sólo hacen preguntas vagas (pero nunca quieren entrar en detalles), siéntese y hable con ellos. Puede haber algo que los está preocupando y sobre

Dedique tiempo a hablar con sus hijos

Usted está atareado, e igual están sus hijos. Pero en medio del ajetreo y del bullicio de su vida, usted tiene que *dedicar* tiempo a sentarse a hablar con ellos. No siempre es posible *encontrar tiempo* para esos ratos en extremo importantes. Si no reserva ese tiempo, se dará cuenta de que usted y sus hijos están utilizando los minutos anteriores a irse a dormir para tratar de resumir los acontecimientos del día. Ustedes necesitan algo mejor.

lo que no son capaces de hablar (o tal vez están confundidos acerca de algún tema y no saben bien qué preguntar).

— "Papa, ¿tú me *amas?*"

— "Sí, claro que te amo. ¿Por qué me preguntas esto? ¿Hay algo que te preocupa? Tú sabes que puedes hablar conmigo sobre cualquier cosa".

Un niño raro es aquél que les hace a sus padres preguntas que éstos pueden responder. — E. C. Mckenzie

Formas alternativas de comunicación

¿Está cansado de decirles a sus hijos *todas* las mañanas que hagan sus camas y se cepillen los dientes? Como padre, usted espera que ellos entiendan que tienen que hacer estas cosas todas las mañanas, sin importar si usted les ha pedido que lo hagan o no. ¿Cómo es posible que los niños puedan recordar que tres días antes usted les prometió comprarles su cereal preferido pero no recuerden cepillarse los dientes? Tal vez sea hora de modificar la manera en que usted les dice lo que tienen que hacer.

Una buena manera de lograr que los niños hagan cosas que no les agrada es haciéndolas lo más divertidas posible. Dígales con notas, con dibujos y con tablas lo que usted quiere que hagan.

Si usted no logra que sus hijos recuerden hacer sus camas cada mañana, elabore un tabla con la lista de sus tareas diarias y haga que coloquen una marca al lado de cada tarea que hayan cumplido. Déles una recompensa cuando hayan completado la tabla. Si la completan en el lapso establecido por usted, podrán hacer algo especial, como ver uno de sus vídeos favoritos, o prométales que va a jugar con ellos. Si no completan la tabla de tareas diarias, no les permita hacer aquello que usted eligió como recompensa. Sea consecuente. No ceda ante los sollozos ni ante los ojos llorosos. Esta estrategia solamente funciona si sus hijos saben que usted es serio.

	¡Buenos días!						
TAREAS	**Lunes**	**Martes**	**Miércoles**	**Jueves**	**Viernes**	**Sábado**	**Domingo**
Hacer la cama	☺						
Guardar el piyama	☺						
Cepillarte los dientes	☺						
Hacer las tareas del colegio							
Alimentar al perro y al gato	☺						
Despedirte de tus papás y darles un beso							

Escribirles notas a los niños es una excelente forma de elogiarlos por una tarea bien hecha o de mostrarles, sencillamente, que los amamos. Una nota colocada dentro de la lonchera puede decirlo todo:

¡Hiciste muy bien tu cama esta mañana! Muchas gracias.

Te queremos mucho, Mamá y papá

Su lección de hoy

Antes de ir a cualquier sitio, dígales a sus hijos lo que van a hacer, a dónde van a ir y cómo se deben comportar. Fije las reglas con anticipación. Explíqueles a sus hijos lo que espera de ellos.

Capítulo 3

Cómo es un padre consecuente

· ·

En este capítulo

▶ Cómo se establecen las reglas básicas y los límites para actuar consecuentemente.

▶ El arte de ser consecuente.

▶ La persistencia como parte de la conducta del padre consecuente.

▶ Cómo establecer límites constructivos para nuestros hijos.

· ·

*E*l *Juego de la Crianza* se juega en un inmenso tablero de juego, pero ¡no hay casillas! Sus hijos pueden, sencillamente, corretear por donde les plazca. En realidad, ésta es la regla que siguen: correr frenéticamente. Su tarea como padre es encauzar a sus hijos y guiarlos como *si fueran* las fichas del juego. Cuando usted empiece a hacer esto, más le vale que se mantenga firme. Esto es ser consecuente.

Ser consecuente requiere muchas cosas. Los niños harán acopio de encanto para que usted ceda. Sonreirán. Llorarán. Harán pataletas. Pero usted no debe flaquear. El resultado serán niños bien educados, no niños malcriados. (Todos los futuros profesores de sus hijos agradecerán su esfuerzo, así como sus vecinos, sus familiares y sus amigos.) Básicamente, cualquier persona que conozca a sus hijos se sentirá muy agradecida con usted.

Reglas básicas del padre consecuente

Antes de que usted pueda poner en práctica su meta perpetua de ser un padre consecuente, debe establecer las reglas y los límites para sus hijos. Entre los límites hay cosas como éstas:

✔ Dónde les permite jugar a sus hijos.

✔ Qué clase de conducta les permite a sus hijos.

✔ Con qué cosas pueden jugar sus hijos.

¿Capta la idea? Después de establecer estas reglas (y de comprobar que son realistas) usted las hace cumplir con firmeza.

PALABRAS DE SABIDURÍA

Ser consecuentes exige que hoy seamos tan ignorantes como hace un año.
— Bernard Berenson

Dónde les permite jugar a sus hijos

Para los bebés, las áreas de juego son muy limitadas. Usted no puede permitir que sus hijos jueguen un día en el baño y decidir al día siguiente que ése es un sitio muy peligroso para jugar (lo cual es verdad).

A medida que los niños crecen, usted puede empezar a expandir gradualmente el territorio de juego. Este territorio depende en gran parte de su casa, de su jardín y de su vecindad. Si usted vive en pleno centro de una ciudad, su territorio será diferente del de la gente que vive en las afueras.

Qué clase de conducta les permite a sus hijos

La conducta que usted debe supervisar es la que pueda ser peligrosa para otras personas, como golpear con juguetes o arrojarlos, así como cualquier conducta que pueda ser peligrosa para sus hijos. Por ejemplo, las pataletas no siempre son malas, a menos que su hijo comience a golpearse la cabeza contra el piso. (Esta actividad debe ser suspendida ¡y no se debe permitir que el niño lo vuelva a hacer!)

Con qué cosas pueden jugar sus hijos

Todo lo que sus hijos ven es un juguete en potencia. Imagínese cualquier cosa y será un *juguete* en potencia. Ahora, de las cosas que se acaban de mencionar, ¿cuáles son peligrosas para que un niño pequeño juegue con ellas? Todas. Los bebés y los niños que están empezando a caminar tienen la fastidiosa costumbre de llevarse todo a la boca, sin importar el sabor. Los botones, las monedas, los globos de inflar, los dulces, son cosas con las que los bebés suelen ahogarse. (Lea el capítulo 29, "Diez cosas con las que su hijo se puede ahogar".)

Usted no debe permitir que su hijo juegue con el equipo de sonido un día y enfadarse al día siguiente cuando lo encuentre reprogramando los botones de los tonos agudos y bajos. Usted no debe permitirle a su hijo actos violentos un día y al día siguiente hacer caso omiso de ellos. Usted debe manejar siempre estas situaciones de modo que sus hijos sepan qué cosas *pueden* hacer y qué cosas *no pueden* hacer.

Sea muy crítico cuando decida con qué cosas pueden jugar sus hijos. Para obtener más información acerca de la seguridad y de las reglas para el hogar, vea el capítulo 9, "Hacia un estilo de vida más seguro".

Ser consecuente es dominar el arte de ser un latoso inconmovible

Nadie piensa que la fuerza de gravedad es mala. Sencillamente está ahí. (Es constante. Nunca se da por vencida.) Y nos lo demuestra todo el tiempo. Suelte ese ladrillo sobre uno de sus pies y, bueno, es otra vez la fuerza de gravedad diciéndole que sea más cuidadoso la próxima vez. ¿Caerse de una ventana? ¡Cuidado! La gravedad siempre nos jala hacia abajo. Lo que nos puede matar no es la gravedad sino detenernos abruptamente.

Como padres, debemos ser tan consecuentes como la fuerza de gravedad. *Nunca nos rindamos.* Ésta es una política difícil, y estoy segura de que para la gravedad también es un asunto complicado. Pero la gravedad siempre está ahí, jalándonos suavemente para mantenernos sobre el piso.

Si usted nunca ha sido odiado por su hijo, entonces usted nunca ha sido padre. — Bette Davis

Convierta sus palabras en ley

La gravedad es una ley, pero no hay castigo por infringirla porque todos la obedecemos. (Aunque la sola idea de flotar en el espacio es *muy* amenazante.) De manera que la recompensa de la gravedad por ser consecuente es que nadie quebranta su ley. Como padre, si usted es consecuente su recompensa también será que sus hijos no quebrantarán sus leyes. Hay dos reglas sencillas:

1. Piense antes de decir algo

Es difícil ser consecuentes cuando decimos algo tonto o algo que en realidad no queríamos decir. Siempre y cuando que nos hayamos tomado el tiempo de pensar en nuestras palabras, sólo tendremos que evitar la principal arma que tienen nuestros hijos para combatir nuestra firmeza: *la persistencia*. (Y el capítulo 4 le enseñará qué medidas debe tomar después de haber sido consecuente.)

Sí, es difícil pensar antes de lanzar una amenaza cuando estamos atascados en el tránsito, con el automóvil repleto con tres niños salvajes e indómitos. Es mucho más fácil gritar. Si ésta le parece una situación que usted ya ha vivido (o que puede llegar a vivir), lea el capítulo 5, "El arte de conservar la calma".

Ser consecuente también se relaciona con nuestra naturaleza. La mayor parte de las personas tienen cambios de ánimo: *días malos,* cuando nada parece salir bien. Como adultos, los días malos de las demás personas no nos suelen afectar. Sin embargo, los niños toman como algo personal nuestros malos estados de ánimo. Vivir con un esquizofrénico no puede ser divertido, de manera que no hagamos que nuestros hijos sientan como si vivieran con uno.

2. Establezca reglas realistas

No podemos ser consecuentes con una regla que establecimos antes de haberla analizado (o con una regla que quisiéramos establecer pero que, sencillamente, no funciona cuando hay niños).

Por ejemplo, tal vez usted quiera establecer la regla de que todos los juguetes se mantengan en las habitaciones de los niños. Pero la realidad se impone y usted se da cuenta de que es una norma imposible de hacer cumplir porque sus hijos pasan todo su tiempo libre en el salón familiar. Así, pues, revalúe esa norma. Quizás debería ser que los niños recojan todos los juguetes antes de irse a la cama. (De todos modos, ésta sería una regla mucho más realista.)

Manténgase firme o sufra las tristes consecuencias

Cuando usted establezca sus normas, haga que se acaten. Un castigo de una hora es de una hora de duración. Es decir, 60 minutos ó 3 600 segundos (y una cantidad muy grande de nanosegundos). En el instante en que usted cede, el castigo se vuelve menos eficaz y sus hijos ganan.

Reglas absurdas impuestas por padres centrados en la etapa anal

✔ Comer dulces sin ensuciarse.

✔ No babear en los muebles.

✔ Los pañales con popis no se pueden rebosar.

✔ Los niños siempre estarán en la cama y dormidos a las 7:00 P.M.

✔ Los niños se comerán todo y dejarán limpios los platos.

¿Qué han ganado?

Por el resto de su vida sus hijos serán ¡unos pequeños pelmazos! ¡Unos malcriados! Es verdad, cuando eso ocurre, ellos aprenden que las leyes inquebrantables de sus padres se pueden quebrantar. Y que si eso se pudo hacer *una vez*, entonces puede hacerse *de nuevo*. Y que si eso puede hacerse en el hogar, entonces también puede hacerse en el colegio, en el trabajo, ¡por el resto de su vida! ¡Éste es el premio gordo por jugar y perder la partida de la firmeza en *El Juego de la Crianza*!

Usted no quiere, por supuesto, que sus hijos ganen esa partida. Por tanto, sea consecuente. Haga que su palabra sea la ley: piense antes de crear la ley. Haga que sea realista y luego manténgase fiel a ella, aun a costa de parecer detestable. Recuerde, no ha habido un solo padre que no haya sentido el odio de su hijo (por lo menos durante un rato).

Cuando sus hijos saben que usted no va a hacer cumplir su palabra, más le valiera estar muerto. Sus hijos manejarán su vida (lo cual es más doloroso que la depilación con cera estilo biquini). Ésa es la definición de un niño malcriado (no es el que tiene muchísimos juguetes).

Por favor, no eduque a sus hijos para que se conviertan en unos malcriados. El mundo se lo agradecerá.

Encanto y persistencia: el arte de hacer flaquear a los padres

Es muy fácil hacer un gesto arrogante y anunciarle al cielo que vamos a ser consecuentes de este momento en adelante. Y probablemente ésa sea nuestra intención. Pero debemos tomar en cuenta dos armas del arsenal de nuestros hijos contra nosotros: el encanto y la persistencia.

No subestime estas armas. Son poderosos misiles nucleares comparados con su promesa al Creador de ser consecuente. Como la historia muestra que los niños utilizan estas herramientas, usted debe fortalecer su determinación. Para hacerlo, conozca las estrategias del *enemigo:*

"Soy demasiado hermoso para tus débiles esfuerzos de ser consecuente"

Los padres pasan los primeros meses de la vida de sus hijos diciéndoles lo increíblemente lindos que son. Son ángeles, son adorables. Ellos lo saben y almacenan ese conocimiento para utilizarlo posteriormente, cuando también pueden valerse de su semblante para hacer brotar todo su encanto. "Mira cómo logro poner a mamá: alegre como unas pascuas". Ésta es una conducta enseñada por nosotros los padres, a la que los niños le dan buen uso.

Cuando llega el momento de ser firme y consecuente, usted debe pensar antes de hablar. Usted dice lo que tiene que decir. (Es la ley, ¿verdad?) Pero luego viene el pequeño encanto con sus pucheros, con los ojos hinchados de llorar y con el rostro demudado por el dolor emocional. "¿Cómo pudiste hacerme algo así, cuando yo vivo para amarte?"

¡Ésta es una guerra emocional! Tiene un propósito fundamental: hacer que usted se dé por vencido. Quebrar su capacidad de ser consecuente. Éste es el punto en que usted no puede ceder.

¡No se dé por vencido! ¡No importa lo que pase!

Recuerde: Usted pensó primero en la ley. Usted ya empezó a ser consecuente, de manera que manténgase firme. No cambie de parecer.

En realidad, para sus hijos éste es un juego, denominado "voy a lograr lo que quiero". No se denomina "soy precioso y tú me heriste emocionalmente". Esto, sencillamente, no es así. Sus hijos confían en su firmeza. No los decepcione, aunque parezca exactamente lo contrario. Si usted cede, no sólo sale perdiendo usted sino que lo mismo le ocurre a su pequeño encanto.

Amar a un hijo no significa ceder a todos sus caprichos; amarlo quiere decir sacar a relucir lo mejor de él y enseñarle a amar lo que es difícil.
— Nadia Boulanger

Sea constante, constante, constante

Los padres inconsecuentes son una perfecta confusión. Le dicen al niño que se ha portado mal y que no habrá postre para él. Luego el diablillo decide limpiar su habitación o hacer alguna otra tarea sobre la que lo han estado sermoneando y, entonces, un ángel de dulce rostro les pide postre. ¡No vacile! Su respuesta sigue siendo: "No".

La persistencia es el arte de hacer algo repetidamente, quizás con cambios sutiles, pero, de todos modos, una y otra vez. ¿Se ha preguntado por qué razón los niños piden algo insistentemente cuando usted ya les dijo "No"? Porque existe la remota posibilidad de que usted cambie de parecer. ¿Por qué? Porque quizás usted cambió de parecer en el pasado. Éste es el resultado de ser persistente.

¡Usted debe ser constante! No se deje vencer por la persistencia de sus hijos. Usted tiene que ganar este juego, porque sus hijos ganan cuando usted cede. Si usted se da por vencido, todos pierden: Usted pierde porque ellos saben cómo conmoverlo, y ellos pierden porque *necesitan* que usted sea consecuente para evitar que se conviertan en niños malcriados.

Sus hijos seguirán poniéndolo a usted a prueba, pero no gastarán tanto tiempo haciéndolo cuando se den cuenta de que usted no cambia de parecer ni sucumbe ante los gemidos y las pataletas. Al fin y al cabo, ¿para qué molestarse si no da resultado?

Cómo ponerles límites a los hijos

Es importante ponerles límites a nuestros hijos. No me refiero a murallas como las de Edgar Allan Poe en *El barril de amontillado*. Nadie que ame a sus hijos haría algo así: construir muros de ladrillo alrededor de ellos en su propio sótano. (¡Poe estaba enfermo!) En cambio, estos límites son barreras mentales que levantamos para mantener seguros a nuestros hijos y para mantenernos sanos nosotros.

Usted pone límites cuando establece reglas. Las reglas tienen por objeto mantener a sus hijos seguros y felices. Por ejemplo, hay reglas que prohíben treparse en las cosas y arrojar objetos, hay reglas acerca de la manera de comportarse con la abuelita, hay reglas para actuar en las tiendas y reglas para tratar a los hermanos. Estas reglas forman barreras alrededor de sus hijos. Pero sus hijos empujarán *constantemente* contra ellas. Siempre lo pondrán a prueba a usted, por dos razones:

1. Necesitan saber dónde están los límites

Este conocimiento los hace sentir seguros. Por tanto, usted debe levantar las barreras y mantener a sus hijos dentro de ellas, si quiere que ellos se sientan seguros.

2. Presionan porque necesitan crecer

La norma de no jugar afuera sin supervisión no puede durar toda la vida. Tarde o temprano sus hijos serán muy grandes para cumplir esa regla y otras más, como, por ejemplo, las relativas a la hora de la siesta y a los objetos con los que pueden jugar.

A la larga, usted ampliará los límites. ¡Pero no los elimine! Los niños los necesitan. Fije una nueva hora (más tarde) para ir a la cama, modifique las prohibiciones. Y sea firme y consecuente con esas nuevas reglas. Incluso usted puede anunciar un cambio y explicárselo a sus hijos: "Como han hecho lo correcto y han apagado el televisor después de ver los programas, creemos que ya son lo suficientemente mayores y responsables como para que usen ahora ustedes mismos la videocasetera".

Nunca interprete la presión de sus hijos contra las barreras como una razón para tumbarlas. Usted debe ser consecuente y mantener levantados esos muros para que ellos sean personas seguras y felices. Nuestros hijos obtienen una especie de placer sádico poniéndonos a prueba, pero, en realidad, les gusta que les fijemos límites y que los hagamos cumplir.

Su lección de hoy

Cuanto más crecen nuestros hijos y más responsables se vuelven, más podemos expandir los muros y más cosas podemos permitir que hagan. Pero ni siquiera entonces dejarán de presionar.

La 5ª ola

por Rich Tennant

"NO TOQUES NADA. NO RECOJAS NADA DEL SUELO NI TE LO COMAS. NO JUEGUES CON TUS OREJAS. NO LE JALES EL PELO A NADIE. NO OLVIDES DECIR 'POR FAVOR' Y 'GRACIAS'. NO TE HURGUES LA NARIZ NI HABLES EN VOZ ALTA NI JUEGUES CON DEMASIADOS JUGUETES. ¡Y DIVIÉRTETE!"

Capítulo 4

Insista en su empeño y manténgase firme

. . . .

En este capítulo

▶ Aprenda a mantenerse firme.

▶ Su vida se facilita cuando usted insiste en su empeño y no flaquea.

▶ Sea cauteloso con lo que dice.

▶ La importancia del sentido de la oportunidad.

. . . .

"Voy a contar hasta tres, y, entonces, estarás verdaderamente en un lío".

"No hagas que te tenga que perseguir".

"Si haces esto una sola vez más, lo lamentarás".

¿ Le suenan conocidas estas frases? Quizás sus padres no utilizaron ninguna de ellas con usted, pero las ha oído. Son una especie de amenaza. Tienen por objeto *asustar* a los niños para que se comporten bien. ¿Funcionan? En realidad, no. Como adulto que es usted, si alguien tan grande y tan alto como somos nosotros para nuestros hijos lo amenazara de esta manera, ¿acaso no escucharía usted? Entonces, ¿qué es lo que saben los niños que nosotros no sabemos? ¿Será que escucharon esas amenazas antes y se dieron cuenta de que no sucedió nada? Por esta razón este capítulo le enseñará a *mantenerse firme,* lo cual se relaciona de una manera extraña con el hecho de ser *consecuente.*

"¿Mantenerme firme en qué?"

Para insistir en su empeño y mantenerse firme, usted debe tener presentes dos aspectos:

✔ Cuando usted les dice a sus hijos que va a hacer algo, sea bueno o malo, usted lo hace.

✔ Cuando usted castiga o disciplina a sus hijos, usted hace cumplir el castigo y sigue disciplinando a sus hijos, para estar seguro de que ellos entendieron el motivo por el cual usted los castigó.

"Dije que lo iba a hacer y lo voy a hacer"

Sus hijos necesitan saber que si usted dice que va a hacer algo, usted lo hace. Esto les permite saber que pueden creer en lo que usted les dice y que usted es una persona confiable. Esto funciona tanto en situaciones buenas como en situaciones malas.

Cuando usted promete comprarles a sus hijos una pequeña sorpresa en la tienda si arreglan su habitación, les está dando un motivo para trabajar. Ellos saben que usted va a comprarles la sorpresa. Por otra parte, cuando usted les dice a sus hijos que si empiezan a pelear usted les quitará los juguetes por el resto de la noche, también entenderán que usted lo dice en serio.

Cuando usted promete hacer algo (bueno o malo) y no lo hace nunca, usted queda como una persona buchipluma, incluso ante sus hijos. Ellos necesitan creer en lo que usted les dice y confiar en usted.

"¿Aprendieron ustedes algo?"

Insistir en su empeño y mantenerse firme después de castigar y de disciplinar a sus hijos tiene que ver con tres situaciones que, aunque son distintas, guardan relación. Para que el castigo y la disciplina sean totalmente eficaces, usted debe seguir todos estos pasos:

1. Cuando vea que sus hijos están haciendo algo malo, detenga esa acción o conducta. No se comporte como si no hubiera visto nada.

2. Cuando usted haya impuesto un castigo, manténgase firme y hágalo cumplir.

3. Posteriormente, compruebe que sus hijos hayan entendido por qué motivo usted los castigó. El castigo no es eficaz si los niños no aprenden nada de él.

Es sumamente ineficaz castigar a los niños si ellos no comprenden por qué los han castigado. Nunca suponga que los niños captan con claridad cuando han hecho algo incorrecto. (Es probable que no tengan consciencia de haber hecho *algo* malo.)

La disciplina y el castigo deben utilizarse como una forma de educación. Usted disciplina a sus hijos para que aprendan qué está bien y qué está mal. Usted los castiga por la misma razón. Vea el capítulo 24, "Castigo y disciplina".

Los padres deben transmitirles a sus hijos la siguiente idea: "Yo te amo siempre, pero a veces no amo tu conducta". — Amy Vanderbilt

"¿Está listo para mantenerse firme y no flaquear?"

Usted encuentra a su hijo rompiendo su escritorio con un martillo. Usted le dice que él no es tan tonto como para hacer eso y que, como castigo, no podrá ver televisión durante una semana. La acción que corresponde en ese caso es prohibirle que vea televisión. Si al día siguiente llega del colegio y prende la televisión para ver *Batman* (y usted permite que vea el programa), usted ha cometido un error. Usted no fue firme. Usted no está siendo confiable. Usted está hablando sandeces. Por tanto, su hijo piensa que, como logró salirse con la suya en el asunto del martillo, ahora quizás podría utilizar esa herramienta en su automóvil nuevo. Eso debe de ser *divertidísimo.*

Sus hijos se comportan mejor si saben que cuando usted dice que va a hacer algo, lo hace. Usted no hace advertencias falsas ni amenaza con despropósitos que sabe que no puede hacer cumplir.

¡He sido firme y ahora mi vida es fácil!

Su vida será paradisíaca cuando sus hijos entiendan que si usted dice que va a hacer algo, lo hace. Cuando usted no amenace ni haga veinte advertencias.

Usted dejará de perseguir a sus hijos por las mismas infracciones cuando ellos sepan que usted hace cumplir el castigo que les ha impuesto.

Usted debe entender que enseñarles a sus hijos a obedecer sus instrucciones toma algún tiempo. Para ellos es un proceso de aprendizaje. Puede ser necesario que los castigue varias veces por hacer algo que usted les ha dicho que no hagan, antes de que comprendan que no vale la pena hacerlo, pero también puede que aprendan con rapidez. Mucho tiene que ver con el gen de la *obstinación* que los niños tienden a heredar de sus padres.

La tarea de nuestros hijos es ponernos a prueba. No se sorprenda si ellos tratan de hacer impunemente algo que usted pensaba que ya habían entendido que *no debían hacer*. Es sólo la manera en que los niños hacen la vida de sus padres un poquito más interesante.

Sea cauteloso con lo que dice

Muchos padres disfrutan oyéndose a sí mismos decir cosas como, "Sandra, si no dejas de golpear el espaldar de mi asiento te voy a arrancar las piernas". ¿Cree usted que hay algún padre que quiera decir eso, en realidad? Esperemos que no. Así, pues, si usted no lo cree, su hijo tampoco lo creerá. Su hijo aprende a dejar de creer en las amenazas. No estoy diciendo que usted deba empezar a arrancarles a sus hijos las piernas. Tenga cuidado con lo que dice. No dude en hacer lo que usted dice que va a hacer y esté seguro de lo que dice. A los padres les gusta oírse a sí mismos hacer amenazas tontas. En realidad suenan graciosas y los niños probablemente se ríen de sólo pensar en ellas. Pero usted sabe que ellos no lo están tomando a usted en serio.

Las amenazas son difíciles de cumplir porque no suelen ser realistas y es imposible ponerlas en práctica. Si usted amenaza a su hijo con no volverlo a llevar jamás a un restaurante, eso significa que usted no podrá volver nunca más a un restaurante, a menos que consiga una persona para cuidar a su hijo. ¿Es eso lo que *realmente* quiso decir?

Amenazas poco realistas

✔ Si no empiezas a arreglar tu habitación, ¡te castigaré durante un año!

✔ Si no haces tu tarea, ¡no te volveré a dejar salir nunca más de tu habitación!

✔ Te golpearé hasta dejarte hecho trizas.

✔ Si no te portas bien, no te volveremos a sacar nunca más.

✔ No te volveré a comprar un juguete mientras vivas.

✔ Come todo lo que hay en tu plato o nunca más te volveré a dar comida.

¡Actúe oportunamente!

La memoria de los niños es bastante corta, de modo que cuando usted diga que va a hacer algo, tiene que actuar rápidamente. No deje para otro día la disciplina y el castigo. Está bien que usted se dé algún tiempo para poner en orden sus pensamientos, quizás hasta para calmarse un poco y sacarse de la cabeza la idea de mandar a sus hijos a la escuela militar.

No aplace el castigo. A sus hijos se les olvidará lo que ocurrió si una semana después de haber botado la basura por el balcón (y de no haberla recogido) usted finalmente decide hacer algo al respecto.

El propósito de insistir en su empeño y de actuar con firmeza es que sus hijos puedan confiar en lo que usted les dice y que aprendan que sus acciones tienen consecuencias. Si usted los amenaza con castigarlos por algo, pero no lo hace, más valiera que no les hubiera dicho *nada* en primer lugar.

Su lección de hoy

Ser firmes con nuestros hijos es difícil. Pero, como en cualquier buen negocio, si logramos serlo, al final se ven los resultados.

Capítulo 5
El arte de conservar la calma

En este capítulo

▶ Sí, usted tiene "calma interior".

▶ El síndrome del sordo.

▶ Cómo enseñarles a los hijos a ser pacientes.

▶ Sencillamente, a veces es demasiado difícil ser paciente.

*Q*uizás usted piensa que es una persona paciente. No le molestan las personas que hacen fila con 36 artículos en la línea rápida del supermercado, donde sólo se admiten 15. Tampoco se altera cuando, en vez de tomar su orden, la muchacha que despacha café se dedica a charlar por teléfono con el novio. Incluso, con 40 grados de temperatura, sin aire acondicionado y en las horas pico usted se las ha arreglado para no desquitarse con nadie. Usted es un verdadero campeón a la hora de tener *paciencia*. Pero... ¿y con sus hijos?

Sería formidable que hubiera algún curso para volvernos pacientes y para lograrlo rápidamente. Usted sabe a qué me refiero: un curso que se pudiera tomar por la noche y, luego, de repente, adquirir esa maravillosa habilidad de la que nos enorgulleceríamos tanto delante de nuestros amigos. ¡Vaya! ¿no se sentirían envidiosos?

Cómo se encuentra la "calma" interior

Usted puede haber sido paciente. Eso ha creído. Pero, ¿cómo va a actuar cuando vea que su hija de tres años se ha echado encima todo el frasco de perfume Joy y se ha embadurnado toda la cara con lápiz labial (no con uno barato sino con uno costoso, de marca *Borghese)* y ha untado las paredes y hasta al gato que tuvo la mala suerte de pasar por ahí, sólo para verse linda, como mamita? ¿Cuál de las siguientes cosas hace usted?

1. ¿Se pone lívido, la levanta rápidamente y la arroja a la bañera?

2. Le dice: "Qué linda te ves. ¿Qué tal si ahora te limpio? La próxima vez que quieras jugar a verte elegante, pídeme que te ayude".

3. Mira a su hija, suspira, se voltea y se va.

Si tiene dudas, la respuesta correcta es la número dos.

La respuesta número uno es para los padres que no tienen paciencia. No lograron ver la parte humorística de la situación. La número tres es un caso perdido. Estas personas obviamente no saben qué hacer y ni siquiera desean hacer frente a la situación. Los padres que eligieron la respuesta número dos están tratando a su hija de una manera calmada y relajada, al tiempo que le están haciendo saber que no debe volver a hacer eso sin supervisión.

Ser impaciente significa que, en algún momento, haremos alguna tontería. — Viejo proverbio japonés

No tener paciencia puede ser el resultado de la forma en que fuimos educados. Nuestros padres quizás no fueron muy pacientes, por lo que no pudimos aprender de ellos a ser pacientes. Aunque nuestra "calma" interior está ahí, esperando poder manifestarse, quizás no puede hacerlo por motivos que estamos pasando por alto, como, por ejemplo:

✔ Nuestra actitud.

✔ Nuestros sentimientos.

✔ Expectativas altas.

✔ Estar apurados.

Su actitud puede requerir ajustes

Tener paciencia empieza con nuestra actitud. Si usted es perfeccionista, ha llegado el momento de que supere ese rasgo. Sólo cuando sus hijos crezcan y se vayan de la casa todo volverá a ser normal, y a estar limpio y en orden (aunque, desde luego, no todo al mismo tiempo). Si usted tiene la actitud de que todo va a estar bien — y puede manejar las cosas durante unos 18 años —, entonces usted va ganando el juego.

Sabiduría es aprender qué cosas debemos pasar por alto. — Will James

No tome las cosas demasiado en serio. Permita que sus hijos sean niños y deje que hagan las travesuras que tienen que hacer. Eso quiere decir que harán desorden, que romperán las cosas y las dejarán caer, que destruirán, que matarán, que mutilarán... usted entiende: que serán niños. Aquí la clave es que usted no se salga de sus casillas cuando estas cosas sucedan. Si usted acepta el hecho de que estas cosas van a ocurrir, no perderá la paciencia en el momento de la verdad.

Su pensamiento del día: Hoy no estaré apurado. Voy a permanecer calmado y relajado. Derrámese lo que se derrame, se puede limpiar. Rómpase lo que se rompa, se puede reemplazar o pegar. No voy a desahogar mi ira o mis frustraciones en mis hijos, porque yo los amo.

"¿Por qué no soy más paciente?"

Usted pierde la paciencia porque está excesivamente cansado, porque está excesivamente estresado, porque siente que está trabajando demasiado y nadie le ayuda y porque no le queda tiempo para usted. Si usted *soluciona* estos aspectos es más probable que tenga paciencia con las pequeñas cosas que hacen los niños y que pueden desencadenar su estrés.

Solucionar estos aspectos significa que usted se acostará más temprano. Cuando estamos estresados y cansados no se justifica quedarse levantado hasta tarde viendo televisión.

Si los miembros de su familia llegan a la casa y le dejan a usted todo el trabajo mientras ellos salen y hacen sus cosas, pídales que le ayuden. Recuérdeles que usted no tuvo hijos para criarlos sola y que desea que le ayuden. Con un gesto de condescendencia, ellos probablemente dirán: "Bien... ¿qué quieres decir?" Ése es el momento cuando usted se sienta y distribuye las tareas domésticas entre los miembros de su familia. Si hasta ese momento su familia es únicamente su cónyuge (o alguien con quien usted comparte su vivienda, si usted es un padre soltero), organice las tareas domésticas de modo que se reduzca su carga de responsabilidades.

Lea el capítulo 19, "Pautas para compartir la crianza (el sistema de dos partes)". Ese capítulo le dará información acerca de lo que usted puede hacer para aprovechar al máximo la ayuda que le puede prestar su compañero.

Baje el nivel de sus expectativas

Es posible, también, que usted pierda la paciencia porque sus expectativas en torno a sus hijos sean muy altas. Usted no puede esperar que su hijo de cinco años vea en silencio todo su programa favorito de televisión, ni puede esperar que su hijo de un año no toque el papel higiénico, aunque usted se lo haya dicho por lo menos 50 veces. Es posible que le fascine el papel higiénico y que usted tenga que volvérselo a decir otras 50 veces (además de esconder el papel y de sacar al niño de la habitación donde está el papel.)

Pero también es posible que ese mismo niño de cinco años siempre vea en silencio *Plaza Sésamo.* Y también es posible que usted sólo le haya tenido que decir tres veces a su pequeño de un año que no juegue con la basura para que dejara de hacerlo.

No espere que sus hijos lo escuchen a usted del mismo modo en todas las situaciones y no espere milagros de ellos. La crianza es mucho más fácil cuando no son tan altas nuestras expectativas en torno al comportamiento de nuestros hijos y los aceptamos como son.

No tome como algo personal las travesuras de sus hijos. Cuando usted le dice a su hijo que está empezando a caminar que no haga algo, pero él lo hace de todas maneras, él no le desobedece a usted para hacerlo enojar. Lo hace porque, o bien es todavía tan pequeño que su obstinación supera cualquier cosa que usted diga, o bien porque sencillamente está probando sus límites (empujando los *muros*, como se explicó en el capítulo 3). Entienda que esa conducta es característica, que debe esperarse y que no se debe tomar como algo personal.

Aunque usted probablemente ama a sus hijos más que a nada en el mundo, es sumamente importante que usted reserve tiempo para mimarse. Es más fácil tener paciencia con los hijos cuando nos sentimos bien con nosotros mismos.

Usted encontrará más información acerca de la manera en que puede aliviar su carga de trabajo y cuidarse a usted mismo en el capítulo 19, "Pautas para compartir la crianza (el sistema de dos partes)". Es sorprendente cuán paciente podemos ser cuando de verdad nos sentimos humanos.

"¡Necesito más tiempo!"

La paciencia disminuye cuando el tiempo escasea. Algunas personas se enloquecen cuando están retardadas y, a su vez, enloquecen a los demás. Si usted es de estas personas, podrá resolver el problema si toma suficiente tiempo para hacer sus cosas y para desplazarse de un sitio a otro. Cada vez que pueda, programe sus actividades con anticipación.

No espere hasta el último minuto para hacer las cosas. Piense siempre por adelantado y programe su tiempo. Tratar de apurar a los niños puede ser desastroso. Si usted les dice: "Tenemos que apurarnos", ellos se bloquean automáticamente y, con seguridad, hacen las cosas todavía más despacio.

Si usted sabe que su familia tiene que hacer algo especial en la mañana, haga la mayor parte de los preparativos la noche anterior, de manera que le queden pocas cosas para hacer en la mañana. Es más fácil que nos sintamos calmados y relajados cuando no estamos de afán.

"No puedo oírte"

Los niños desarrollan el *síndrome del sordo*. Esta condición se manifiesta cuando usted habla y ellos actúan como si no lo hubieran oído. Algunas personas llamarían a esto no prestar atención. ¿Por qué se menciona esta conducta en una sección dedicada a la paciencia? Porque la primera vez que esto ocurre (cuando usted se da cuenta de que ese hijo, que poco antes se sentaba en su regazo para que usted le leyera cuentos, ahora hace caso omiso de lo que usted dice) usted puede llegar a enloquecerse.

En momentos como ése es aceptable perder la paciencia. Apuesto a que usted pensó que yo iba a decir que respirara o que meditara y que superara la situación, ¿verdad? No. No prestarle atención a la gente es una mala costumbre y de alguna manera sus hijos aprenderán a hacerlo. No lo permita. No caiga en la tentación de gritar a sus hijos, pero cuando haya logrado que le presten atención, hágales saber que no escuchar a los demás es un acto de descortesía.

Reconozca la diferencia entre *ser niño* y *conducta descortés*. Tenga paciencia con las tonterías de sus niños. No tolere la falta de cortesía ni la desobediencia.

No se ría

No se burle de sus hijos si ellos se sienten realmente molestos por algo que usted considera una bobada. No es una bobada para ellos, y a nadie le gusta ser objeto de burla.

Por ejemplo: Su hija está tratando de hacer su cama, pero no logra controlar las mantas. Está sentada en la cama llorando, con las mantas en desorden a su alrededor. Es un cuadro cómico, pero su hija está, desde luego, muy frustrada. Lo que menos necesita es que usted se burle de ella, pues no está de ánimo para ver el lado cómico de la situación.

Cómo podemos enseñarles a nuestros hijos a ser pacientes

No existen atajos a la hora de enseñarles a nuestros hijos a tener paciencia. Habrá muchas ocasiones en sus vidas cuando cosas realmente importantes, como no poder colocar un juguete redondo en un hueco cuadrado, les producirá un ataque de ira.

Éstas son situaciones difíciles. Usted quiere enseñarles a sus hijos que ellos tienen que solucionarlas por sí mismos, pero, al mismo tiempo, no quiere que se sientan tan frustrados como para que dejen de lado el juego (o lo que sea) que los ha alterado.

Observe cuidadosamente. Si el que se está alterando y se encuentra a punto de arrojar el juguete es su hijo que está empezando a caminar, acérquese a él y con mucha calma ayúdele. Tranquilícelo y explíquele que nada justifica ponerse furioso.

Si es su hijo de seis años el que se está empezando a enfadar, deje que trate de resolver la situación. Si le pide ayuda a usted, discuta con él su problema pero déjelo continuar con su actividad para que, al final, sea él quien la realice.

La impaciencia y la frustración están ligadas estrechamente a la infancia. Proceder con calma y con tranquilidad es la mejor manera de enseñarles a los hijos que, sin importar lo que ocurra, las cosas se pueden resolver con tranquilidad y con un poquito de paciencia.

"¡Fracasé!"

La mamá del castor Cleaver era la reina de la paciencia. Sin importar cuán travieso era el pequeño castor, su mamá siempre estaba con él, no alzaba nunca la voz y jamás se veía molesta. ¡Era maravillosa! Además, ella sólo tenía que ser así treinta minutos por semana. Cualquiera puede ser paciente durante treinta minutos. Incluso si Cleaver es su hijo.

De todos los animales salvajes, el niño es el más inmanejable. — Platón

En la vida real todos perdemos la paciencia. Esto es tan propio de la naturaleza humana como que aparezcan espinillas en la cara. (Eso le pasa a todo el mundo.) Lo que en realidad es importante es cómo manejamos la situación de ahí en adelante. Cuando usted se dé cuenta de que está perdiendo la calma, pídales excusas a sus familiares. Dígales lo que

Momentos ideales para tener paciencia

✔ Cuando su cónyuge le cambia el pañal al bebé, que tiene diarrea, sobre su cubrelecho fino.

✔ Cuando su pequeño de dos años se ha tomado el tiempo y el esfuerzo de levantar con todo cuidado una punta del papel de colgadura, para poder arrancar con mayor facilidad todo el papel.

✔ Cuando su hijo de un año ha revolcado un cajón, ha encontrado un viejo molde metálico de galletas y lo ha dejado en el suelo para que usted se pare encima cuando esté descalzo.

✔ Cuando alguien ha dejado abierta la puerta del baño y usted encuentra a su pequeño desenrollando el papel higiénico dentro del sanitario.

✔ Cuando su pequeño saca el helado de la bolsa del supermercado, que usted ha dejado en el piso, y tres días más tarde usted lo encuentra detrás de la mata del comedor.

✔ Cuando todos los menores de cinco años que hay en la casa han decidido que sería divertidísimo arrojar cualquier cosa por el conducto de la lavandería.

tenga que decirles... pero añada que usted no debería haber perdido el autocontrol. Cuando les decimos a nuestros hijos que perdimos la paciencia y que lo sentimos, les estamos enseñando que a veces hasta los padres cometen errores, pero que lo lamentamos y que trataremos de no volver a perder la paciencia. Podemos hacer que nuestros hijos nos entiendan y, al mismo tiempo, mostrarles que los padres no son perfectos.

Los padres suelen perder la paciencia cuando ven que sus hijos están dedicados a alguna actividad durante más tiempo del que ellos consideran necesario. No se entrometa ni trate de ayudarles a sus hijos si ellos se ven contentos mientras desarrollan alguna actividad a su propio ritmo. Cuando usted se entromete, menoscaba la confianza de sus hijos en sí mismos y, al final, usted habrá hecho más mal que bien.

No les asigne a sus hijos ninguna tarea mientras usted no comprenda que probablemente ellos no la harán con la rapidez que a usted le gustaría. Deje que sus hijos completen la tarea al ritmo de ellos. No permita que pierdan el tiempo, pero tampoco se inmiscuya, ni la termine si están haciendo bien las cosas... sólo un poquito despacio.

Su lección de hoy

La paciencia es una habilidad, un talento, una bendición. No importa cómo quiera llamarla, es algo que será puesto a prueba una y mil veces. Lo que usted debe hacer es, sencillamente, tomar con calma la situación, respirar profundamente y esconder todos los objetos cortopunzantes.

Capítulo 6
El manejo de la conducta

En este capítulo

▶ Generalidades acerca del manejo de la conducta.

▶ El poder del elogio.

▶ Los importantes resultados de prestar grandes cantidades de atención.

▶ Cómo mantener ocupadas las manos ociosas.

▶ La importancia de mantener una casa segura y feliz.

▶ La risa es el mejor remedio.

¿Ha escuchado alguna vez el término *los terribles dos?* Todos lo hemos escuchado, ¿verdad? A los pobres niños de dos años se les ha hecho muy mala fama. No sólo han pasado los dos últimos años aprendiendo a hablar para poder gritar en plena boda de la prima Lucy: "Mamá, ¡me hice en los pañales!" También han aprendido a caminar frente a los automóviles en el parqueadero, a escaparse a la hora de ir a la cama — y su destreza manual es sorprendente. (La practican todo el tiempo cuando les quitan las etiquetas a las latas de comestibles.) Eso es haber aprendido bastante en dos años, y nos atrevemos a llamarlos *terribles*. ¡Qué descaro!

Los niños de dos años realmente no son tan malos. Los niños *de cualquier edad* pueden parecer difíciles si no los dirigimos de la manera adecuada. Si no sabemos guiarlos se nos salen de control. Este capítulo trata de la manera en que debemos dirigir a nuestros hijos para que no lleguen al punto en que tengamos que llamarlos *terribles*.

Manejo de la conducta

Manejar la conducta es en realidad dirigir el tiempo y el comportamiento de nuestros hijos para que no tengan el tiempo (ni la necesidad) de meterse en situaciones que nos obliguen a calificarlos de *terribles*. Si usted es un padre excesivamente sensible, que piensa que es detestable *manejar* a los hijos, busque la palabra en un diccionario. Significa gobernar, dirigir.

Así, pues, pensar en manejar a sus hijos no es tan malo cuando usted capta que todo lo que usted está haciendo es guiando o dirigiendo lo que ellos hacen para que no se metan en problemas. Para guiar a nuestros hijos debemos hacer lo siguiente:

- ✔ Elogiarlos.
- ✔ Prestarles mucha atención.
- ✔ Mantener ocupadas las manos ociosas.
- ✔ Mantener una casa segura y feliz.
- ✔ No olvidar reír.

Enséñele a un niño la manera de comportarse y, cuando sea mayor, no se apartará de ella. — Proverbios

Elogie a sus hijos

Elogie *mucho* a sus hijos. Elogiarlos significa darles abrazos, besos, palmaditas en la espalda y en la cabeza y decirles cosas como: "¡Qué bien!, ¡mira lo que hiciste!" o "Esto es maravilloso", cuando han hecho algo bien.

Cuando usted elogia a sus hijos les da retroalimentación positiva sobre lo que acaban de hacer. A su vez, ellos desearán hacer más cosas para hacerlo a usted feliz. A los niños les encanta oír que son buenos, que estamos orgullosos de ellos o que pensamos que son especiales. No se abstenga de decirles a sus hijos estas cosas: usted debe motivarlos y darles ánimo.

Cuando usted elogia a sus hijos por recoger sus juguetes o por llevar algo a la basura, ellos aprenden rápidamente a repetir esas conductas con el fin de volver a obtener la misma atención positiva de usted. Dígales "Gracias" o "Muy bien hecho" cada vez que pueda. Cuando su hijo le lleve una araña muerta que encontró en el patio, sonría, abrácelo y déle las gracias. Él necesita saber que usted aprecia sus esfuerzos.

Sin embargo, el elogio es como los chocolates. Si usted se come una libra entera de chocolates varias veces al día, se enferma. Demasiado de algo bueno. Pero si usted reparte una bolsa de chocolates a lo largo de cierto período de tiempo y sólo se come uno de vez en cuando, no se enferma.

Lo mismo ocurre con el elogio. No es bueno excederse porque tanto usted como su hijo *se enfermarían* (o algo parecido). Pero si usted lo distribuye como hace con los chocolates, el elogio hará que sus hijos experimenten una sensación agradable y cálida, como la que producen los chocolates.

Es posible elogiar a los hijos de manera poco realista. Si su hija le muestra el dibujo que hizo en el colegio, dígale que realizó un buen trabajo y que usted se siente orgulloso de ella. Vaya un paso más allá y cuelgue el dibujo en una pared. No hay necesidad de decir ni de hacer más. No se sienta obligado a decirle que es el mejor dibujo que usted ha visto en su vida y que debería estar en un museo o tener un marco de oro. Sus hijos son inteligentes y reconocen la falta de sinceridad.

Présteles mucha atención

A los niños les encanta que se les preste atención y la obtienen de cualquier manera. Si no pueden obtener su atención haciendo cosas buenas, la obtendrán haciendo cosas que ellos saben que son indebidas. Si la única vez que usted se percata de que sus hijos existen es cuando hacen algo malo, ellos seguirán haciendo cosas malas. Los niños prefieren la atención negativa a la falta de atención. Esto es tan importante que voy a decirlo otra vez: *La atención negativa es mejor que la falta de atención.*

Déle a un niño un poquito de amor y usted obtendrá mucho a cambio.
— John Ruskin

La mejor manera de prestarles atención a sus hijos es pasando tiempo con ellos. Permanezca usted en el hogar o trabaje fuera de él, usted puede brindarles a sus hijos tiempo de calidad. Tiempo de calidad no significa que toda la familia se tenga que sentar durante cuatro horas a mirar televisión. Quiere decir apagar el televisor (¡Oh Dios! ¡Cualquier cosa menos *eso!*) y jugar, leer, salir a caminar o hacer cualquier cosa... ¡pero todos juntos!

Prestarles atención a sus hijos significa que usted los escucha cuando ellos hablan. No es escucharlos a medias y decir "ajá, ajá", como hacemos con nuestros cónyuges cuando nos cuentan cómo les fue en el trabajo. Lo que quiero decir es que usted se sienta con ellos, los mira a los ojos y los escucha. Les hace preguntas. Se interesa. Aunque su pregunta sea: "¿Así que pintaste de azul al gato?", usted le demuestra a su hijo que le está prestando atención.

La crianza de los hijos no es la época más adecuada para ser egoístas con nuestro tiempo. Podemos ser egoístas más adelante o cuando hayan crecido y tengan sus propios hijos.

No espere hasta que sea demasiado tarde

Nada debe ser más importante que sus hijos. Nunca habrá otra época en su vida cuando la mayor alegría de otra persona sea pasar tiempo con usted. No la desperdicie. No sea como los padres que miran retrospectivamente y cuyo único pesar es no haber pasado suficiente tiempo con sus hijos. Llegará el día en que sus hijos tendrán sus propios amigos, sus propios intereses y sus propias actividades. Si usted no les dedica tiempo ahora, puede que ellos tampoco le dediquen tiempo a usted en el futuro.

Si usted se siente culpable de no poder pasar suficiente tiempo con sus hijos, resista la tentación de *comprar* la atención de ellos. Usted no tiene que convertir cada fin de semana en una especie de paseo a Disneylandia. Y tampoco tiene que comprarles regalos continuamente a sus hijos para demostrarles que los ama. Tiempo. Lo que sus hijos más necesitan de usted es tiempo. Usted no lo puede comprar en ningún sitio y ninguna promoción comercial, por buena que sea, lo ofrece.

Mantenga ocupadas las manos ociosas

Si usted no les proporciona entretenimiento a sus hijos ellos buscarán algo para hacer. Esto no quiere decir que usted tenga que montar un espectáculo como los de Las vegas (aunque sus hijos probablemente lo disfrutarían). Tampoco quiere decir que usted caiga en el otro extremo y no les dé la oportunidad de estar tranquilos y de ser creativos con sus propios juegos. Sin embargo, si usted no mantiene a sus hijos ocupados la mayor parte del tiempo, ellos pueden optar por pintar las paredes, por cubrir el baño con papel higiénico o por sacar todas las toallas. Y, como muestra la experiencia, ¡es dificilísimo volver a enrollar el papel higiénico!

Sea cual sea la edad de sus hijos, ellos tienen algún horario. Se levantan, se desayunan, almuerzan, cenan. ¿Qué hacen el resto del tiempo? Llene con actividades algunos de los espacios vacíos. Haga que le ayuden en alguna tarea de la casa o que participen en algún proyecto. Así es como las personas que trabajan en los jardines infantiles logran controlar a tantos niños: les llenan el día con actividades.

La idea de todo esto es que cuando los niños están ocupados no se meten en líos. Mantener ocupados a los niños no significa inscribirlos en todas las actividades imaginables. Significa mantenerlos tan activos que no tengan tiempo, o necesidad, de buscar actividades para no aburrirse.

Entre los proyectos adecuados para los niños (que también son una ayuda en el hogar) están guardar los cubiertos (excepto, por supuesto, los cuchillos afilados de cocina), clasificar la ropa sucia, quitar el polvo de las alacenas y recoger los juguetes. Recuerde elogiar sus esfuerzos. Estas actividades deben realizarse cuando usted esté en la habitación con sus hijos. De este modo usted no sólo los supervisa para enseñarles buenos hábitos de trabajo sino que también satisface el requisito de pasar tiempo con ellos.

Mantenga en cada dependencia de su casa una pequeña cesta con juguetes. Cuando usted vaya a lavar la ropa, sus hijos tendrán toda una cesta de juguetes para entretenerse. *Trate* de que las cestas de juguetes permanezcan en sus respectivas dependencias para que sus hijos los encuentren novedosos cuando usted y ellos vuelvan a lavar ropa y para que no se aburran de ellos.

Haga de su casa un lugar seguro y feliz

Una casa segura es una casa feliz. Suena bastante banal, pero es verdad. Cuanto más haga usted por convertir su casa en un lugar a prueba de niños, menos tiempo pasará volviendo a colocar las porcelanas en su lugar o recogiendo del piso la tierra de las plantas. Usted se dará cuenta de que es más fácil cerrar con llave las alacenas que perseguir a su pequeño todo el día para quitarle las latas de sopa.

Convierta su casa en un lugar a prueba de niños el mismo día que llegue del hospital con su hijo. No espere hasta que su hijo trate de introducir un juguete en los tomacorrientes para colocarles tapas de plástico. Usted nunca sabe cuándo será capaz el bebé de arrastrarse hasta la escalera, hasta el día que lo hace y usted lo encuentra haciendo equilibrio en el escalón superior.

Cuando usted hace que su casa sea a prueba de niños y retira, por ejemplo, los objetos de cristal o los marcos de fotografías que están a su alcance, evita que los niños hagan daños. Si el niño no tiene a su alcance objetos que pueda romper o dañar, no se meterá en problemas.

Para obtener mayor información acerca de la manera en que puede convertir su hogar en un sitio a prueba de niños, lea el capítulo 9, "Hacia un estilo de vida más seguro".

No olvide reír

La mejor forma de manejar a los hijos es a través del humor. Enfrentar las situaciones con sentido del humor, o hacer que las actividades diarias sean agradables, puede convertir encuentros incómodos en situaciones divertidas.

En vez de decir: "¿Por qué no está arreglada tu habitación?" (lo cual suena muy amenazante y exigente), ensaye a decir: "Pensé que habías alfombrado tu habitación. ¿Por qué no recoges tus juguetes para que yo pueda volver a ver el piso?" Recuerde agregar la palabra "Gracias" al final.

Otra forma de decirlo

Lo que usted dice	Lo que podría decir
¡Cómete esas arvejas!	Te apuesto a que no te puedes comer doce arvejas. Ningún niño se ha comido esa cantidad. Podrías establecer un récord.
¿No te dije que hicieras tu cama?	Veámos cuánto tiempo tardas, en realidad, en hacer tu cama.
Dejaste afuera tus zapatos. ¡Recógelos ya!	¡Increíble! Tus zapatos se debieron salir caminando de tu habitación. ¿Por qué no les ayudas a regresar al armario, que es donde deberían estar?

Cuando usted utiliza el humor, de todas maneras transmite el mensaje, pero mucho mejor que cuando les hace exigencias a sus hijos. A nadie le gusta que le ladren cada vez que le piden que haga algo. Sus hijos serán más receptivos a sus peticiones si las hace en un tono amigable y no amenazante.

Está garantizado que los padres adquieren las indeseables "arrugas" gracias a toda la risa que les producen sus hijos. No deje de reír aun cuando las cosas ya no le parezcan tan graciosas. Usted no tiene que convertirse en un ogro sólo porque sus hijos tienen desordenada su habitación o porque han olvidado hacer algún oficio en la casa.

Las tareas del hogar pueden ser divertidas. Recoger la ropa para llevarla a lavar se puede convertir en un juego de encestar en la canasta correspondiente. Recoger juguetes se puede convertir en una carrera para ver quién los recoge más rápido.

Su lección de hoy

La única manera en que usted puede manejar eficazmente a sus hijos es prestándoles atención y pasando tiempo con ellos. Usted no podrá hacerlo si sólo es un padre de fin de semana, si es indiferente a lo que sus hijos están haciendo o si ellos no son lo más importante en su vida.

Parte II
El quid del asunto

En esta parte...

Algunos asuntos relacionados con la crianza de los hijos han atormentado al mundo durante siglos. ¿Tenía problemas Gengis Kan para que su hijo, Ogadai Kan, se fuera a la cama a la hora fijada (especialmente con un nombre como éste)? ¿Luchaba mucho Agripina para que el pequeño emperador Nerón saliera del baño antes de que pareciera una ciruela pasa? ¿Le costaba trabajo a la señora Curie evitar que la encantadora Marie sacara todo de los estantes?

Estos asuntos han angustiado a los padres más importantes del mundo durante mucho tiempo. Tenga fe; usted no es el primero. Y no está solo.

Capítulo 7
La crianza de su hijo

En este capítulo

▶ La importancia de tratar a su hijo como a una persona.

▶ Hábleles a sus hijos con respeto.

▶ El poder de la comunicación positiva.

▶ ¿Interactúa usted con su hijo?

▶ Cuando les damos tiempo a nuestros hijos se reduce nuestro nivel de estrés.

▶ La crianza de los hijos significa que usted y su cónyuge trabajan juntos.

▶ Cómo podemos convertir la moral en parte de nuestra vida.

En la película *Raising Arizona,* Holly Hunter le dice a Nicholas Cage: "Si me amas, dame un hijo". Y así lo hace él. Por supuesto que él tuvo que robarse uno para dárselo, pero eso no es lo importante. Cuando ya tienen su lindo niñito, lo alzan y se miran. Holly Hunter rompe a llorar y dice: "Lo quiero tanto". A partir de ese momento ambos se sienten inseguros acerca de lo que deben hacer con ese niño al que aman tanto.

Este capítulo versa sobre este dilema. Hay más pautas y algunas generalidades que usted debe poner en práctica cuando ya tenga ese hijo al que está destinado a "amar tanto".

Trate a su hijo como a una persona

No interprete el título de esta sección, "Trate a su hijo como a una persona", como si fuera, "Trate a su hijo como a un adulto". Ésas son dos cosas totalmente distintas. La diferencia entre las dos es que los adultos toman decisiones para toda la vida. No son necesariamente buenas decisiones, pero las toman. Posiblemente sus hijos no sean capaces de decidir qué ropa ponerse para ir al parque. No obstante, ellos merecen el mismo respeto que todo el mundo.

Tratar a su hijo como a una persona significa tratarlo con respeto. No se aproveche de sus hijos ni los haga sentir avergonzados, porque ellos no pueden defenderse. (Usted ni siquiera pensaría hacer eso, ¿verdad?)

Piense en la siguiente escena: Un hombre y una mujer van a ir al supermercado. El hombre le dice a la mujer que tiene que ir al baño. Ella le dice: "Está bien", y él va al baño. Nada especial.

Ahora cambiemos a los actores: Una madre y su hijo van a ir a la tienda y el niño dice que necesita ir al baño. La mamá agarra al niño por un brazo y lo sacude mientras le dice: "Te dije que fueras al baño antes de que saliéramos. ¿No puedes esperar?" Con lágrimas en los ojos, el niño responde: "No, mamá, de verdad tengo que ir al baño". Entonces la mamá arrastra al niño hasta el baño, al tiempo que le dice: "No puedo creer que me hagas esto".

¿Alguna vez presenció algo parecido? Es una situación embarazosa y humillante para el niño. ¿Se imagina usted a esta mujer diciéndole al marido: "John, te dije que fueras al baño antes de salir. ¿Estás *seguro* de que tienes que ir al baño? ¿Podrías *esperar* hasta que regresemos a la casa?"

La mayor parte de los padres no se dan cuenta cuando están humillando a sus hijos. Esto sucede sencillamente porque los padres, o bien pierden la paciencia, o bien no piensan en lo que están haciendo. Es más fácil hacer caso omiso de los sentimientos de los hijos cuando éstos no pueden decir: "Oye, deja eso, ¡me estás avergonzando!"

Dedicar tiempo a entender y a respetar a otra persona es un verdadero signo de amor. — Anciana sabia

Otra situación potencialmente embarazosa y humillante para los niños es hacerlos lucir como sus pequeños "talentos" cuando no desean hacerlo. Cuando usted hace que su hijo se luzca delante de otras personas (como, por ejemplo, tocando piano) cuando no desea hacerlo, usted corre el riesgo de hacerlo perder el gusto por esa afición. Esa afición puede ser algo personal que su hijo disfruta practicando en privado, pero no delante de una audiencia.

Si usted hace que sus hijos luzcan en público sus habilidades o talentos, entienda la diferencia entre reírse *de* ellos y reírse *con* ellos. A nadie le gusta ser motivo de risa.

Hábleles a sus hijos (y hable acerca de ellos) con respeto

Sus hijos deben ser lo más especial que usted tiene. Ellos son como una piedra preciosa que debe tratarse con cuidado y mostrarse con mucho orgullo. Incluso si su pequeño de tres años derrama el jugo en el piso, recuerde que él es especial. Él derramó ese jugo con tanto orgullo y precisión, que hasta un tallador de diamantes sentiría envidia. ¿Cómo podría otra persona derramar el jugo y dejar pegajoso no sólo el piso sino *también* su cartera, el cajón y la silla del otro extremo de la habitación? No hay necesidad de darles explicaciones a sus amigos acerca de lo torpe que es su hijo.

Muchos padres se sienten cómodos hablando mal de sus hijos. A nosotros nos corresponde ser el principal apoyo de nuestros hijos, pero no podemos hacerlo si siempre estamos señalando sus errores. Al fin y al cabo, ellos se las han ingeniado para no decirle a nadie que usted nunca logra salir del garaje sin golpear las canecas.

Sus hijos son muy listos. Ellos captan mucho más de lo que usted cree. Piense en lo agobiado que se sentiría si oyera a su mejor amigo hablando sobre su inmenso trasero, sobre su incapacidad para tomar algo sin salpicar su camisa o sobre los ruidos misteriosos que su cuerpo hace en público.

Sus hijos experimentan los mismos sentimientos que usted cuando están avergonzados. A ellos les agrada saber que cuando usted habla de ellos, se refiere a las cosas buenas que hacen y no a las malas. Esto puede parecer jactancioso, pero qué importa. Hay algo de lo que usted está muy orgulloso, y está bien hacerles saber a los demás que usted piensa que sus hijos son *excelentes personas*.

Hay una alta probabilidad de que los niños vivan de acuerdo con lo que pensamos de ellos. — Lady Bird Johnson

Utilice la comunicación positiva

La mejor forma de hacerles saber a sus hijos que usted piensa que ellos son especiales es tratándolos de manera especial. Demuéstreles que los considera especiales por la forma como les habla. No les hable con tono de superioridad, no sea condescendiente, no utilice lenguaje grosero y no grite.

El estilo de su comunicación debe ser positivo, optimista y alegre. Usted nunca debe decir nada malo de los demás; siempre debe hablar bien de las personas que conoce y hacerle frente a la vida con optimismo. En otras palabras, utilizar la *comunicación positiva*.

Sus hijos utilizarán su mismo estilo de comunicación. Si usted habla en tono negativo (llamando a todo el mundo *estúpido* o *tonto*), lo mismo harán sus hijos. Si usted piensa positivamente, entonces usted utilizará palabras positivas (y sus hijos harán lo mismo).

Lea más sobre las habilidades de comunicación en el capítulo 2.

Los niños nunca han sido buenos para escuchar a sus mayores, pero nunca han dejado de imitarlos. — James Baldwin

Interactúe con sus hijos

Al igual que su comunicación con sus hijos, interactuar con ellos debe ser divertido y positivo.

Reconozca la diferencia entre estar en la misma habitación con sus hijos e interactuar con ellos. La diferencia es que, cuando usted interactúa con sus hijos, usted se convierte en parte de sus vidas; usted participa en su conversación y en sus juegos. Demasiadas familias piensan que si todos se sientan juntos frente al televisor, se están comportando como si fueran una *familia unida.* Esto no funciona así. Es imposible interactuar con los demás si estamos sentados frente al televisor, hipnotizados con el último comercial de zapatos deportivos.

Su meta como familia debe ser programar su vida para disponer de la mayor cantidad de tiempo posible para interactuar con sus hijos. Esto significa elegir. Usted puede elegir trabajar hasta tarde todas las noches o irse a casa y pasar tiempo con su familia. Usted puede elegir que su familia coma desordenadamente toda la tarde o pueden preparar la comida todos juntos, sentarse a comer y lavar los platos. Usted puede decidir ver televisión después de comer o puede hacer algo que todos los miembros de la familia disfruten juntos, como jugar una partida de naipes. Elija actividades que fomenten la comunicación entre usted y su familia.

No caiga en la temible trampa de creer que pasar tiempo con su familia es menos importante que su trabajo y que hacer dinero. Si usted les preguntara a sus hijos qué les gustaría más: dinero o pasar más tiempo con usted, su respuesta sería: *tiempo*.

¡ADVERTENCIA!

La televisión le roba tiempo para compartir con su familia

Cuando usted pasa todo su tiempo libre frente al televisor, la máxima interacción con su familia es cuando les pregunta quién tiene el paquete de papas fritas. Como es irrealista pedirle a la gente que prescinda de la televisión (porque, al fin y al cabo, es una forma de entretenimiento), *limite la cantidad de televisión que ustedes ven*. Limítese a espectáculos sobre los que usted y sus hijos puedan conversar luego, y sólo en ocasiones especiales. Planeen por adelantado qué programas van a ver. No caiga en la tentación de esperar hasta saber qué programa viene después o de ver televisión mientras espera que comience el espectáculo elegido.

¿Es mala la televisión? Diversos estudios sobre el deterioro de los valores y la desintegración de la familia han llegado a diferentes conclusiones. Sin embargo, todos coinciden en criticar la introducción de la televisión en la vida de las personas. Es probable que la televisión no sea mala. Sin embargo, puede robarnos tiempo valioso que podríamos pasar con nuestra familia. No permita que esto le ocurra a usted. Controle sus hábitos televisivos. Recuerde que el aparato tiene un botón para apagarlo.

Cuando los hijos crecen y empiezan a tener intereses fuera del hogar, como deportes y clubes, puede ser necesario programar una *noche familiar*. Ésa tiene que ser una noche en que todos se comprometan a quedarse en la casa y a pasar ese rato juntos. Imponga la norma de que no se admiten amigos, de que nadie recibe llamadas telefónicas, de que nadie trabaja hasta tarde y de que nadie se emboba frente a la televisión toda la noche.

Permitir que los niños elijan qué noches se prende el televisor y qué noches no se prende ayuda a acabar con las guerras en torno a ese aparato.
— Denise DeLozier

Déles tiempo a sus hijos

Sus hijos no conocen el concepto del tiempo ni lo conocerán en varios miles de años. En el jardín infantil empiezan a aprender lo que ayer, hoy y mañana significan. Pero ese conocimiento, en realidad, no quiere decir mucho. Y, sin duda, la frase: "Tienes 15 *minutos* para cepillarte los dientes e irte a la cama" no significa nada. Lo mismo sería decir: "Tienes 15 *miocenos* para cepillarte los dientes e irte a la cama".

Si usted desea que su nivel de estrés se mantenga al mínimo, déles a sus hijos mucho tiempo para que se preparen. Cantidades de tiempo. Montones de tiempo. Cualquiera pensaría que una hora es suficiente para vestirse, hacer la cama y cepillarse los dientes. Por lo general lo es. Pero usted nunca sabe cuándo se tienen que meter sus hijos en una pelea con diez monstruos invisibles o cuándo tiene su hija que volver a vestir a todas sus muñecas.

Para que usted conserve su salud mental, tome las siguientes medidas:

✔ Asígneles a sus hijos pocas tareas a la vez, en lugar de una larga lista de actividades. (Si su hijo tiene dos o tres años, asígnele una sola actividad.)

✔ Cuando usted les asigne a sus hijos una tarea, hágales saber cuánto tiempo tienen para realizarla. Sea realista: Déles un tiempito extra. No suponga que si usted se demora cinco minutos barriendo la terraza, ellos también se demorarán cinco minutos. Como los niños no tienen noción de lo que quiere decir, por ejemplo, *diez minutos,* muéstreles un reloj e indíqueles cómo se verá cuando hayan terminado su labor.

✔ Revise periódicamente lo que están haciendo sus hijos para estar seguro de que nada está impidiendo que terminen su tarea (usted sabe, cosas como minas terrestres, monstruos de tres ojos, la Princesa de la Galaxia y ese tipo de cosas).

✔ Avíseles cada diez a cada quince minutos cuánto tiempo les queda para terminar su tarea. Esto les ayuda a aprender el concepto del tiempo e impide que se sorprendan cuando usted regrese y diga: "Se acabó el tiempo".

✔ Cuando hayan terminado sus tareas, déles algo más para hacer. De este modo no podrán decir, como suelen hacer con tanta facilidad: "Es que se me olvidó" (lo cual, probablemente, es verdad).

Comparta con su cónyuge

A menos que las cosas hayan cambiado radicalmente desde que este libro salió para la imprenta, las mujeres son las que quedan embarazadas, las que pasan por el trabajo de parto y las que amamantan a los hijos. Así fue como sucedió en nuestro hogar. Si en el suyo las cosas fueron distintas, nos interesaría saber cómo fue. Sin embargo, todo el

Excelentes razones por las que los niños son tan lentos

✔ El monstruo de la escalera les agarró los pies y no los dejaba caminar.

✔ Alguien *escondió* su cepillo de dientes en el cajón (al lado del dentífrico) y ahora no lo encuentran.

✔ Su muñeco preferido no se podía ir a la cama, por ningún motivo, con esa ropa.

✔ Alguien puso maliciosamente sus piyamas en el cajón con los demás piyamas. No están en el piso, donde los dejaron.

✔ La luz estaba demasiado brillante y tuvieron que ponerse el piyama con los ojos cerrados.

✔ Usted no les dijo: "Ahora mismo".

✔ Tuvieron que apiñar a todos sus animales de felpa para que pudieran observar.

✔ Su _____ les duele.
(llene este espacio)

✔ En este momento tienen hambre.

trabajo relacionado con la crianza no le corresponde a una sola persona. Los dos padres deben compartir *El Juego de la Crianza*.

Los dos padres tienen que saber cambiar pañales (sí, hasta los más olorosos), limpiar las manchas de vómito, disciplinar a los hijos, hacerlos ir a la cama y todas las demás tareas propias de la crianza. Si usted no colabora con esas tareas, no sólo dejará de compartir con sus hijos muchos momentos de calidad y muchas oportunidades para divertirse, sino que irritará a su cónyuge y la (o lo) hará hacer todo el trabajo.

Lea el capítulo 19 para obtener mayor información acerca de los papeles que van a desempeñar usted y su compañero de crianza y de la relación que deben mantener durante esa época.

Incorpore la moral en su vida cotidiana

Tengo que advertirle que aquí vamos a hablar de religión. El propósito no es saturarlo con ningún tipo de religión (porque, en realidad, hay muchas que son atractivas). El único objetivo de esta sección es poner este tema sobre el tapete para que usted lo considere como un aspecto de la crianza de sus hijos; así como usted tiene que ir pensando cómo va a manejar otros temas que sus hijos le van a plantear algún día, como, por ejemplo, el sexo, el divorcio, la muerte y comer galletas al desayuno. Es, sencillamente, una realidad de la vida.

¿Cuándo les dice usted a sus hijos que deben ser amables con todas las personas? Es de esperar que antes de que le hayan dado un puñetazo en el estómago al niño vecino. ¿Cómo les transmite usted el mensaje de que deben honrar y respetar a su padre y a su madre? Las acciones suyas deben estarles enseñando estas cosas, pero, ¿basta siempre con esto? Cuando se trata de enseñar cosas tan importantes como el comportamiento moral es más eficaz recurrir a fuentes externas. Estas lecciones se enseñan mejor si introducimos en la vida de nuestros hijos un aspecto espiritual.

Los niños que asisten a la escuela dominical raras veces tienen que presentarse en el tribunal de justicia. — Reverendo John Coppernoll

En el hogar, usted debe darles a sus hijos lecciones sobre la honestidad, sobre la manera como se toman buenas decisiones, sobre la importancia de ser cordiales con los demás. Cuando ustedes acuden a la iglesia o a su lugar de culto, estas lecciones también se enseñan, pero mediante ejemplos, los cuales son útiles para sus hijos porque aprenden que sus problemas son reales (y que las demás personas también los tienen) y porque les muestra un camino a seguir cuando esos problemas se vuelvan a presentar.

Cualquiera que sea, la religión no debe ser inaccesible ni producirles temor a los niños. En realidad, los niños son quienes suelen tener más fe y apertura hacia ella. Los niños también son quienes le harán a usted preguntas acerca de la religión.

La mejor manera de enseñarles a sus hijos amabilidad, amor y honestidad es mediante el ejemplo. Enséñeles a sus hijos la importancia de ser justos y honestos. Hágales saber que siempre es mejor hacer lo correcto. Hacer trampa es malo; decir la verdad trae recompensas y hace que los demás confíen en uno.

Si hay algo que queramos cambiar en nuestro hijo, primero debemos pensar si se trata, más bien, de algo que debiéramos cambiar en nosotros mismos. — Carl Jung

Asistir todos en familia al lugar de culto es otra forma de pasar tiempo juntos. Usted se dará cuenta de que, a veces, lo que mamá y papá enseñan no se toma con tanta seriedad como si lo enseña otra persona. Como padres, necesitamos valernos de muchos mecanismos para enseñarles a nuestros hijos a distinguir el bien del mal. Es fantástico poder preguntarle a nuestro hijo: "Bien, Julio, ¿tú crees que Jesús le sacaba la lengua a su mamá?"

Muchos niños se inventan amigos invisibles para tener alguien con quien hablar y con quien jugar. No podría haber mejor elección que convertir a

Buenas razones para asistir a la iglesia

✔ Toca vestirse con elegancia.

✔ Es una manera de mantener a sus hijos ocupados durante un rato.

✔ Usted va a un gran salón y canta desentonadamente con otras personas que también están cantando desentonadamente.

✔ Es el comienzo de un día en que todos salen a almorzar (no tendrá que cocinar).

✔ Hay café gratis (y hasta rosquillas en los sitios más elegantes).

✔ A Dios le gusta; ¿qué más podemos decir?

Dios en un amigo invisible. Es mucho mejor que cualquier personaje de las tiras cómicas.

La religión es un cimiento y le sirve de base a la vida de sus hijos. Este cimiento siempre estará ahí, sean cuales sean los problemas que tengan sus hijos cuando crezcan. No subestime el prestigio que nos da poder responder la pregunta "¿De dónde vienen los niños?" con: "¡De Dios!"

Su lección de hoy

Sus hijos van a depender de todo lo que usted haga y de todo lo que usted diga para convertirse en las personas que llegarán a ser en el futuro (no es por ejercer presión sobre usted ni nada por el estilo).

Capítulo 8

Su nuevo trabajo como maestro

• •

En este capítulo

▶ Bienvenido a su nuevo trabajo como maestro.

▶ Cómo se da buen ejemplo.

▶ ¿Está usted convirtiendo a sus hijos en unos malcriados?

▶ Algunas medidas de seguridad y de emergencia.

▶ Cómo se les enseña a los hijos honestidad y responsabilidad.

▶ La importancia de desarrollar en nuestros hijos independencia, autoestima y confianza en sí mismos.

▶ Cómo aprenden nuestros hijos a respetar a los demás.

• •

¡Qué suerte tiene usted! Ha obtenido un empleo como maestro sin haber hecho los estudios superiores necesarios y sin haber presentado las pruebas correspondientes. El único problema es que usted trabaja siete días a la semana, no tiene vacaciones, no se puede ausentar por enfermedad y no recibe un cheque semanal. Entre las actividades de su nuevo trabajo están enseñar español, matemáticas, ciencias, comportamiento social, gimnasia, salud e higiene. Y la lista no ha terminado.

Su período de evaluación es todos los días. Mire a sus hijos. ¿Cómo se comportan? ¿En qué clase de personas se están convirtiendo? ¿Parecen equilibrados o se están inclinando hacia el lado del tío Richard?

Para bien o para mal, usted es parte de la respuesta.

¿Cuándo les enseña usted a sus hijos?

Sus hijos aprenden constantemente. Usted empieza a enseñarles el mismo día que nacen. Ellos observan su sonrisa, sus actuaciones, su forma de hablar y de caminar. La meta de sus hijos es hacer lo que usted hace. Es como un juego de *siga al líder* que dura toda la vida. Y usted es el líder.

Usted les enseña a sus hijos todos los días de su vida. Incluso cuando usted sea viejo y canoso, probablemente les dará consejos acerca de la mejor manera de educar a los hijos de ellos (o quizás solamente les dé una copia de este libro). Desde luego que en esa época ellos no apreciarán tanto las lecciones.

Si le asusta pensar que sus hijos van a hacer las mismas cosas que usted hace, entonces debe revisar cuidadosamente su estilo de vida. Si su pequeño de tres años tumba su caja de lápices de colores, pone las manos en la cadera y grita: "¡Maldita sea!", piense antes de ponerse furioso. ¿Dónde cree que el niño aprendió eso? Tuvo que aprenderlo en alguna parte. Quizás encuentre al culpable en su espejo.

Dé buen ejemplo

La forma más fácil y eficaz de enseñar es mediante el ejemplo. Incluso como adultos aprendemos mejor cuando vemos a otras personas realizar aquello que deseamos aprender. ¿Se imagina aprender a pintar cuadros sin ver antes pintar a alguien?

Vosotros sois el arco por medio del cual vuestros hijos son disparados como flechas vivas. — Kahlil Gibran

Una vez que sus hijos lo ven a usted hacer algo, ellos practican lo que han aprendido. Ellos lo ven a usted caminar y luego empiezan lentamente a tratar de caminar. Lo oyen a usted hablar y luego empiezan a balbucear. Lo verán a usted fumar y entonces buscarán el encendedor.

Cuando empiezan a hablar, sus hijos imitan las palabras que usted dice. Incluso cuando dicen *Pa* están tratando de decir *Papá*. Confiemos en que, cuando digan *dada*, no estén usando un diminutivo para la palabra *encendedor*.

Una amiga me contó que ella y su hija iban por una autopista cuando un hombre se les cruzó velozmente y siguió su marcha. Viendo que su ma-

No compare

No caiga en la tentación de tratar de enseñarles a sus hijos comparando la conducta de ellos con la de sus hermanos o con la de usted. Usted debe tener presente esta advertencia cuando defina sus expectativas para sus hijos. Enséñele a cada niño por separado y acepte a cada cual como es. En realidad, no tiene ninguna importancia que uno de sus hijos se haya demorado más en caminar o en hablar o en aprender a montar en bicicleta. Cada niño tiene su propio ritmo.

dre estaba furiosa, la niña dijo: "Mamá, ¿por qué no lo maldices, como haces siempre?"

Evite convertir a su hijo en un malcriado

Como padres, nosotros no hacemos cosas deliberadamente para perjudicar a nuestros hijos (por lo menos, no se supone que las hagamos). De modo que tome consciencia de la lista que viene a continuación, para que usted no convierta a sus hijos adorados en unos niños caprichosos y malcriados.

✔ **No compre el amor de sus hijos.**

¿Les da usted a sus hijos todo lo que le piden? Algunos padres tratan de compensar el poco tiempo que les dedican a sus hijos dándoles todo lo que ellos desean. Si usted quiere compensar a sus hijos por no poder pasar mucho tiempo con ellos, tómese un día libre o llegue a la casa temprano y juegue con ellos. Su hijo disfrutará mucho más una tarde con usted, jugando en el suelo y comiendo galguerías, que cualquier juguete que usted le compre, por especial que sea.

✔ **Recompense el trabajo.**

Permita que sus hijos se ganen algunas de las cosas que desean, haciendo oficios adicionales en el hogar. Ellos apreciarán más sus cosas si han tenido que trabajar para obtenerlas.

✔ **Tenga cuidado con lo que usted hace.**

¿Cómo actúa usted? Si usted critica a los demás, si es difícil complacerlo cuando alguien quiere ayudarle, si suele devolver o cambiar los regalos que recibe, si le atribuye demasiada importancia al valor monetario de las cosas, usted se está comportando inadecuadamente y les está dando mal ejemplo a sus hijos.

Buenos hábitos

Usted lo ha estado aplazando durante mucho tiempo. Pero ha llegado el momento de empezar a desarrollar *buenos* hábitos y deshacerse de los malos. No se le ocurra siquiera pensar en decir que usted no tiene ningún mal hábito. *Todos* tenemos malos hábitos. Nadie niega que hay unos peores que otros.

Su actitud no puede ser: "Voy a hurgarme la nariz si quiero. Pero les enseñaré a mis hijos a no hacerlo. Ellos saben que eso no se debe hacer". ¡Qué pena! Esto no funciona así. Los padres son los héroes de sus hijos. Los padres son también sus modelos. Hagan lo que hagan los padres, sus hijos también querrán hacerlo. (Si usted cree que sus malos hábitos no van a afectar a sus hijos, ¡probablemente usted todavía piensa que la tierra es plana!)

¡Más hiriente que el colmillo de una serpiente es la ingratitud de un hijo! — Shakespeare

---

Sólo para quienes quieran recibir una lección sobre los malos hábitos

Entre los malos hábitos están fumar, emborracharse, consumir drogas psicotrópicas, gritar para hacerse entender, tomar leche directamente del recipiente, maldecir, mentir, hacer trampa, botar basura donde no es debido, pasar la calle cuando el semáforo está en rojo, hacer ruidos desagradables en público, hurgarse la nariz, eructar, hablar con la boca llena, interrumpir, no prestar atención, no acordarse de la mamá el Día de la Madre. Por supuesto que éstos no son todos.

Por favor y gracias (alias: buenos modales)

No subestime la importancia de los buenos modales. ¿Recuerda al tipo que se le echó encima esta mañana en la autopista? Él no tenía buenos modales (o quizás era el amigo que mencioné antes). Usted no quiere que cuando sus hijos crezcan sean como esos conductores desconsiderados que creen que la carretera les pertenece, los cuales están plagando las autopistas de nuestra vida.

Sus hijos serán más amables y considerados con los demás si usted les enseña cómo serlo cuando todavía son jóvenes. De nuevo, usted lo hace dándoles buen ejemplo. Usted siempre debe decirles a sus hijos *por favor* y *gracias*. Incluso si lo que les tiene que decir es: "Por favor, retira tu bicicleta de mi pie" o "Gracias por la babosa".

No olvide tampoco los buenos modales en la mesa. Todos tendemos a ponernos demasiado cómodos en la mesa del comedor. Quizás usted considera gracioso que papá balancee una cuchara en la punta de su nariz o que uno de sus hijos haga un sombrero con la servilleta y se lo ponga durante toda la comida. Si a usted no le importan esas payasadas, ni siquiera cuando están comiendo en otro lugar, pase por alto este consejo. Pero si usted es como yo y cree que no es apropiado hacer esas cosas en público, no las permita en su hogar.

A los niños les cuesta bastante trabajo recordar las normas de conducta que deben observar en su casa. Pero les costaría todavía más trabajo tener que recordar reglas para *comer en la casa* y *reglas para comer fuera de la casa*, si no son las mismas. Entre los modales generales que se deben observar en la mesa están no contar chistes subidos de tono, no poner los codos sobre la mesa, no arrojar comida, no inclinarse con todo y asiento, no hablar mientras se tenga comida en la boca y definitivamente no hacer ruidos desagradables ni eructar.

Algunas culturas aceptan, y hasta fomentan, los eructos al terminar de comer. Sin embargo, no permita que la supuesta multiculturización de otra persona lo induzca a usted a cambiar de parecer. Si su cultura no aprueba los eructos, no los permita en la mesa. Pero si usted eructa involuntariamente (y ¿a quién no le ocurre?), diga: "Excúsenme". Si usted se ríe, habrá sentado un precedente familiar y sus hijos eructarán y se reirán de ello apenas se les presente la primera oportunidad de salir a comer a la casa de un amigo.

Entre los buenos modales que debemos enseñarles a nuestros hijos están no interrumpir a los demás cuando están hablando y no avanzar a empujones para tratar de ser siempre los primeros (dos de las cosas que les han valido a los niños una pésima reputación). Enséñeles a sus hijos a escribir notas de agradecimiento, a hacer tarjetas deseándoles a los parientes enfermos una pronta mejoría, a decir *por favor* y *gracias*, a prestar atención cuando alguien está hablando, a decir *adiós* cuando alguien se va y a compartir las galletas con un amigo.

Información aburrida sobre medidas de seguridad y de emergencia (pero léala de todos modos)

¿Recuerda la película *Un detective en el kínder?* Arnold Schwartzenegger pregunta cuántos niños nacieron en Astoria. Todos los niños y las niñas del salón levantan la mano. Luego pregunta cuántos nacieron en un lugar distinto de Astoria. Nuevamente todos los niños levantan la mano. ¿Cúal es la lección de este episodio? Como padres, tenemos el deber de enseñarles a nuestros hijos ciertos datos básicos. Esto incluye:

✔ Memorizar su nombre completo y su número telefónico. (También se les debe enseñar su dirección, si están en capacidad de recordarla.)

✔ Memorizar los nombres completos de sus padres o de sus tutores.

✔ Memorizar el número telefónico de un vecino o de un miembro de la familia, en caso de que se presente una emergencia y no se puedan comunicar con usted.

✔ Memorizar el número telefónico de emergencia de su localidad y entender lo que es una emergencia.

✔ Saber quién es un extraño y qué deben hacer si alguno trata de introducirlos en su automóvil.

✔ Saber a quién deben acudir en caso de que se pierdan en un lugar público, como un centro comercial, una feria, un teatro o un parque.

CLAVES ÚTILES

Es una realidad infortunada, pero hay gente que roba niños. Para proteger a sus hijos de esta horrible eventualidad, invierta en un equipo de impresión dactilar. Estos equipos contienen formatos que se deben llenar con información sobre nuestros hijos, así como lo necesario para hacer nuestra propia impresión dactilar.

Usted y sus hijos deben tener un santo y seña que sólo ustedes conozcan. Si alguien trata de recoger a sus hijos, pero no conoce el santo y seña, dígales que no se vayan con esa persona. Si usted no sabe cómo deben reaccionar sus hijos ante los extraños o ante la posibilidad de perderse en un lugar público, vaya a la estación de policía de su localidad y obtenga información sobre medidas de seguridad.

Cómo enseñar la honestidad y la responsabilidad

Su nuevo trabajo como maestro es cada vez más difícil. Enseñar honestidad y responsabilidad exige mucho tiempo y mucha paciencia. No es como enseñarles a nuestros hijos a amarrarse los zapatos (ellos aprenden a hacerlo después de unas pocas lecciones). Para enseñarles a nuestros hijos honestidad y responsabilidad tendremos que trabajar asiduamente durante largo tiempo.

¿Podemos ser honestos?

A los hijos se les enseña honestidad alentándolos a decir la verdad y a hacernos saber lo que están pensando. Que sus hijos le cuenten lo que están pensando no debe asustarlo.

Si usted le quitó un juguete a su hijo porque lo estaba arrojando contra las paredes, usted sabe que él va a enojarse. Pregúntele cómo se siente. Dígale que le cuente a usted si está enojado y que usted no se pondrá furioso. Luego pregúntele por qué está enojado. Esta estrategia les enseña a sus hijos que ellos pueden hablar honestamente, sin que usted se altere ni grite. La función suya es estar preparado para recibir esta clase de información de sus hijos.

La segunda manera de fomentar la honestidad es evitando conflictos que se prestarían para que sus hijos mintieran. En vez de decir: "Lucía, ¿fuiste tú la que pintó la pared?", diga: "Lucía, tú sabes que no debes pintar la pared". Evite las confrontaciones cuando usted ya conozca la respuesta. Preguntarle a la niña si ella pintó la pared cuando usted la vio haciéndolo es hacerla mentir. No ponga a sus hijos en situaciones en que sea más fácil mentir que enfrentar la verdad. Incluso como adultos nos ponemos nerviosos si alguien nos pregunta si nos comimos la última galleta de chocolate (como si hubiéramos hecho algo malo). Sin embargo, aprenda a sacar pecho y a responder con orgullo: "¡Sí! Yo me comí la última galleta de chocolate y debo ser honesto: fue la mejor de todo el paquete".

Pero si Lucía en realidad no pintó la pared, ella puede responder fácilmente: "Pero, mamá, yo no pinté la pared, fue papá". Es lógico.

Buena parte de la honestidad que hay actualmente en el mundo proviene de los niños. — Oliver Wendell Holmes

La tercera manera (y la más importante) de enseñarles honestidad a nuestros hijos es siendo honestos nosotros mismos. Nunca les mienta a sus hijos. Usted les da ejemplo. Si les miente, ellos pensarán que es correcto mentir y harán lo mismo. Pero si sus hijos le mienten a usted y usted se enfada, estaría demostrando que tiene doble moral.

Es fácil que usted piense que nunca les va a mentir a sus hijos. Sea cauteloso con respecto a las mentiras que no son intencionales, como, por ejemplo: "Estaré de regreso dentro de pocos minutos" (cuando se va a demorar varias horas en regresar al hogar). Esta clase de *mentiras piadosas* les enseñan a sus hijos a no confiar en usted.

Mentiras piadosas tradicionales

Mentira piadosa	Verdad
"Sólo es un remedio. ¡Sabe bien!"	Sabe a líquido de encendedor.
"Esto no te dolerá".	Táctica de tortura aprobada por la Gestapo.
"Solamente tengo que comprar una cosita en la tienda".	Dos horas más tarde, usted se ha apropiado de toda la tienda.
"Vamos a ir a la casa de tía Mildred. No nos demoraremos".	Visitar a la tía Mildred siempre es demorado.

Alternativas correctas para las mentiras piadosas tradicionales:

1. "El remedio ayuda a que te sientas mejor".

2. Es preferible no decir nada acerca del dolor. Si no lo puede evitar, diga: "Puede que esto no se sienta muy bien".

3. O bien, tome un solo artículo y salga de la tienda, o bien, diga: "Tengo que hacer algunas compras. No sé cuánto me voy a demorar".

4. "Vamos a ir a la casa de tía Mildred. Saldremos de ahí a las 11:30". Muéstreles a sus hijos cómo se verá el reloj cuando sean las 11:30, en caso de que no lo sepan.

Bromear y tomar el pelo puede ser divertido. Todo el mundo lo hace y piensa que no tiene la menor importancia. Pero tenga cuidado y no se sobrepase en las chanzas con sus hijos. Ellos no tienen el conocimiento ni la experiencia para determinar qué es un chiste y qué no lo es, por lo cual toman a pecho todo lo que usted dice. Si sus hijos suelen preguntar "¿Verdad?" después de lo que usted les ha dicho, quizás deba suspender algunas bromas hasta que ellos empiecen a creer lo que usted les dice sin hacerle este tipo de preguntas.

Haga de sus hijos personas responsables

La enseñanza de la responsabilidad empieza con pequeñas tareas. Cuando sus hijos sean lo suficientemente grandes como para entender órdenes sencillas, comience a asignarles actividades. No me refiero a mandar a su pequeño de dos años a repartir periódicos sino a tareas sencillas. Pídales a sus hijos que le entreguen el libro a la abuelita, que lleven el papel al basurero y que coloquen la cuchara dentro del cajón. Cuando hayan cumplido esas tareas, hágales saber que hicieron un excelente trabajo. Elógielos mucho y, por supuesto, déles muchos abrazos y besos. Sus hijos resplandecerán cuando se den cuenta de que hicieron algo que lo hizo a usted feliz.

A medida que sus hijos vayan creciendo, déles más responsabilidades. Enséñeles a hacer la cama y a poner la ropa sucia en el cesto correspondiente. Así desarrolla el sentido de la responsabilidad de sus hijos y comienza a enseñarles buenos hábitos y la lección invaluable de la importancia de que todos colaboren en la limpieza del hogar.

La parte importante de enseñarles a los niños a realizar tareas domésticas es *hacerlas* con ellos hasta que comprendan cómo queremos que las hagan. Cuando ya hayan aprendido a hacerlas, supervíselos para que no tengan la oportunidad de emperezarse. Sus hijos necesitarán que usted los supervise constantemente durante mucho tiempo (aunque ellos piensen lo contrario).

Convierta las responsabilidades y las tareas de la casa en algo divertido. Sus hijos disfrutarán más realizándolas si usted convierte el arreglo de la mesa del comedor en un juego o recoger la ropa en una carrera. Cuando les dé responsabilidades a sus hijos, evite el síndrome llamado "déjame ayudarte con eso". Sus hijos necesitan aprender a realizar pequeñas tareas y quizás no deseen su ayuda.

En algunas ocasiones sus hijos más pequeños podrían estar tan preocupados con algo que no quieran ayudarle a usted. Eso está bien. Usted no puede forzar a un niño de dos años a que haga algo si él no quiere hacerlo (lo único que usted podría hacer sería levantarlo y moverlo físicamente). Y usted *realmente* no quiere usar la fuerza. Asumir responsabilidades debe ser divertido. Al crecer sus hijos, usted puede empezar a utilizar suavemente la persuasión cuando ellos decidan que no pueden abandonar a *Superman salvando al mundo*.

Tome consciencia de que sus hijos pueden pasar por una etapa durante la cual no querrán cumplir sus responsabilidades. No permita que eludan sus responsabilidades sirviéndose del llanto (y habrá llanto). Tampoco permita que las aplacen para más tarde. Esta conducta los inicia en el camino de la negligencia.

Pasos para enseñarles a sus hijos las tareas de la casa

1. Haga la tarea con sus hijos. Explíqueles cada paso y por qué razón son necesarios.

2. Acompañe a sus hijos mientras realizan las tareas, pero limítese a observar. Deje que ellos las realicen solos. Si necesitan su ayuda, es señal de que todavía no están preparados para hacerlas por sí mismos.

3. Cuando sus hijos puedan hacer las tareas sin su ayuda, déjelos solos para que las realicen. Cuando hayan terminado, haga que le muestren lo que hicieron. Esto le da a usted la oportunidad de observar el trabajo de sus hijos, de ver si lo hicieron bien y de elogiarlos.

4. Reduzca la cantidad de tiempo que usted pasa observando el trabajo de sus hijos. Poco a poco ellos se volverán más independientes y responsables y usted se sentirá bien de saber que ellos pueden hacer su trabajo de manera constante y correcta.

Desarrolle en sus hijos independencia, autoestima y confianza en sí mismos

Algunos adultos asisten a seminarios costosos y a campamentos psicoterapéuticos para *encontrarse a sí mismos*. Buscan desarrollar confianza en sí mismos y autoestima. Bailan alrededor de fogatas, tocan tambor y comen raíces chinas. Entonces se sienten *revitalizados* (o algo parecido) — hasta el momento en que reciben la cuenta.

Estas características deben desarrollarse en sus hijos antes de que tengan que acudir a uno de esos campamentos. Es un proceso largo. Es darles pequeñas responsabilidades a sus hijos todos los días. Agregue responsabilidades y elógielos cuando las cumplan. Cuando digan que *no pueden*, hágales saber que ellos *pueden* hacer cualquier cosa, siempre y cuando que lo intenten. No tienen que hacer las cosas a la perfección.

La independencia y la confianza en uno mismo empiezan a desarrollarse cuando usted deja que sus hijos hagan por sí mismos cosas que usted habitualmente haría por ellos. Permitirles que elijan su comida en un restaurante o que le digan al médico cómo se sienten son buenas maneras de ayudarles a ir adquiriendo confianza en sí mismos. Permítales también que ellos empiecen a servirse su cereal, que llamen a sus amigos para confirmar las fechas de las fiestas infantiles, que elijan la ropa que van a ponerse y que tomen decisiones acerca de qué película debe ir a ver toda la familia (o a dónde van ir a comer). Es mejor iniciar a los niños en la toma de decisiones dándoles diversas opciones. Por ejemplo, dígales a sus hijos cuáles son las dos películas que a usted le gustaría ver y permítales elegir aquélla a la cual irán todos juntos. Sus hijos también tendrán que aprender que tomar estas decisiones es un acontecimiento especial y que no les corresponde a ellos tomar *todas* las decisiones.

La mejor manera de desarrollar en los hijos autoestima y confianza en sí mismos es a través de todas las cosas *positivas* que hacemos y les decimos. Si usted cree en las capacidades de sus hijos, y les hace saber que cree en ellas, ellos también creerán en ellas.

Todo este asunto de los *elogios* puede parecerle ridículo porque, como adultos, casi nunca nos dicen que somos especiales y que hemos hecho las cosas bien. Básicamente todos tenemos confianza en nosotros mismos (excepto el pequeño grupo de personas que están en el campamento bailando alrededor de una fogata y comiendo raíces chinas). Sus hijos no son adultos; por lo tanto, tenga cuidado de no hacer pedazos su confianza en sí mismos, si usted señala siempre sus limitaciones en lugar de centrarse en sus fortalezas:

> *Miguel Ángel, qué lindo dibujo hiciste en la Capilla Sixtina. Pero, en realidad, no limpiaste muy bien tus pinceles. ¡Los arruinaste!*

Ellos necesitan saber que lo que hicieron es maravilloso y que usted cree que ellos son especiales:

> *¡Qué maravilla, Virgilio! Mira la cerca que construíste. Es fabulosa. Debes estar muy orgulloso de ti mismo. Ven, Shirley, mira este excelente trabajo.*

Cada vez que sus hijos digan *no puedo*, dígales que eso no se puede decir. Sólo es permitido decir *voy a intentarlo* o *voy a hacerlo.*

Lo último pero no lo menos importante: respetar a los demás

No puedo insistir lo suficiente: Los niños aprenden mediante el ejemplo. Si usted no les muestra a sus hijos que deben ser respetuosos con los demás, ellos no lo serán. No entenderán que es descortés interrumpir a la gente o no prestarle atención a la persona que está hablando. Ellos

Cómo se enseña a respetar a los demás

✔ Dé buen ejemplo.

✔ Haga que sus hijos realicen trabajos voluntariamente.

✔ Fomente la relación entre sus hijos y sus abuelos.

✔ Asista al lugar de culto de su localidad.

✔ Desarrolle una buena relación entre usted y sus hijos.

✔ Inscriba a sus hijos en un deporte o en un club.

✔ Cómpreles a sus hijos libros que pongan énfasis en el respeto hacia los demás.

deben aprender a escuchar atentamente, a ser corteses y amables y a ser serviciales en todo momento. De acuerdo: suena como el lema de los Boy Scouts, pero es la verdad.

Los niños más malcriados son los que no hacen ninguna de las cosas anteriores. Estos niños les responden con insolencia a sus padres o a cualquier adulto. No son cariñosos con sus hermanos y no son justos con sus amigos.

Los niños aprenden a respetar no sólo viendo cómo interactúa usted con los demás sino también a través de recordatorios cariñosos. Usted tiene que enseñarles a sus hijos cómo se deben comportar. Si ellos empiezan a interrumpirlo, pídales que esperen hasta que usted haya terminado de hablar. Si alguien está hablando y es evidente que su hijo no está prestando atención, siéntelo en su regazo, tómele las manos y dígale que debe escuchar a la persona que está hablando.

Un momento de autorreflexión: ¿Podría esta persona ser usted?

Si usted es de esas personas que no deja que los demás terminen de exponer sus pensamientos antes de intervenir en la conversación, ¡deténgase! Sus amigos han sido negligentes porque no le han dicho lo molesto que eso puede ser. No sólo es molesto sino descortés, y usted no desea que sus hijos hagan lo mismo.

Su lección de hoy

Ser padre significa estar en exhibición. Algo así como vivir en una casa de cristal. ¡Sea bueno!

Capítulo 9

Hacia un estilo de vida más seguro

En este capítulo

▶ ¿Conoce usted bien a sus hijos?

▶ Lo que se puede hacer y lo que no se puede hacer.

▶ Peligros insospechados.

Este capítulo no versará sobre el estilo de vida de los ricos y famosos, sino sobre el estilo de vida suyo. Sin duda usted ha trabajado duro para que su casa sea acogedora y cómoda — y, por supuesto, para decorarla con buen gusto. Es fácil creer que fue arreglada por un famoso decorador, con todos esos pequeños detalles y canastitas de popurrí de flores secas localizados estratégicamente y con tantos adornos hechos en viejos potes de mermelada (y quién se imaginaría que esos lindos muñecos de nieve que decoran el árbol de Navidad fueron hechos con sobrantes de lana). Todo tan modesto...

Su casa podría salir en una revista de decoración, pero ¿cuán segura es para sus hijos? Su automóvil puede ser el más extravagante del vecindario, puede ostentar lenguas de fuego pintadas en las puertas y un gran adorno en el espejo retrovisor, pero ¿está equipado para que sus hijos viajen seguros en él? Y ¿está usted preparado para llevar a sus hijos de paseo y hacer que este evento sea lo más seguro posible? Este capítulo expone algunos procedimientos para que su casa y su entorno inmediato sean seguros. La seguridad es vital, en especial si usted tiene hijos pequeños.

En el apéndice A usted encontrará varias listas de verificación que tienen que ver con la seguridad de su familia.

Conozca a sus hijos

Hay algunas *verdades* para todos los niños. Los bebés se meten en la boca cualquier cosa, sin importar si se trata de mugre, de una tuerca, de una moneda o incluso de pedazos de pared. El sabor y el tamaño no son importantes. Si en su casa hay escaleras, los bebés desearán arrastrarse, bien sea hacia arriba o hacia bajo. Si hay estantes, ellos querrán abrirlos y sacar todo lo que hay dentro. Aparentemente esta clase de diversión es para los niños lo que un crucero o ganar dinero es para los adultos.

No a todos los niños les gusta hacer lo mismo. A algunos les gusta trepar, mientras que a otros no les gusta. A algunos niños les gusta manosear las cosas (como el papel de colgadura), mientras que a otros niños las cosas pequeñas les pasan desapercibidas.

Cuanto *mejor* conozca usted a sus hijos, más fácil le será prever cualquier problema potencial y hacer algo al respecto antes de que algo malo ocurra. Si, por ejemplo, a su hijo le gusta encaramarse en los muebles, compruebe que las sillas del comedor estén colocadas de modo que no le sirvan para treparse a la mesa, verifique que las escaleras tengan una pequeña puerta portátil y que los cajones siempre estén cerrados (podría utilizarlos como escaleras). Y no deje ningún mueble cerca de una ventana abierta. (Si a su hijo le gusta el perro y lo sigue a todas partes, tenga cuidado con las puertas especiales para las mascotas que haya en su casa, las cuales se pueden rebautizar fácilmente con el nombre de *puertas para chiquitines.*)

¿Sus hijos mayores dejan abiertas las puertas para que puedan pasar sus hermanos pequeños? ¿Dejan en el suelo las piezas del rompecabezas, o las figuras de las Tortugas Ninja con sus miles de partes, para que su bebé pueda empezar a comérselas como si fueran golosinas? Verifique que sus hijos mayores conozcan las reglas de la casa, para que los pequeños estén seguros siempre.

Procedimientos de seguridad (lo que se debe hacer y lo que no se debe hacer)

Nunca subestime lo que sus hijos son capaces de hacer. Ellos pueden gatear, caminar, alcanzar, agarrar, brincar y correr más pronto de lo que usted espera. Y ni siquiera son lo suficientemente considerados como para prevenirlo a usted acerca de sus recién adquiridos talentos. Inesperadamente, sin aviso previo, ellos se paran, se agarran de la mesita del café y derraman su taza de té caliente (antes de que usted se dé cuenta).

Prevéngase y dé por sentado que sus hijos tienen talentos asombrosos y que pueden hacer todo lo que cualquier persona hace. Ellos solamente esperan el momento preciso para lucir ante usted esos talentos.

Lo más conveniente es que usted revise cada habitación desde el ángulo en que la mirarían sus hijos. Siéntese en el piso y esté atento a lo que un niño podría ver. Observe cada habitación con el mayor sentido crítico que pueda. ¿Hay en alguna de ellas algo que pudiera herir a sus hijos o algo que ellos se pudieran llevar a la boca?

Cuando les ocurra algo a sus hijos, usted no tendrá tiempo para abrir un libro y leer acerca de la manera de detener una hemorragia o de tratar una quemadura. Aprenda ahora mismo primeros auxilios. Entonces estará preparado para lo peor, si es que alguna vez ocurre.

Medidas de seguridad en el hogar

Observe su casa. En general, ¿cuán equipada está para proporcionar seguridad? Basándose en la lista siguiente, vea cómo califica su casa desde el punto de vista de la seguridad que ofrece. Si usted no tiene ninguno de los artículos que se mencionan, ¡salga ya de compras! (Utilice la lista del apéndice A.)

✔ Detectores de humo.

✔ Extintores de incendio.

✔ Escaleras de emergencia.

✔ Detectores de monóxido de carbono.

Estos artículos se necesitan, particularmente, en el sitio de la casa donde se encuentra la caldera. A diferencia del humo, el monóxido de carbono es incoloro e inoloro, por lo cual no se puede detectar a menos que se tenga un detector especial.

Obtenga información sobre medidas de seguridad en la estación de bomberos de su localidad. Allí suministran información sobre los procedimientos que debe seguir toda la familia en caso de incendio (procedimientos que ustedes deben programar y practicar), sobre la manera de proteger la casa contra incendios y lo que se debe hacer en esos casos. No olvide revisar las baterías de sus detectores de humo.

Acostúmbrese a probar las baterías de su detector de humo una vez al mes. Hágalo el mismo día en que paga el arriendo o la hipoteca; es decir, elija para hacerlo un día que pueda recordar fácilmente.

El dormitorio (más que un sitio para dormir, una aventura)

Empiece por el dormitorio de su bebé. Pensándolo bien, esta habitación puede producir temor. El único momento en que su hijo está solo es cuando está dormido. Exagere la revisión de este dormitorio. Recuerde que los deditos del bebé pueden pelar, hurgar y curiosear más de lo que uno piensa. Comience por la cuna. Debe ser de algún fabricante conocido. (Utilice la lista del apéndice A para comprobar que las habitaciones de su casa sean seguras.)

✔ **Retire el forro plástico del colchón de su bebé.**

A diferencia de las etiquetas de las almohadas que dicen *No retirar,* el plástico se debe retirar.

✔ **Los bebés nunca deben dormir en las camas de agua de los adultos (porque pueden causar hipotermia), en cojines o sillas rellenos de plumas, en edredones de adultos o en almohadas.**

Estas superficies son demasiado blandas para los bebés, los cuales son muy pequeños para moverse entre ellas. Los bebés se pueden asfixiar fácilmente.

✔ **Nunca y en ninguna circunstancia le dé la espalda o se aleje de un bebé al que le está cambiando los pañales.**

Ni siquiera si está asegurado con la correa de seguridad. Los bebés pueden voltearse y caerse; ¡un bebé de sólo cuatro semanas puede hacerlo!

✔ **No utilice cunas antiguas o de fabricación casera.**

Este tipo de cunas no cumplen ningún requisito de seguridad. Si los barrotes de la cuna están demasiado separados (más de ocho centímetros), la cabeza de su bebé se puede quedar atorada entre ellos y el bebé se puede estrangular al tratar de liberarse. (Y recuerde que debe retirar el plástico que cubre el colchón.)

✔ **La ropa de cama debe ser sencilla.**

Una sábana, una manta y protectores acolchados para los barrotes de la cuna son suficientes. Como los recién nacidos no se pueden voltear es fácil que se acaloren — lo cual parece que guarda relación con la causa del síndrome de la muerte infantil súbita — o que se asfixien.

✔ **No utilice almohadas.**

Los bebés no necesitan almohadas; en cambio, se pueden asfixiar con ellas.

✔ **Deshágase de los protectores acolchados de la cuna cuando sus hijos sean lo suficientemente mayores como para apoyarse en ellos.**

El bebé puede pararse sobre esos protectores para tratar de saltar de la cuna. Como cualquier prisionero de guerra, el objetivo del bebé es tratar de escapar.

✔ **Retire cualquier juguete que esté amarrado a la cuna cuando sus hijos sean lo suficientemente mayores como para tirar de él.**

El niño corre el riesgo de estrangularse si agarra un juguete que esté amarrado a la cuna.

✔ **No coloque la cuna del bebé ni las camas de los demás niños pequeños cerca de persianas, cortinas o adornos que tengan cuerdas.**

Las cuerdas se pueden enredar en el cuello de sus hijos. Esté atento al papel de colgadura y a las cenefas. A los niños les encanta manosear esos tentadores papeles y los arrancan de la pared con gran facilidad. El peligro se presenta cuando el bebé decide comerse el papel de colgadura.

✔ **Coloque protectores de plástico en todos los tomacorrientes y en los enchufes de todos los aparatos eléctricos de su casa.**

Estos productos se encuentran en cualquier almacén de artículos para bebés.

✔ **Verifique que los juguetes del dormitorio sean apropiados para las edades de sus hijos.**

Sus bebés no deben tener juguetes ni juegos que consten de pequeñas piezas. De todos modos, no jugarían con ellos: se dedicarían exclusivamente a comerse las piezas. Tenga cuidado también con las cintas de las muñecas o de los animales de felpa. Los bebés pueden arrancarlas, llevárselas a la boca y tragárselas.

✔ **Lave y seque periódicamente todos los juguetes.**

Los juguetes recogen mugre y polvo (para no mencionar la saliva, los mocos y los residuos de comida) y tarde o temprano terminan en la boca de su hijo.

✔ **No coloque cerca de las ventanas las canastas de los juguetes ni los muebles de sus hijos.**

Si sus ventanas no son altas, su hijo se puede encaramar a un mueble y caerse.

✔ **Coloque los juguetes en recipientes de material ligero (por ejemplo, plástico), cuya tapa se pueda retirar o mantener abierta.**

Al tratar de sacar sus juguetes del recipiente, los bebés se pueden hacer daño si la tapa les cae en la cabeza.

✔ **Asegúrese de que las carteras estén fuera del alcance de los niños.**

Éstas suelen contener pequeñas monedas, medicamentos o pequeños objetos que no se deben convertir en juguetes de sus hijos.

Accesorios infantiles

Sus hijos, como usted, tienen sus pertenencias. Cosas que necesitan para sentirse felices. Usted tiene la responsabilidad de inspeccionarlas permanentemente para estar seguro de que ninguna haya empezado a romperse, a desportillarse o a convertirse en un peligro potencial para su hijo. (Las listas del apéndice A pueden ayudarle a detectar situaciones peligrosas.)

✔ **Revise si a los juguetes les faltan partes.**

(Además de lavarlos con frecuencia para quitarles la mugre y los gérmenes.) Cuando los juguetes plásticos se rompen, quedan bordes filudos que pueden aruñar o cortar a sus hijos. Deshágase de esos juguetes.

✔ **Revise los chupetes para ver en qué condición están.**

Cuando están ya muy viejos, los chupetes se rompen. Deshágase de los que estén viejos.

✔ **Lave los chupetes con frecuencia.**

Lávelos como hace con los biberones, para quitarles los gérmenes y la mugre que hayan recogido.

✔ **Nunca ate el chupete alrededor del cuello de su hijo, ni se lo sujete con un caucho alrededor de la cabeza para mantenérselo dentro de la boca.**

No utilice ninguna clase de sujetadores para el chupete cuando su hijo esté dormido.

✔ **Retire los móviles de la cuna cuando sus hijos sean lo suficientemente mayores como para jalarlos.**

Su bebé tratará de agarrar el móvil y, si tiene éxito, lo desprenderá y se meterá todo lo que pueda dentro de la boca. Las cuerdas del móvil también se pueden enredar en el cuello del niño.

✔ **No acueste a su hijo con juguetes dentro de la cuna.**

El niño puede acostarse encima de alguno y hacerse daño.

✔ **No utilice coches ni columpios para llevar al niño en el automóvil o para montarlo en bicicleta.**

Usted debe utilizar las sillas especiales para estos casos.

✔ **Cuando utilice un columpio, siga las instrucciones del fabricante.**

También, utilice los cinturones y las correas cuando el niño esté en el columpio. Nunca permita que niños mayores o más pesados jueguen en el columpio del bebé. Lo pueden romper y, además, se pueden caer y hacerse daño.

✔ **Nunca coloque a los niños en asientos altos cerca de paredes, mostradores o mesas.**

Los niños usan los pies para impulsarse contra estas cosas y se caen con silla y todo. Tampoco los coloque muy cerca de objetos colgantes de los que puedan tirar y no les permita pararse en los asientos.

✔ **Utilice el coche del bebé con todo el equipo de seguridad.**

Utilice siempre el cinturón de seguridad cuando su niño esté en el coche y frene las ruedas cuando no lo esté empujando. Esta precaución impide que el coche se ruede. ¿Recuerda a Robin Williams en la película *Hook?* Su mamá no frenó las ruedas del coche y salió rodando. Mire lo que le sucedió: se convirtió en Peter Pan.

✔ **Esté atento a los dedos del bebé cuando esté armando o doblando el coche.**

¡Se los puede machucar!

✔ **No cuelgue de la manija del coche carteras ni bolsos pesados.**

El peso podría hacer volcar el coche.

✔ **No utilice andadores para bebés.**

En 1993, 25 000 niños estadounidenses entre los cinco y los quince meses recibieron atención hospitalaria de emergencia a causa de los andadores. La mayor parte de las lesiones se produjeron cuando los niños se rodaron las escaleras en estos aparatos.

El salón familiar

Como éste es el salón donde usted y su familia pasan la mayor parte del tiempo, es necesario que usted tome precauciones adicionales para que sea seguro. (Utilice la lista del apéndice A para verificar las precauciones de seguridad.)

✔ **Coloque protectores de plástico en todos los tomacorrientes y en los enchufes de todos los aparatos eléctricos de su casa.**

Estos protectores impiden que los niños puedan conectar o desconectar los aparatos eléctricos.

✔ **Coloque barreras en los escalones superior e inferior de todas las escaleras.**

Usted no necesita enterarse de que su bebé aprendió a subir las escaleras cuando lo vea tambaleándose en el escalón superior.

✔ **Si van a ir a otra casa, lleve barreras portátiles para colocar en las escaleras.**

No olvide pedir permiso antes de empezar a colocar las barreras.

✔ **Guarde durante un tiempo los artículos que se puedan romper, o colóquelos en un sitio más alto.**

Por lo menos hasta que su hijo sea lo suficientemente mayor como para saber qué se puede tocar y qué *no* se puede tocar.

✔ **No desatienda a los bebés o a los niños pequeños mientras estén sentados en algún mueble.**

En el momento en que deje de prestarles atención se caerán. No importa cuántos cojines o mantas acostumbre poner a su alrededor, llega un día en que ellos descubren cómo superar esos obstáculos. (Usted descubrirá el nuevo truco de su hijo cuando oiga un golpe, un grito y lo encuentre en el suelo.)

✔ **Raspe y vuelva a pintar todas las áreas que lo necesiten.**

La pintura vieja puede contener plomo, que es venenoso. Es prácticamente un hecho que cuando los niños son lo suficientemente altos como para alcanzar una ventana, ellos chupan y muerden el borde. Recuerde que usted debe hacer este trabajo mientras sus hijos no estén en la misma habitación, puesto que es material tóxico. De hecho, para estar realmente seguro, usted debe utilizar una mascarilla.

✔ **Haga revisar las calderas, las chimeneas y las parrillas de gas para evitar escapes de monóxido de carbono.**

Este gas venenoso, que es invisible e inoloro, no sólo lo puede enfermar gravemente sino que lo puede matar si usted lo respira demasiado tiempo. Tampoco utilice parrillas para carbón dentro de la casa (nuevamente el asunto del gas). Sus hijos no deben jugar con estas cosas.

✔ **Limpie los filtros de los calentadores y del aire acondicionado una vez al mes.**

Esta práctica mantendrá más limpio el aire de su casa y reducirá la cantidad de gérmenes.

✔ **No deje su automóvil prendido dentro del garaje.**

Usted no sólo se puede enfermar si está en el garaje (porque su automóvil arroja monóxido de carbono, ¡el cual, además, mata!), sino que este gas entrará en su casa si el garaje está unido a ella.

✔ **Mantenga atadas las cuerdas de las persianas y de las cortinas y fuera del alcance de los niños.**

Si las cuerdas están muy largas, córtelas y únalas más arriba para que sus hijos no puedan alcanzarlas.

La cocina

Usted está tratando de hacer la comida, pero sus hijos están prendidos a su falda rogándole que los alce o que les dé algo de comer. Sin embargo, la cocina es uno de los lugares más peligrosos para los niños.

La cocina es un sitio lleno de maravillas, con muchos juguetes brillantes (como cuchillos para cortar carne), con lindos botones que prenden máquinas y, si usted es un cocinero desordenado, con muchas cosas ricas en el suelo. Proteja a sus hijos de esta Casa de Diversión (y use la lista del apéndice A para estar seguro de que lo está haciendo bien).

✔ **Ponga llave en todos los estantes.**

A usted no le hace falta que sus hijos hagan malabares con la vajilla, que se metan un cuchillo en la boca o que hagan gárgaras con líquido para destapar cañerías.

✔ **Utilice los fogones posteriores de la estufa.**

Los dedos chiquitos pueden agarrar las ollas calientes y hacerlas caer.

✔ **Mantenga cerrados los cajones.**

Los cubiertos, los cuchillos y hasta las cosas que están entre el cajón de los cachivaches pueden ser peligrosos para los niños.

✔ **Mantenga a los niños pequeños alejados cuando usted esté cocinando.**

Si son muy pequeños para ayudar a preparar la cena, colóquelos en una silla alta, o en una mesa, para que coloreen o para que se distraigan con algún juguete. Si son lo suficientemente grandes como para ayudar déles trabajo. Entre las primeras tareas que les puede asignar a los niños están poner la mesa, servir agua en los vasos y poner los condimentos sobre la mesa.

✔ **Mantenga bajo llave las bolsas de plástico o deshágase de ellas.**

Entre éstas se cuentan el papel plástico, las bolsas del supermercado, las bolsas de la basura, las bolsas de los sandwiches, las bolsas de la lavandería y los envases plásticos de todo tipo (como, por ejemplo, los que traen los juguetes).

✔ **Mantenga las bebidas alcohólicas fuera del alcance de los niños.**

Sus pequeños organismos no pueden manejar el alcohol y podrían presentar envenenamiento por alcohol.

✔ **Mantenga los asientos lejos de los mostradores.**

A usted no le causaría gracia descubrir que su pequeño ya sabe gatear cuando lo encuentre sentado sobre algún mostrador.

✔ **Haga una lista con los números telefónicos importantes y manténgala cerca del teléfono y a la vista de todos.**

Entre esos números debe incluir el de alguna clínica toxicológica, el de los bomberos, el de la policía y los números de un par de vecinos.

✔ **Tenga siempre jarabe de ipecacuana en el estante de los remedios.**

Pero no lo utilice, a menos que así lo indique el médico o algún especialista de la clínica toxicológica. El jarabe de ipecacuana sirve para inducir rápidamente el vómito, que es lo que queremos que hagan nuestros hijos en caso de que hayan ingerido algo venenoso.

El baño

El baño es otra de las habitaciones de la casa que los niños no deben utilizar como salón de juegos. Sólo se necesita una pulgada de agua para que alguien se ahogue, y su sanitario tiene una cantidad mayor de agua. Cuando sus hijos sean lo suficientemente mayores como para pararse, irán al sanitario para jugar con la linda agüita. Un bebé que es lo suficientemente grande como para pararse agarrado del sanitario, es lo suficientemente grande como para caerse adentro y ahogarse. (Utilice la lista del apéndice A para revisar las medidas de seguridad que se deben observar en el baño.)

✔ **Mantenga bloqueadas las entradas de los baños o instale cerraduras a suficiente altura para que sus hijos no las alcancen.**

✔ **Mantenga cerradas las tapas de los sanitarios.**

✔ **Mantenga cerradas las puertas de las duchas y de las tinas.**

✔ **Nunca deje agua dentro de los lavamanos, de las tinas o de los baldes que se utilizan para la limpieza.**

Los niños se sienten atraídos por el agua. Es una invitación a que jueguen con ella.

✔ **Mantenga fuera del alcance de los niños y bajo llave los productos de limpieza, los perfumes, los desodorantes y todos los cosméticos.**

Sus hijos empezarán a imitar su ritual diario de higiene (si lo ven realizándolo) y querrán jugar con todas las cosas con las que usted juega.

✔ **Mantenga siempre las medicinas en el estante correspondiente y fuera del alcance de los niños.**

La mayor parte de las medicinas para los adultos pueden costarle la vida a un niño.

✔ **Utilice empaques a prueba de niños para cualquier cosa y para todo lo que usted use.**

✔ **Mantenga desconectados y guardados los electrodomésticos pequeños (como secadores de cabello, afeitadoras eléctricas y planchas).**

Lea el capítulo 11, "Las alegrías y los peligros de la hora del baño".

La seguridad y el agua

El agua es digna de temor cuando hay niños cerca de ella. Tenga presentes estos consejos:

✔ **Supervise siempre a sus hijos cuando estén cerca de agua de cualquier tipo.**

Esto quiere decir el agua de un balde, el agua de la piscina infantil o incluso los charcos grandes de agua lluvia.

✔ **Haga que su piscina sea segura.**

Su piscina debe estar rodeada de una cerca de cuatro lados y de un metro y medio de altura, cuya puerta cierre automáticamente y cuya cerradura no esté al alcance de los niños.

✔ **Espere hasta que sus hijos tengan por lo menos tres años antes de que empiecen a nadar.**

La Academia de Pediatría de los Estados Unidos recomienda no inscribir a los bebés en programas de natación. Advierte que los bebés podrían adquirir infecciones parasitarias en las piscinas y que podrían tragar demasiada agua, lo cual produce intoxicación. También considera que los padres adquieren un sentido falso de seguridad, creyendo que sus bebés pueden nadar.

No hay nada tan triste como oír decir a un padre cuyo hijo se ahogó: "Sólo me alejé durante un minuto".

La seguridad y el automóvil

Todos los miembros de su familia deben utilizar cinturón de seguridad. Si usted tiene un accidente automovilístico y solamente sus hijos llevan abrochados los suyos, usted puede herirlos fácilmente al salir disparado dentro del automóvil por no haber utilizado el suyo. Usted puede pensar que es un excelente conductor, como pensaba Dustin Hoffman en la película *The Rain Man*, y quizás lo sea. Pero usted no puede asegurar lo mismo de todos los demás conductores. Si lo que usted quiere es *apostar*, vaya a Las Vegas (pero use la lista del apéndice A antes de lanzarse a la carretera).

El capítulo 20, "Habilidades sociales de las que nos podemos sentir orgullosos", trata el tema de los viajes con los hijos. Sí, es posible viajar en automóvil con niños.

Hay varias clases de sillas infantiles para utilizar dentro de los automóviles: las que deben colocarse con el niño mirando hacia adelante, las que se deben colocar con el niño mirando hacia atrás, sillas especiales para bebés y sillas especiales para niños que ya están empezando a caminar.

✔ **Siempre, siempre, siempre que salga en automóvil utilice sillas especiales para los niños.**

Incluso si va a conducir solamente una corta distancia, tómese el tiempo de sentar a sus hijos en las sillas apropiadas. Además, ¡lo ordena la ley!

✔ **Utilice solamente el tipo de silla que sea apropiada para la edad y para el peso de sus hijos.**

No ponga a su bebé de seis meses en la silla que debe utilizar su hijo de dos años. No le ofrecerá suficiente soporte.

✔ **Asegure la silla de su hijo con el cinturón de seguridad.**

Si su hijo está en su silla, pero ésta no se encuentra asegurada, instantáneamente el niño se convierte en un gran proyectil. Algo que podría volar fácilmente por el automóvil y, o bien salirse por una ventana, o bien golpearlo a usted en la parte posterior de la cabeza. Ninguna de las dos es una perspectiva halagüeña.

✔ **Lea las instrucciones de la silla y ¡SÍGALAS!**

Si la silla de su hijo es para utilizarla de espaldas al conductor, colóquela únicamente en esa posición. Nunca la coloque de otra manera. Los fabricantes tienen algún motivo para hacerlas así.

✔ **Si la silla es de colocar de espaldas al conductor, nunca la coloque en el asiento delantero, donde está la bolsa de aire.**

Haga desmontar la bolsa de aire, o coloque a su hijo en el asiento de atrás. La fuerza de la bolsa de aire al activarse es demasiado intensa para una silla de bebé.

✔ **Los niños que pesan menos de 20 libras siempre deben viajar de espaldas al conductor.**

Hasta que alcanzan ese peso, los bebés no tienen suficiente control de la cabeza como para viajar mirando hacia el frente. Su cabeza se desgonza como si fueran muñecos de trapo.

El lugar más seguro para su bebé es la mitad del asiento trasero. Sentado en su sillita, por supuesto.

Su hijo *debe* viajar en una silla especial para automóvil: lo exige la ley. Usted infringe la ley si sus hijos viajan en automóvil sin la silla correspondiente.

Cómo se exponen los niños al peligro

Una de las razones principales por las que los niños se hacen daño son los accidentes: Algunas de las caídas, de los golpes y de los moretones no se pueden evitar. Pero los niños también se asfixian, se queman y se cortan por razones innecesarias (como si hubiera buenas razones para asfixiarse, quemarse y cortarse). Usted puede tomar medidas para evitar que ocurran algunos de esos accidentes. La lista del apéndice A puede ayudarle a verificar que las medidas que usted está tomando son las adecuadas.

Quemaduras

✔ **Coloque su taza de café en la mitad de la mesa o del mostrador.**

Apenas los niños crecen lo suficiente como para alcanzar el borde de las mesas o de los mostradores, van directamente a esa taza de café o de té hirviente. Y no utilice manteles ni servilletas que los niños puedan tirar con todo y café.

✔ **No alce a sus hijos cuando tenga en la mano una taza de líquido caliente.**

Sin duda, ellos meterán la mano en el líquido caliente. Por favor, no suponga que ellos saben lo que deben hacer, porque no es verdad.

✔ **Cada vez que pueda, utilice los fogones posteriores de la estufa.**

Compre también un protector especial para estufas, con objeto de que los niños no puedan tocar las ollas calientes. También puede comprar tapas especiales para los botones de los fogones, de manera que los niños que ya caminan no puedan encender la estufa.

✔ **Coloque hacia atrás las manijas de las ollas.**

✔ **Mantenga alejados a los niños de las calderas y de todo tipo de calentadores.**

✔ **Esconda sus encendedores desechables o no los utilice.**

Son muchos los incendios que se producen cuando los niños juegan con encendedores desechables.

✔ **No permita que sus hijos usen el horno de microondas.**

Los niños se queman con la comida caliente, con el vapor que sale de las bolsas de palomitas de maíz o con los platos que tienen tapa o partes plásticas.

✔ **Nunca alce a su hijo cuando esté cocinando.**

La grasa puede saltar y hacerle daño a su hijo o él puede agarrar algo que se está cocinando antes de que usted pueda detenerlo.

Mantenga en su casa una planta de aloe para aliviar el dolor causado por las quemaduras menores. Corte un pedacito de esa planta, retírele la capa superior y exprima o frote la substancia pegajosa del centro sobre la quemadura.

Atoramiento

Los niños se meten en la boca las cosas más increíbles. Son capaces de encontrar el artículo más microscópico para atorarse, para hacer ruidos y muecas desagradables y para matarnos del susto.

Los artículos con los que más se atoran los niños se enumeran a continuación. (Por tanto, márquelos en la lista de verificación del apéndice A si necesita recordar que debe mantener estas cosas fuera del alcance de sus hijos.)

- ✔ uvas
- ✔ dulces duros
- ✔ bombas desinfladas o partes de bombas reventadas
- ✔ monedas
- ✔ vegetales crudos cortados en círculos
- ✔ botones

- ✔ nueces
- ✔ palomitas de maíz
- ✔ ganchos
- ✔ juguetes pequeños y partes de juguetes
- ✔ perros calientes cortados en círculos
- ✔ bolsas de plástico

Juegos

Jugar debe ser sinónimo de diversión, de ratos agradables, de exclamaciones de alegría, de soltarse el cabello, de sentirse libre, de espontaneidad. Para los adultos, quizás. Pero para los niños, si no tienen cuidado, jugar puede ser tan peligroso como caminar en la cuerda floja.

Las diversiones infantiles deben limitarse a juegos y a actividades propios de los niños (y no deben incluir actividades para adultos). Por esta razón usted no ve a un niño de nueve años jugando dados en Las Vegas.

No lleve a sus hijos a sitios o áreas que puedan ser peligrosos, confiando en que usted los va a vigilar. Los niños pueden escabullirse y moverse más rápido de lo que usted puede reaccionar. Por este motivo en algunos edificios hay avisos de mantener a los niños alejados de las paredes. Muchos niños han visto un panorama demasiado bueno (usted sabe a lo que me refiero).

- ✔ **No lleve a sus hijos con usted en la cortadora de césped.**
- ✔ **No permita que sus hijos viajen en la parte posterior de las furgonetas.**
- ✔ **No deje solos a sus hijos en el borde de una piscina, confiando en que se quedarán sentados y quietos.**
- ✔ **No permita que sus hijos monten en aparatos recreativos (como, por ejemplo, motocicletas, motos acuáticas, lanchas pequeñas) si su edad está por debajo del límite recomendado.**

Sea realista. ¿Con qué frecuencia suelen quedarse quietos los niños (a menos que estén haciendo algo que no deben)? La causa de muchos accidentes es que los padres no se dan cuenta de lo peligrosas que pueden ser muchas de las actividades que comparten con sus hijos.

Entre los juguetes caseros que son divertidos para los niños están las cajas de cartón y los recipientes de plástico. Los niños encuentran divertido golpear estos recipientes con cucharas de palo, como si fueran tambores. Juguetes inseguros son todos los artículos que tienen bolsa de plástico o cubierta de celofán, porque los niños se pueden asfixiar fácilmente con estos materiales. A los niños también les gusta ponerse las bolsas de plástico como sombreros, lo cual puede producir asfixia.

Hábitos personales

Si usted está decidido a convertir su hogar en un lugar seguro, también debe pensar en cualquier hábito personal que pueda ser nocivo para sus hijos.

Fumar

No importa cuánto trate usted de justificar su hábito de fumar, es un vicio que no sólo lo va a matar tarde o temprano sino que (mientras usted está ocupado enfermándose) está enfermando también a sus hijos.

El humo es nocivo para sus hijos y se ha encontrado que tiene relación con los partos prematuros, con el bajo peso al nacer, con el síndrome de la muerte infantil súbita, con las dificultades de aprendizaje y con un mayor riesgo de contraer asma, pulmonía y otros problemas médicos. Incluso si usted trata de racionalizar su hábito diciendo que solamente fuma afuera de la casa debe percatarse de que sus hijos no son estúpidos. En algún momento se darán cuenta de lo que usted está haciendo. ¿Recuerda los primeros capítulos sobre la importancia de dar buen ejemplo? Fumar en cualquier parte, adentro de la casa o fuera de ella, es un mal ejemplo para los hijos.

Diversas investigaciones han encontrado que las mujeres embarazadas que están expuestas al humo también están exponiendo a sus bebés al mismo humo.

Beber

Sólo dos cosas. No se emborrache frente a sus hijos y no deje bebidas alcohólicas al alcance de ellos. Tomar alcohol delante de sus hijos es enseñarles que usted piensa que ésa es una conducta aceptable. Si usted tiene que beber hágalo con responsabilidad.

Armas

Si usted necesita tener armas en su casa, guárdelas descargadas y en un lugar al cual no tengan acceso sus hijos, para que no puedan jugar con ellas. Son demasiados los accidentes causados por armas que se han disparado como para justificar tener alguna cargada en su casa. Y, por favor, no se le ocurra decir: "Mis hijos no son tan tontos como para jugar con la pistola" o "Tengo escondidas todas las armas para que los niños no puedan encontrarlas". Estas dos excusas han sido utilizadas por padres de niños que han *muerto* en este tipo de accidentes.

Drogas

¿Qué puedo decir? No use drogas ilícitas. Nunca. Incluso si las usa en privado, donde sus hijos no lo puedan ver, las drogas lentifican la mente y disminuyen su tiempo de reacción, que son dos de las cosas que se necesitan cuando somos padres. Si usted utiliza drogas delante de sus hijos, les está enseñando que está bien hacerlo — y entonces usted habrá arruinado también la vida de *ellos*.

Su lección de hoy

Aunque usted compre todos los artefactos de seguridad que existen, ponga todo bajo llave, coloque barreras en todas las escaleras y vista a sus hijos con prendas de caucho, ellos se harán daño de todos modos. Nada de lo que se puede comprar es tan eficaz como un padre que permanece atento a sus hijos.

Capítulo 10
La comida y la nutrición

L a comida y la nutrición son cosas diferentes. Comida es lo que uno *desea* comer; alimento nutritivo, lo que uno *debe* comer. En realidad, ambas son subcategorías de cosas-que-ponemos-en-nuestra-boca. Para un bebé, esto incluye prácticamente cualquier cosa. A medida que crecemos, nos volvemos más selectivos. Y, aunque todo lo que nos ponemos en la boca y comemos se puede considerar comida, no todo es nutritivo. Como padre, usted tiene la responsabilidad de decidir qué es comida, qué es nutrición y cuánto de cada uno necesita su hijo.

Todos los niños pasan por esto

Sus hijos van a pasar por varias etapas durante su vida. Aparte de los cambios anímicos de la pubertad, nada será tan perturbador como los cambios que van a experimentar en sus hábitos alimenticios.

Esas fluctuaciones preocupan a los padres porque los cambios en los hábitos alimenticios pueden ser sumamente marcados. Un día sus hijos pueden parecer un barril sin fondo y usted hasta puede estar tentado de esconder a las mascotas de la familia para que no se las coman también a ellas. Al día siguiente es posible que sus hijos no tengan el menor interés por la comida.

Confíe en sus hijos: ellos saben cuánto necesitan comer. Si empujan la leche o la cuchara, o no dejan limpios los platos, confíe en que comieron lo suficiente. Si siguen pidiendo comida, déles más. Siempre y cuando que usted les esté dando alimentos saludables, se les debe permitir comer tanto como deseen. Sus hijos dejarán de comer cuando hayan terminado (o cuando se le haya terminado a usted la comida, lo que suceda primero). Entre los alimentos saludables no están los chocolates ni las galguerías. (¡Qué lástima!)

Una dieta bien equilibrada es ponerle salsa de tomate a la hamburguesa.
— Jordan Gookin

Sus hijos son únicos. Ellos crecen a un ritmo diferente del de los demás niños. Sus hábitos alimenticios probablemente no coinciden con ninguna tabla que usted haya visto. Los cambios en los hábitos alimenticios no sólo incluyen la cantidad que sus hijos desean comer, sino también el momento en que quieren comer. No se sorprenda cuando no tengan hambre a la hora de la cena sino treinta minutos más tarde, cuando tratarán de convencerlo de que se están muriendo de hambre, para lo cual pueden recurrir, incluso, a los efectos especiales (como, por ejemplo, mostrarle las costillas).

Lea el capítulo 15 para obtener información sobre el amamantamiento y la alimentación con biberón.

¿Es hora ya de darles sólidos? (bebés)

Los pediatras solían recomendarles a los padres que empezaran a darles alimentos sólidos a sus bebés cuando éstos tuvieran cuatro meses. Luego recomendaron esperar hasta los seis meses (incitados por los fabricantes de leche en polvo y otros alimentos para bebé). Si usted le pregunta a una docena de pediatras qué piensan al respecto, probablemente obtendrá una docena de respuestas diferentes.

Aquí tiene la primicia. Empiece a darle alimentos sólidos a su bebé en cualquier momento entre los cuatro y los seis meses. Su pediatra recomendará alimentos sólidos cuando su bebé tenga esa edad, dependiendo de los siguientes factores:

✔ Si el peso de su bebé al nacer se ha duplicado.

✔ Si su bebé ha dejado de ganar peso.

✔ Si su bebé está ganando mucho peso (la leche en polvo formulada es alta en calorías y lo puede estar engordando demasiado).

✔ Si su bebé desea comer con frecuencia (más de 40 onzas diarias de leche en polvo formulada) y no parece quedar satisfecho.

✔ Si su bebé se muestra interesado en los alimentos que usted está comiendo.

✔ Si su bebé se la pasa señalando los dibujos de carne y papas.

Su pediatra puede recomendar que espere un tiempo para darle alimentos sólidos a su bebé si él está ganando peso a un ritmo normal o si en su familia hay historia de alergias. Darle alimentos sólidos demasiado pronto al bebé puede producir alergias alimenticias más tarde.

Cuando su bebé haya mostrado señales de que está preparado para comer sólidos proceda lentamente y siga estas pautas:

Elija un momento adecuado

No conviene que empiece a darle alimentos sólidos a su bebé si éste tiene mucha hambre. Déle un poquito de biberón o de pecho (para que sepa que su intención no es dejarlo morir de hambre) y luego proceda con un poquito de comida sólida.

Elija un sitio adecuado

Su bebé debe estar sentado derecho. Esto quiere decir en una silla especial para bebés o en su regazo. Si usted lo acuesta y trata de alimentarlo podría pasar todo el tiempo atorándose y ahogándose. (¡Usted no quiere que suceda esto!) Cuando el bebé sea lo suficientemente mayor como para sentarse solo usted podrá pasarlo a la silla alta.

La mantequilla de maní con mermelada es un alimento que va bien con todo, al igual que su asiento, su piano, sus llaves y su mascota. — Querida tía Margie

Empiece dándole a su bebé cereal de arroz

El cereal para bebé enriquecido con hierro es el mejor para la mayoría de los bebés. El cereal de arroz es más fácil de digerir que otros cereales (esto *no* significa *Rice Crispies).* Ofrézcale al bebé cereal dos veces al día: al desayuno y a la comida. Al principio no lo prepare espeso sino claro. Su bebé tiene que aprender a mover el alimento entre la boca y a hacerlo bajar por la garganta. Usted tendrá que ponerle varias veces la misma cucharada de cereal en la boca antes de que se forme la idea de cómo comérselo. Cuando usted se dé cuenta de que el bebé está pasando ya con facilidad el cereal, prepáreselo más espeso. Pero no ponga el cereal del bebé en un biberón. Su bebé tiene que aprender a *comer* cereal. Él ya sabe beber.

Empiece despacio

Su bebé va a creer que usted se volvió loco cuando empiece a darle alimentos sólidos y tendrá que acostumbrarse a que no toda la comida viene en forma líquida. Ponga un poquito de comida en la cuchara, colóquela lentamente en la boca del bebé y luego observe cómo hace gestos graciosos y escupe todo el alimento. Limpie lo que el bebé haya escupido y vuelva a ensayar. Si le parece que a su bebé no le gusta la nueva comida no pierda la esperanza. El hecho de que la escupa no quiere decir necesariamente que no le guste. Es solamente su manera de reaccionar a algo nuevo que hay en su boca. Si usted sigue dándole comida y él sigue escupiendo y haciendo caras horribles, entonces es posible que no le guste la comida que le está dando. Insista. En algún momento el bebé se acostumbrará al sabor (o a la textura) y se la comerá.

Déle al bebé nuevos alimentos

Cuando su bebé entienda cómo debe comer (lo cual significa que usted se limita a poner entre su boca una o dos veces el mismo bocado de comida) y no presente reacciones alérgicas al cereal, empiece lentamente a introducir en su dieta vegetales y frutas. Antes de empezar a darle frutas, déle vegetales durante aproximadamente un mes. Si empieza dándole frutas, el bebé podría desdeñar los vegetales. Las frutas son dulces y más atractivas para los niños que los vegetales (sobre los cuales la humanidad está de acuerdo en afirmar que son insulsos).

Introduzca cada semana un nuevo alimento (incluyendo otros cereales para bebé). Esta estrategia le dará al organismo de su hijo la oportunidad de reaccionar a la comida, si es que va a hacerlo.

¡No se admiten niños exigentes! (los más grandecitos)

Sus hijos van a despreciar algunos de los alimentos que usted les ofrezca. Dependiendo de sus hijos (porque todos son distintos), pueden rechazar todo lo que usted ponga frente a ellos o pueden hacerle a la comida un gesto despectivo sólo en raras ocasiones. Los niños no tan pequeños suelen ser los más exigentes con la comida.

Éstas son algunas de las cosas que usted puede hacer para que sus hijos no se vuelvan muy exigentes con la comida:

✔ Introduzca una buena variedad de alimentos.

✔ No desista después de un solo intento.

✔ No permita altercados a la hora de las comidas.

Déles a sus hijos muchas cosas ricas

Déles a sus hijos una buena variedad de alimentos cuando sean pequeños. Así tendrán la oportunidad de experimentar y de encontrar cada vez más cosas que les gustan. Además aprenderán a probar distintos alimentos.

Entre las comidas ricas en textura, en color y en sabor están la japonesa, la tailandesa, la india y la orgánica. Además, son buena fuente de vitaminas. Quizás a usted no le guste la sopa *miso,* pero a su hijo de un año le podría parecer deliciosa.

A propósito, aquí estamos hablando de la comida tailandesa más sencilla. Evite la comida japonesa y la comida india, que son tan condimentadas. A la comida india se le debe reducir el picante. Esto se logra ordenando en los restaurantes comida sin picante. Los restaurantes tailandeses e indios les dicen a sus clientes qué deben esperar en cuanto a condimentos y cuándo van a necesitar un extintor de incendios.

Reacción a la comida

Si su hijo presenta erupción, diarrea, vómito o demasiados gases después de comer algún alimento nuevo, retírele ese alimento y llame al médico. Esos síntomas pueden ser el resultado de una reacción alérgica a algún alimento nuevo. El médico le recomendará con toda seguridad que suspenda ese alimento, pero que lo vuelva a ensayar seis meses después cuando probablemente el organismo de su hijo esté preparado para digerirlo. Para obtener más información acerca de la alimentación de los niños, lea la sección "Consejos para alimentar a sus pequeños" al final de este capítulo.

✔ En lugar de comprar siempre los mismos artículos, pase más tiempo en el supermercado y fíjese en los distintos tipos de comida que hay. Tómese el tiempo necesario para experimentar nuevos sabores y nuevas texturas. La comida puede ser una importante fuente de diversión.

No deje de insistir

Si su hijo rechaza la zanahoria, no le dé una barra de chocolate para reemplazarla. Déle sencillamente otro vegetal. Ofrézcale la zanahoria una semana después. Si todavía le disgusta, espere. Ofrézcasela nuevamente unos seis meses más tarde, cuando es posible que tenga una actitud distinta hacia las zanahorias. Si seis meses después su hijo todavía mira las zanahorias como si tuviera enfrente un plato de lombrices, ensaye de nuevo seis meses más tarde. Es responsabilidad suya distinguir entre: "¡Uacc! Estas cosas no pueden estar en la misma cadena alimenticia de los humanos" y "Creo que no estoy de ánimo para comer zanahorias esta noche". En el primer caso usted debe volver a ofrecerle el alimento unos seis meses después. En el segundo caso, su hijo está siendo sencillamente niño y está tratando de ejercer su derecho a tomar una decisión acerca de *algo*. La próxima vez que usted decida que habrá zanahorias para la comida, póngaselas a su hijo en el plato. Es posible que él tenga entonces una actitud diferente.

No se dé por vencido sin haber insistido antes. Es imposible convencer a los niños más pequeños de que coman. Los trucos como "Abre la boca que va a aterrizar un avión", en realidad no funcionan cuando los niños tienen una opinión clara sobre lo que sus padres están tratando de meterles en la boca. Si al niño no le gusta el sabor, escupirá la comida. Aquí es donde entra en juego la espera de seis meses. A medida que crezca, usted puede animar a su hijo a que, por lo menos, pruebe el alimento. Ésta es una buena norma que tienen muchas familias: "No tiene que gustarte, pero, por lo menos, tienes que probarlo". Los niños pueden descubrir que, a pesar de su apariencia, la carne molida que tienen en el plato sabe mucho mejor de lo que esperaban.

No permita que sus prejuicios en torno a ciertos alimentos le impidan dárselos a sus hijos. Aunque usted deteste las repollitas de Bruselas, a ellos les podrían gustar mucho.

Recuerde que usted está tratando con gente pequeña. Como le sucede a usted, a ellos no les va a gustar todo lo que se les ponga por delante. Los adultos aprendemos a comer cualquier cosa antes que ser descorteses. A los niños eso no les importa. Si piensan que algo no les va a gustar, no tienen ningún inconveniente en hacérselo saber a todo el mundo.

✔ Los chocolates no forman parte de los principales grupos de alimentos.

No permita altercados

La cena no se debe convertir en una batalla entre usted y sus hijos. No debe haber un ganador ni un perdedor. Se trata de alimentos y no de una lucha de poder.

Como las papilas gustativas se desarrollan a medida que el niño crece, la comida tiene más sabor cuanto mayor es su hijo. Muchos de los alimentos que les ofrecemos a los niños pequeños en realidad no les saben a nada. Ésta es la razón por la cual a los niños les gustan tanto los *dulces*. El sabor es fuerte y ellos logran apreciarlo. ¿Arvejas? Lo mismo sería darles un pedazo de cartón para masticar.

Espere a que sus hijos sean lo suficientemente mayores como para controlar sus emociones antes de insistirles para que se coman un bocado o dos de algo que no les gusta. La cena no debe ser una ocasión para llorar y para hacer pataletas. Hay una gran variedad de alimentos nutritivos que usted les puede ofrecer a sus hijos. No es necesario forzar a su pequeño de dos años a que coma algo que, obviamente, no le gusta.

Si sus hijos empiezan a hacer pataleta y sólo quieren comer dulces a la hora de la cena, hágalos retirar de la mesa. Comerán cuando tengan hambre.

Los restaurantes franceses se distinguen por la manera en que presentan la comida. Uno sabe que va a ser una comida excelente porque *se ve* muy bien. Podrían servirnos brea, pero eso no importaría gracias a la magnífica presentación. Si uno de sus hijos tiende a rechazar la comida, haga que ésta se vea divertida. Corte los sandwiches en distintas formas, arregle las mazorcas en forma de corazón o sírvalas en un juguete de plástico (y no olvide lavar antes el juguete). Haga lo que pueda para que las comidas sean experiencias más agradables.

Los niños tienen una manera interesante de probar los alimentos. No se sorprenda si primero se los llevan a la boca y después se los sacan. Esto no es, necesariamente, señal de que no les hayan gustado. Puede ser sencillamente que están familiarizándose con el sabor y con la textura del alimento.

La dieta "bien equilibrada": datos útiles para todas las edades

Según los expertos en nutrición, para que la dieta sea bien equilibrada debemos comer lo siguiente:

✔ Por lo menos una porción diaria de alimentos ricos en vitamina A, como albaricoque, melón, zanahoria, espinaca y batata.

✔ Por lo menos una porción diaria de alimentos ricos en vitamina C, como naranja, uvas y tomate.

✔ Por lo menos una porción de alimentos ricos en fibra, como manzana, banano, higo, ciruela, pera, fresa, arveja, papa y espinaca.

✔ Un vegetal crucífero varias veces por semana, como brócoli, coliflor, repollitas de Bruselas y repollo.

Basándose en esta lista, ¿cuán equilibrada es su dieta? Ahora puede dejar de reírse. Yo sé que es difícil lograr esta meta todos los días, en especial cuando los hijos están pasando por esas etapas en que no quieren comer absolutamente nada.

También se supone que usted le debe dar a su familia cinco porciones de frutas y de vegetales diariamente. Esto también es difícil. Si usted no puede cumplir esta meta todos los días, procure darle a su familia una dieta equilibrada cada *48 horas*. Darles estos alimentos cada dos días es mejor que no hacerlo nunca.

Es más fácil introducir estos alimentos en la dieta de su familia mediante substitución: Reemplace las papas fritas, las galletas y el helado por frutas y vegetales. Es tan fácil tomar un banano como una galleta.

Los hábitos alimenticios de sus hijos son el resultado de la comida que usted les da y de lo que ellos observan. Usted debe tener buenos hábitos alimenticios, al igual que sus hijos mayores. Si el bebé observa que su hermana mayor se desayuna con galletas de chocolate, él también querrá comer galletas de chocolate al desayuno.

Evite los alimentos procesados porque tienen altos contenidos de sal, de azúcares y de grasas. Estos alimentos se ocultan entre latas, botellas y bolsas de plástico. Acostúmbrese a leer las etiquetas para conocer los contenidos de azúcar, de sal y de grasas y fíjese si tienen algún químico que usted no reconozca. Si éstas tienen algo que usted no pueda pronunciar, no se lleve ese alimento a la boca. Qué tal estas cosas para el almuerzo:

Sulfato férrico, mononitrato de tiamina, riboflavina, vino Sauternes, caseinato de calcio, extractos de proteína de soya, glutamato monosódico, ácido láctico y extracto de levadura.

Las etiquetas de las sopas enlatadas no mencionan estos productos. ¡Umm, rico! Los fabricantes de alimentos nos han permitido disponer de comidas rápidas y fáciles. Sin embargo, no han hecho ningún esfuerzo para que esas comidas sean buenas para nosotros.

Las galletas de chocolate no se consideran parte de un desayuno completo y equilibrado.

Dietas para niños

Todos los programas para reducir peso son diseñados para ciertas personas: las que tienen exceso de peso o las que tienen desórdenes alimenticios. Ninguno de esos programas es para sus hijos.

A menos que el médico disponga otra cosa, la única "dieta" que sus hijos deben seguir consiste en comer los alimentos adecuados, normales y saludables. No cuente las calorías ni los gramos de grasa que contienen los alimentos que usted les da a sus hijos. Para que ellos gocen de buena salud, sencillamente manténgalos alejados de los azúcares, de las comidas rápidas (grasa), de las galguerías (dulces, galletas, etc.) y de muchas carnes procesadas (como salchichas y mortadela). Esto puede sonar imposible, pero si usted hace el esfuerzo, por lo menos logrará reducir considerablemente el consumo de esos alimentos.

Las salchichas de los perros calientes y otras carnes contienen nitratos. Malo, malo, malo. Los nitratos son pésimos. Pésimos.

Al ir creciendo sus hijos, en algunas épocas se verán gorditos y luego se adelgazarán. Eso es normal. Si a usted le preocupa que sus hijos estén muy delgados o muy pesados llévelos al médico, pero no reduzca ni suprima por completo la grasa de la dieta de su bebé. Los bebés necesitan la grasa para que su cuerpo y su cerebro se desarrollen saludablemente.

Si sus hijos tienen más de dos años usted puede empezar a reducir la grasa de su dieta. Compre leche y yogur bajos en grasa. Pero no les suprima totalmente las grasas.

Con respecto al contenido de grasa de su dieta, no caiga en la trampa en que suelen caer tantas personas. Ellas tienen la idea de que están haciendo lo correcto porque compran papas fritas bajas en grasa o helado bajo en grasa. Las papas fritas y los helados de todos modos se consideran galguerías: no hacen nada en favor de nuestro organismo. Y a los niños no les hacen falta.

Muchos de los alimentos que anuncian como bajos en grasa tienen un alto contenido de azúcar. Aquí no hay beneficio. Déles a sus hijos abundantes frutas y vegetales para que su dieta sea natural y baja en grasas. Ésta es la mejor solución al dilema de la dieta.

Refrigerios

Los organismos de sus hijos no pueden consumir lo suficiente en una sola comida como para que les dure hasta la siguiente. ¡De modo que déjelos picar! Utilice las frutas y los vegetales a la hora de picar. La palabra *picar* no tiene por qué asociarse a galguerías.

Planee darles diariamente a sus hijos tres comidas y dos o tres refrigerios. Los refrigerios son necesarios para ayudarles a equilibrar su dieta y para proporcionarles la energía que les permita aterrorizar a sus hermanos y saltar sobre las camas.

Después de los doce meses de edad, los niños suelen decidir que no quieren tres comidas al día. Algunos sólo reciben una comida y se sienten satisfechos con varios refrigerios o pequeñas comidas durante el día. No se preocupe. Eso es normal. Simplemente haga que esos refrigerios o pequeñas comidas sean sanas.

Si a usted no le atrae la idea de cocinar para un niño que sólo se va a comer dos bocados y que luego saldrá corriendo, déle pequeñas porciones del plato y refrigere el resto (aquí es donde entran en juego los recipientes de plástico que usted tiene guardados). Cuando el niño esté preparado para comer nuevamente déle el resto de la comida.

Aspectos esenciales de la alimentación infantil

Según la Sociedad Cancerológica de los Estados Unidos, en la actualidad el cáncer en ese país está creciendo a una tasa mayor dentro de la población infantil. Esto se debe, en parte, a las carnes procesadas y al nitrato de sodio, que es la substancia que le agregan a las carnes frías, a las salchichas de los perros calientes y a la mayor parte de las demás carnes procesadas.

Nos estamos convirtiendo en familias alimentadas con comida rápida, comiendo cosas con altos contenidos de grasa (la grasa mala que utilizan para hacer las papas a la francesa). Limite las hamburguesas, las papas a la francesa y las palomitas de maíz con mantequilla para las salidas a cine y empiece a ofrecerles a sus hijos frutas y vegetales en lugar de esas cosas.

Los cambios anímicos de los niños, o la tendencia a irritarse con facilidad, pueden deberse a fluctuaciones en el nivel de azúcar sanguíneo. La causa es la dieta. Los alimentos con alto contenido de carbohidratos y azúcares son una de las razones por las que todos tendemos a sentirnos mal de ánimo, cansados e irritados. Entre esos alimentos están los cereales endulzados, las galletas, las tortas y los helados (básicamente todas las cosas ricas que hacen que vivir sea un placer).

Los cambios anímicos, el mal humor o la conducta hiperactiva también pueden ser el resultado de alergias a ciertos alimentos. Este tipo de alergias no siempre se manifiestan como pequeños granos rojos en el cuerpo. Las alergias también pueden alterar el comportamiento. Por ejemplo, su hijo, que es dócil y tierno, puede comportarse bien hasta la hora del almuerzo. Pero después de comerse un sandwich de mantequilla de maní con mermelada usted podría encontrarlo trepándose por las paredes. Esta clase de conducta puede ser una reacción al pan, a la mantequilla de maní o a la mermelada. Si usted sospecha que su hijo es alérgico a

---

Cuánto sabe usted sobre los alimentos: ¿es bueno o malo?

✔ Fruta deshidratada: ¡Buena! Deshidratar significa solamente extraer el líquido. A los niños les gustan las frutas deshidratadas porque se sienten comiendo dulces, y los engañan haciéndoles creer que están comiendo algo que no deberían.

✔ Mantequilla de maní: ¡Mala! Sí, la mantequilla de maní es una buena fuente de proteína, pero cuando usted la mezcla con abundante y cremoso chocolate, anula sus beneficios.

✔ Sorbetes: ¡Buenos! ¿Se sorprende? Los sorbetes suelen hacerse combinando fruta y hielo picado en la mezcladora. También se puede agregar yogur natural. Sus hijos creerán que están tomando malteada.

✔ *Banana split*: ¡Mala! Yo sé que esto le sorprende, pues usted ha pasado toda su vida justificándose cuando come *banana split*. No importa que tenga un banano (requisito de la fruta) o que el helado se haga con leche. La mala noticia es que la *banana split* contiene mucha azúcar. Apuesto a que no lo sabía (porque usted ha suprimido la realidad de su cerebro).

algún alimento, practíquele una prueba *casera*. Retírele todos los alimentos procesados, los azúcares y todo lo que contenga colorantes. Su hijo quedará, entonces, en dieta de proteína, fruta y vegetales. Fíjese cómo reacciona. Si no parece tener ningún problema, poco a poco empiece a agregarle alimentos a su dieta, de uno en uno, para ver su reacción. Si éste le parece un proceso muy largo, entonces lleve a su hijo al médico y expóngale sus inquietudes. El médico puede ordenar una serie de exámenes para detectar alergias a ciertos alimentos.

Los niños, como los adultos, necesitan tomar agua. Inícielos con un sorbo de agua después de cada comida, mientras todavía son bebés. Esta práctica les ayuda a acostumbrarse a tomar agua y les limpia la boca (el primer paso para un buen cuidado dental). Cuando estén más grandes, mantenga cerca de ellos una botella de agua para que calmen la sed cuando lo necesiten. Ser niño es muy duro.

A los bebés que reciben alimento materno o biberón se les puede desarrollar dentro de la boca una bacteria denominada *afta,* si no les lavan la boca cada vez que terminan de comer. Esta bacteria tiene la apariencia de una mancha blanquecina, y se puede transferir al seno si usted está amamantando a su hijo (tenga cuidado porque es doloroso).

Consejos para alimentar a sus pequeños

Los niños tienen necesidades especiales a la hora de comer. Si usted no es cuidadoso, la comida puede ser no sólo una fuente de nutrición sino también un peligro para la salud y para la seguridad de sus hijos.

✔ **Alimente a su hijo con una cuchara apropiada para bebés.**

De preferencia, las recubiertas en caucho. De estas cucharas sale menos comida porque el tamaño de los bocados es más pequeño (como la boca de su bebé). El caucho que recubre estas cucharas impide que se hieran las encías de los bebés.

✔ **Déles a sus hijos la comida en pequeños bocados.**

Aproximadamente del tamaño de la uña de un dedo pulgar de quien los esté alimentando. Los niños se atoran con facilidad.

✔ **Pele algunas frutas, como las manzanas, las peras y las ciruelas.**

La piel de estas frutas se atasca en los pequeños tubos digestivos de los niños.

✔ **Corte en pequeños trozos las frutas carnosas, como las naranjas y las toronjas.**

Los niños también se atoran fácilmente con estas frutas. Vigílelos atentamente mientras se las estén comiendo.

✔ **Compre los jugos para su bebé en el departamento de alimentos para bebé del supermercado.**

Si usted prefiere utilizar el jugo enlatado o congelado que consume toda la familia, dilúyalo por mitades con agua. Darle al bebé el jugo sin diluir puede producirle diarrea, porque es más fuerte que el *jugo para bebé* que se encuentra en la sección correspondiente del supermercado.

✔ **Compre únicamente jugos que sean 100% jugo.**

Lea las etiquetas. Hay una diferencia entre los jugos de fruta que son 100% fruta y las *bebidas* de fruta (que pueden no contener jugo de ninguna clase). No compre jugos a los que les hayan agregado azúcar o fructosa.

✔ **Siente a los niños en la mesa, o en una silla alta, a la hora de comer.**

Correr por todas partes y tratar de comer al mismo tiempo aumenta las probabilidades de que los niños se atoren. Además, limitar a los niños a un solo sitio durante las comidas ayuda a mantener limpia la casa. No hay nada peor que sentarse en un asiento y descubrir que está untado de mantequilla de maní y mermelada.

✔ **Mantenga en la nevera una reserva de vegetales crudos.**

Si sus hijos empiezan a comer arvejas, zanahorias o apio crudo como refrigerio, no sabrán de lo que se están perdiendo. A menos que un niño de la vecindad los corrompa y les dé chocolates a espaldas suyas. ¡Umm! ¡Chocolate!

✔ **Limite las visitas a los restaurantes de comida rápida para las ocasiones especiales.**

Las hamburguesas y las papas a la francesa que venden tienen alto contenido de sal, de carbohidratos y de grasa mala (no la grasa buena que necesitamos para tener un organismo saludable, sino la grasa que nos *engorda)*.

✔ **Si quiere darles dulces a sus hijos, limíteles la cantidad.**

No les dé dulces duros (otra vez el cuento del riesgo de que se atoren) y evite los que contienen cafeína, como los chocolates y las gaseosas. El azúcar no es siempre la causa de la hiperactividad de los niños; es la cafeína (actualmente esto es motivo de debate, y los efectos varían de un niño a otro). También se cree que la causa de la hiperactividad infantil (y un niño hiperactivo puede parecer un potro desbocado) no es el azúcar sino la actividad que rodea al niño cuando la consume. Por ejemplo, una fiesta de cumpleaños.

Darle a un niño una Coca-Cola equivale a que un adulto tome cuatro tazas de café.

✔ **Busque alimentos infantiles que no tengan suplementos de azúcar o de sal.**

Lea las etiquetas. Algunos fabricantes de comida para bebés todavía agregan azúcar. Usted *no* debe comprar esos productos.

✔ **Lave siempre las frutas y los vegetales que compre en el supermercado.**

Los productos de los supermercados están cubiertos de pesticidas, que no son sanos ni para usted ni para sus hijos. Si es posible, compre frutas y vegetales orgánicos, los cuales se cultivan sin pesticidas. Haga su compra en la tienda de algún granjero o cultive sus propios productos (lo cual puede ser imposible para mucha gente, pero es una idea).

✔ **No les dé a sus hijos frutas cítricas ni bebidas de frutas cítricas hasta que tengan más de un año de edad.**

Los cítricos son muy ácidos para sus pequeños organismos. Sus hijos podrían reaccionar con vómito, náuseas o deposición ácida, lo cual les podría quemar la colita.

✔ **No les dé a sus hijos miel hasta después de cumplir un año de edad.**

La miel contiene una bacteria que enferma a los niños. Lea las etiquetas, en particular las del yogur. Los fabricantes de alimentos les agregan miel a sus productos como si se tratara de azúcar "buena".

✔ **No caliente siempre la comida en el horno de microondas.**

Las microondas calientan la comida de manera despareja y pueden producirles quemaduras a las pequeñas y sensibles bocas infantiles. Si usted utiliza su horno de microondas, revuelva la comida y pruébela para estar seguro de que no está demasiado caliente.

✔ **No fuerce a sus hijos a dejar "limpios" los platos.**

Forzar a los niños a que se coman todo lo que se les ha servido puede llevarlos a comer en exceso en el futuro.

✔ **No le agregue sal, azúcar o edulcorantes artificiales a la comida de sus hijos.**

Sus hijos no los necesitan y lo único que usted está haciendo es condimentar la comida de ellos al gusto suyo. Los niños están habituados al sabor natural de las comidas y no tienen el mal hábito de condimentar en exceso que tenemos los adultos... todavía.

Cómo cocina el horno de microondas (como si le importara)

Hay muchos mitos en torno a los hornos de microondas y no tenemos tiempo de enumerarlos todos aquí (aunque sería divertido). Uno de los mitos más comunes es que estos hornos cocinan la comida de adentro hacia afuera. Esto es pura mentira.

Las microondas cocinan la comida porque adoran el agua. Lo que hace el horno de microondas es "estimular" a las moléculas de agua que se encuentran dentro de lo que está en el horno. La comida se cocina porque el agua que hay en su interior se calienta. Por esta razón el café se calienta tan rápido — pero también por esa razón usted no puede hacer tostadas y el pavo se reseca. Esto explica también por qué algu-nos alimentos se calientan "por partes": un biberón de leche puede estar frío en algunas partes, e hirviente en otras.

Si usted va a calentar comida en el horno de microondas, colóquela en un recipiente apropiado y aprobado para esta clase de hornos y tápelo con alguna cubierta de plástico. Así evitará que se salga el vapor producido por la estimulación de las moléculas de agua. (Sea cauteloso al retirar la cubierta plástica, porque se podría quemar con el vapor.) Si usted se atreve a calentar un biberón en el horno de microondas, no olvide agitarlo bien antes de probarlo.

La mejor manera de enseñarles a sus hijos a comer bien es a través del ejemplo. Usted debe comer correctamente. Sus hijos merecen gozar de su compañía durante muchos años, así es que sea bueno y consuma más proteínas y más vegetales frescos y olvídese de las galguerías y de los alimentos sin ningún valor nutritivo. ¡Usted se sentirá mejor!

Su lección de hoy

Una dieta bien equilibrada es la base de una vida larga y saludable. No prive a sus hijos de esto, dándoles galguerías y comidas rápidas. Ellos merecen disfrutar de una comida bien equilibrada, por lo menos de vez en cuando.

Capítulo 11

Las alegrías y los peligros de la hora del baño

Los baños han existido durante mucho tiempo. Los antiguos romanos (que conocían el baño) inventaron los baños públicos: hombres y mujeres se bañaban juntos. El baño era el centro de la vida social de Roma y un lugar para descansar y divertirse. También, el sitio donde se podía ver desnudos a los vecinos.

Este capítulo versa sobre la hora del baño porque hay mucho que decir sobre este tema. Pregúnteles a los romanos. Ellos hicieron grandes esfuerzos para que los baños fueran sitios espléndidos, se sumergían en aceites y hacían del baño todo un acontecimiento. Las cosas no han cambiado mucho para los padres de la actualidad. El baño sigue siendo un gran evento en los hogares. Pero en lugar de pensar en aceites complicados, los padres sencillamente tratan de mantener al mínimo el número de juguetes que flotan en la bañera.

¿De verdad necesito bañarme?

La mayor parte de los niños disfrutan el baño. Cuando llegan a cierta edad (hacia los cinco años), uno sencillamente los deja tranquilos en el agua. La limpieza puede ser secundaria; lo que importa es el baño. Pero sin importar la edad, y aunque en la actualidad no sea un acontecimiento social, el baño sigue siendo un evento importante.

Sus hijos pierden peso cada vez que se bañan. — Shirley Hardin

Cómo bañar a los recién nacidos

Aunque parezca que los bebés necesitan un baño después de cada comida, no es necesario bañarlos tres o cuatro veces al día.

Los recién nacidos solamente deben recibir un baño de verdad cuando los restos del cordón umbilical se hayan caído. Hasta ese momento hay que limpiarlos con una toalla pequeña, y después bañarlos cada tercer día. Los días en que su bebé no recibe un baño completo utilice una toalla pequeña para lavarle la cara, las manos, la colita y el cuello (que, como es el sitio a donde va a parar la leche que se escurre, puede empezar a oler muy mal).

Si usted baña a su bebé con mucha frecuencia, esa suave piel que todos quisiéramos tener todavía puede resecarse.

No bañe a los niños (en especial a los recién nacidos) inmediatamente después de comer. Los movimientos podrían causarles vómito.

Cómo bañar a los recién nacidos

Los bebés recién nacidos tienen la característica de que no les gusta el baño. Les incomoda que los desvistan y que los metan en el agua. Para que su bebé se sienta un poco más seguro, haga lo siguiente:

✔ Mantenga su cuerpo lo más cerca posible de su bebé. Por este motivo es útil colocar dentro del lavaplatos de la cocina la bañera del bebé. La bañera queda al nivel suyo, de manera que usted no tiene que ser contorsionista para permanecer cerca de su bebé.

✔ Mantenga una toalla pequeña y tibia sobre

el estómago del bebé, quien sentirá que tiene puesto algo y que no está desnudo.

✔ Mantenga cálida la temperatura de la habitación donde esté bañando a su hijo. Los bebés se enfrían con facilidad.

✔ Háblele a su bebé con voz suave y cariñosa. Su voz puede ayudar a calmarlo, si está nervioso.

Por lo regular, los bebés no demoran mucho en habituarse (y en disfrutar) a la hora del baño.

Cómo bañar a los infantes

A los infantes hay que bañarlos una vez al día (o, por lo menos, una vez cada tercer día, si es imposible hacerlo todos los días). Tampoco dude en lavarles la cara y las manos con una toalla con frecuencia durante el día (al igual que después de cada comida). Ellos le reñirán cuando les esté lavando la cara, pero recuerde que usted es el jefe, de modo que ¡hágalo!

A los bebés se les considera infantes entre los tres y los doce meses. A los tres meses ya no son, en realidad, recién nacidos. Ya tienen cierta experiencia en el mundo y empiezan a mostrar su personalidad.

Cómo bañar a los niños que están empezando a caminar

Los niños que están empezando a caminar y los más grandes deben bañarse una vez al día o, por lo menos, una vez cada tercer día. Hay ocasiones en que se justifica un baño adicional, y eso está bien. Sólo cerciórese de que la cara y las manos de sus hijos estén limpias durante todo el día, aunque el resto pueda dejar un poquito que desear.

✔ Los niños se chupan los dedos y se pasan las manos sucias por la cara todo el tiempo. Si tienen mugre en las manos (o quién sabe qué cosas) y se meten un dedo en la boca o se restriegan los ojos (o, peor aún, le meten a usted un dedo en su boca), se pueden enfermar a causa de los gérmenes o se pueden llenar de parásitos.

Lo que ocurre si no mantiene limpios a sus hijos

Bañar a los niños no sirve solamente para que se vean bonitos, para que huelan delicioso y como excusa para que jueguen en el agua. Aunque el baño es muy provechoso para controlar las infecciones por hongos y la pañalitis, su principal objetivo es deshacer a los niños de los gérmenes que vuelan por ahí y de los que se quedan pegados a ellos. Pura mugre. El sencillo proceso de lavarles a los niños las manos y la cara puede ayudar a mantener a raya muchas infecciones que, de otra manera, se propagarían con facilidad.

La mayor parte de las infecciones se propagan a través de las manos; un pequeño porcentaje se propaga a través de la tos.

✔ Los niños que están empezando a caminar son particularmente buenos para contagiarles a los demás las infecciones, porque tienen la costumbre de tocar o de introducirse todo en la boca.

✔ La mayor parte de los casos de diarrea (y de hepatitis) son causados por popis (que es 50% bacterias) que queda en las manos y que luego se esparce. Lávese bien las manos después de utilizar el baño y después de cambiarle los pañales a su bebé. Fíjese en que su bebé no se ensucie las manos mientras usted le cambia los pañales.

✔ La causa más frecuente de las infecciones respiratorias es la difusión de las secreciones de la nariz, de la boca y de los ojos (como el goteo de la nariz, las infecciones de los ojos y la tos). Las manos sucias difunden esas secreciones.

✔ Objetos contaminados, como, por ejemplo, sombreros, peines y cepillos para el cabello, pueden difundir cosas tan desagradables como los piojos.

✔ Los niños suelen adquirir infecciones en los ojos cuando se los restriegan con las manos cubiertas de mugre (y puede ser mucho más del que usted piensa) o de secreciones nasales.

Un baño seguro es un baño feliz

Bañar a sus hijos puede ser una experiencia peligrosa si usted no se prepara adecuadamente. Tenga presentes los siguientes puntos cuando los vaya a bañar:

✔ La seguridad es lo primero.

✔ Tenga a mano todos los implementos que vaya a necesitar.

✔ Sostenga al bebé.

La seguridad es lo primero

Bañar a nuestros hijos es una de las verdaderas alegrías de la vida. No hay nada tan divertido como verlos en la bañera, rodeados de todos los juguetes posibles, tratando de evitar con astucia que usted les lave el cabello. Pero el baño también puede ser peligroso, y nunca se debe tomar a la ligera. Permanezca alerta siempre que esté bañando a sus hijos.

Comience con precaución

Abra primero la llave del agua fría y luego abra gradualmente la del agua caliente hasta alcanzar la temperatura que usted desea. Cuando quiera cerrarlas, cierre primero la del agua fría y luego la del agua caliente.

Revise la temperatura del agua

La temperatura del agua para el baño de su hijo debe ser un poquito más caliente que la temperatura de la habitación. Antes de empezar a bañar a su hijo, revise la temperatura del agua introduciendo una de sus manos en la bañera y moviéndola por todas partes para cerciorarse de que no haya irregularidades en la temperatura. Ésta cambia y puede producir *partes de agua caliente* en la bañera. Además, accidentalmente usted o su hijo pueden golpear una de las llaves del agua, haciendo que ésta salga más caliente o más fría.

La temperatura del agua del tanque de su casa no debe exceder los 49 grados centígrados. Si está demasiado caliente, reduzca usted mismo la temperatura o llame a un plomero para que él lo haga por una suma exorbitante.

Mantenga a sus hijos sentados

Al ir creciendo, el juego de los niños a la hora del baño se vuelve más brusco y llegan al punto en que quieren pararse para agarrar un juguete o simplemente para caminar entre la bañera. No les permita que hagan eso. Imponga la norma de que el juego suave es divertido en la bañera, pero no permita que sus hijos se paren ni caminen dentro de ella. Es muy fácil caerse y herirse en la superficie resbaladiza de la bañera. Si la superficie no es antideslizante, compre un tapete de caucho o adhesivos especiales para pegar en el piso. Hay algunos muy simpáticos que a sus hijos les fascinaría tratar de arrancar.

Observe cuidadosamente esos tapetes y esos adhesivos. Si usted nota que se están volviendo negros, retírelos, deshágase de ellos y compre otros nuevos. Ese color es moho producido por el agua que queda atrapada debajo de ellos.

Mantenga bajo el nivel del agua

Los niños siempre quieren que el nivel del agua esté alto para poder *nadar*. Eso no es necesario (y es peligroso para los bebés). Si el agua está muy alta, los niños tienen dificultades para permanecer anclados a la base de la bañera y flotan. Sí, flotan. Empiezan a flotar porque pesan menos que el agua y entonces se caen de lado. ¿Ve el peligro? Y si los niños más grandes se bañan con el agua a un nivel alto, todo lo que hacen es patalear y salpicar y volver el baño un desastre.

Nunca deje solos a los niños

Una pulgada de agua es todo lo que se requiere para que un niño se ahogue.

Usted tiene que vigilar constantemente a sus hijos. Nunca los deje solos. El comentario de los padres cuyos hijos se han ahogado es siempre el mismo: "Yo solamente dejé de vigilarlo unos pocos minutos". Un solo minuto basta.

Todos estamos programados para reaccionar cuando suena cualquier timbre. Si el teléfono suena, corremos a contestar. Si alguien llama a la puerta, corremos a abrir. Podemos hacer una de dos cosas. O bien podemos hacer caso omiso de la puerta o del teléfono, o bien podemos instalar un sistema de intercomunicación en toda la casa y llevar por donde vayamos un teléfono inalámbrico. Decida lo que decida, *nunca* salga del baño dejando solos a sus hijos allí dentro. Sáquelos del baño cuando usted tenga que salir.

No les permita tomar agua

No sé por qué razón los niños hacen eso, pero si los adultos no los supervisamos bien, ellos se toman el agua de la bañera. Como los niños tienen la costumbre de hacer pipí en la bañera, tomar esa agua es cualquier cosa menos una idea saludable.

Antes de llenar la bañera, deje correr el agua y luego introduzca a su hijo en ella antes de cerrar el grifo. Esta estrategia le da al niño unos pocos minutos para hacer pipí dentro del agua. Cuando haya terminado de hacer pipí, colóquele a la bañera el tapón. De este modo su hijo no se sentará en una bañera llena de agua con orina.

Cuando su hijo esté sentado en una bañera que se esté llenando, mantenga una mano en el chorro del agua mientras la bañera se llena. De esta manera usted será el primero en saber si se presenta un cambio brusco en la temperatura del agua.

Mantenga cerca todo lo que vaya a necesitar

Mantenga cerca todo lo que vaya a necesitar para el baño. Todos esas cosas deben estar al alcance de su mano, porque usted no debe dejar solos a sus hijos para ir a buscarlas. Antes de empezar a bañar a sus hijos, haga un rápido inventario para saber si todo lo que usted necesita está ahí.

Otra posibilidad es tener una canastilla con todo lo que se necesita para el baño. Consiga una canasta grande y llénela con todo lo necesario. Debe contener todas las cosas básicas, como las que se enumeran a continuación. De este modo, si usted decide intempestivamente bañar a su hijo en la cocina, sólo tendrá que agarrar la canastilla y proceder a bañarlo.

✔ jabón	✔ champú
✔ toallas pequeñas	✔ toallas
✔ loción	✔ polvos
✔ Vaselina	✔ bicarbonato de sodio
✔ peine o cepillo	✔ ungüento para la pañalitis
✔ termómetro para bebés	✔ acetaminofén líquido

No olvide los juguetes para que su hijo se divierta durante el baño. Entre los juguetes que son excelentes para la hora del baño están las tazas y los botes de plástico, los animales de caucho (y hasta las muñecas y los personajes de las tiras cómicas en plástico o caucho). No permita dentro del agua juguetes demasiado pequeños o con puntas filudas. Usted no querrá que la colita de su bebé se haga daño con esos objetos.

Si usted tiene que darles a sus hijos acetaminofén líquido, quizás prefiera hacerlo mientras se estén bañando. Esta droga suele ser muy pegajosa y los niños se la chorrean encima (los niños son niños). Pero si se la chorrean estando dentro de la bañera, sencillamente écheles agua. ¡Limpieza instantánea!

Si su hijo tiene fiebre, ponga dentro del agua un poquito de bicarbonato de sodio (lo suficiente como para que el agua se vea un poco turbia). El bicarbonato de sodio es un ingrediente natural que ayuda a bajar la fiebre.

Cómo se debe sostener al bebé

Cuando esté bañando a su bebé, usted debe sostenerlo siempre con una mano. El bebé puede retorcerse y darse la vuelta fácilmente, y si usted le moja la cara, puede ponerse rígido y caerse hacia atrás. Si usted no está sosteniendo bien al bebé, se podría golpear la cabeza.

Hay unas cosas maravillosas que venden y que supuestamente sirven para ayudar a sostener al bebé mientras lo bañan. Ahorre su dinero. Lo único que usted tiene que hacer es sostener muy bien a su hijo con sus brazos y sus manos.

No olvide las partes que suelen pasarse por alto

Los pliegues de la piel solamente son tiernos en los bebés. A medida que crecemos, esos pliegues pierden su encanto.

Como los bebés tienen pliegues adicionales, es necesario estirarlos y lavar la piel que se esconde en ellos. El hecho de que habitualmente no veamos esas áreas no significa que no se ensucien. Si no lavamos ni secamos esas áreas con regularidad, fácilmente se producen salpullidos. Tenga presente que esas partes corporales no son exclusivas de los bebés. Cualquiera que sea la edad de sus hijos, ellos deben seguir restregándose esas áreas como si les fueran a practicar una cirugía. Los bebés son los que habitualmente tienen esos pliegues adicionales, pero no siempre. Fíjese en su abuelita. ¡Ahí tiene a una mujer con pliegues!

La importancia de lavar los sitios secretos

Detrás de las orejas. La comida y la leche se escabullen detrás de las orejas y se fermentan. No se le ocurra adivinar cómo llegan hasta allá. El hecho es que llegan y, si usted no restriega ese sitio, se convierten en una especie de costra.

Los pies. Sí, los pies de su hijo pueden oler tan mal como los de cualquier otro miembro de su familia. A esos deditos les gusta agarrar la pelusa que dejan las medias, de modo que no olvide lavar también entre los dedos de los pies.

El pene. Estire suavemente hacia atrás los pliegues del pene y lave con agua y jabón. El esmegma (parecido a residuos de piel) se deposita alrededor del pene si éste no se lava y se seca correctamente. Este consejo es sólo para niños circuncidados. Si su hijo no lo es, lave alrededor de las áreas externas, pero no trate de estirar hacia atrás el prepucio.

La vagina. Abra los labios de la vagina y, con mucho cuidado, lave el área con agua y jabón. Recuerde que debe lavar de adelante hacia atrás para no esparcir los gérmenes. Al igual que en los niños pequeños, en las niñas pequeñas también se acumula esmegma, el cual debe limpiarse.

La colita. Aunque su bebé haya estado en la bañera durante dos horas, si usted no le lava la colita con agua y jabón (incluyendo el huequito por donde sale el popis), éste seguirá adherido a su bebé y usted terminará limpiándolo con una de sus lindas toallas.

La parte inferior de la espalda. Cuando su bebé tiene uno de esos movimientos estomacales explosivos, a veces todo termina en la espalda (el popis, como el agua, toma el camino de menor resistencia). Aunque usted haga todo lo posible por llegar a esa área cuando le cambia el pañal a su bebé, no siempre logra hacer un buen trabajo. Al fin y al cabo, es como difícil llegar hasta allá.

Áreas escondidas tras los pliegues. El primer sitio donde se presenta la pañalitis es en los pliegues de las piernas, cerca de los genitales de su bebé. Esta área suele tener muchos pliegues y se humedece y se calienta con facilidad (el caldo de cultivo para la pañalitis y para las infecciones por hongos). Abra los pliegues y lave. Los movimientos estomacales explosivos también hacen que los pañales dejen popis escondido en esos sitios.

El secado de los sitios secretos

Secar concienzudamente al bebé es tan importante como bañarlo concienzudamente. Cuando usted deja húmedo algún pliegue de la piel, se desarrollan salpullidos e infecciones por hongos. Esto, desde luego, no es una buena cosa.

Después del baño, estire los pliegues de las piernas cerca de los genitales, los del cuello, los que los bebés tienen debajo de los brazos, los de detrás de las rodillas y los que hay alrededor de las muñecas y de los tobillos. Algunos bebés son tan gordos (¡umm, como mantequilla de maní!) que parece como si tuvieran elásticos alrededor de las muñecas y de los tobillos. Esos son buenos escondites para el agua.

El baño es excelente para desobstruir la nariz. Acomode a su hijo en la bañera y viértale poco a poco agua tibia en la cabeza. Retire la secreción nasal a medida que vaya saliendo. No olvide sostener bien la espalda de su bebé. Cuando a un bebé se le echa agua en la cabeza, su reacción es echarse hacia atrás (tratando de alejarse del agua), y fácilmente puede caerse si no se le está sosteniendo bien la espalda.

Lociones, pociones y polvos

El olor de los niños es irrepetible. Cuando usted respira profunda y amorosamente, puede percibir, o bien un olor limpio y natural, o bien un olor

Placeres de la hora del baño

Esperamos que a su hijo le guste bañarse. Pero acepte esta advertencia: Que sea él, y no usted, quien está dentro de la bañera no quiere decir que usted no pueda terminar, también, enjabonado y cubierto de espuma. Le sugerimos que se ponga todo su equipo de *padre*, el cual, desde luego, es cualquier cosa que a usted no le importe que se moje. Disfrute el baño de su hijo y mantenga la cámara fotográfica a la mano. Usted no puede dejar de registrar esos momentos especiales. Además, ¡usted necesita una gran fotografía para mostrarle en el futuro al primer gran amor de su hijo!

a leche agria, a arvejas pasadas o a guante viejo de béisbol con una pizca de mantequilla de maní.

Las lociones

Los padres están prácticamente obsesionados con las lociones y con los polvos creados para que sus pequeños hijos huelan mejor, para que su piel sea más suave y para que se vean más bonitos de lo que son al natural. Las lociones y los polvos tienen un propósito, pero se deben utilizar con moderación.

El propósito de las lociones es suavizar la piel del bebé. Las únicas ocasiones en que la piel del bebé pierde suavidad es cuando se baña con mucha frecuencia o durante el invierno, cuando los calentadores extraen la humedad del aire. Si al tocar la piel de su bebé usted la siente suave, no se moleste en utilizar ninguna loción.

No les aplique lociones a sus hijos cuando el clima esté caliente, porque obstruyen los poros. Este consejo es importante más que todo para los bebés, porque ellos no sudan. Los adultos, en cambio, pueden quedar empapados en sudor, lo cual sirve para reducir la temperatura corporal. Los bebés pueden sentir todavía más calor si se les aplican lociones.

Lea el capítulo 23 para obtener más información acerca de los niños y el calor.

Los polvos

Los polvos fueron inventados para suavizar la piel y para refrescarla y también para absorber la humedad. Es conveniente utilizarlos para mantener fresco al bebé durante los días cálidos. Sin embargo, como sucede con cualquier cosa, el uso excesivo de los polvos es malo. He visto padres vaciar tarros completos de polvos en las colitas de sus hijos. No sé si lo que piensan es que los polvos absorben toda la humedad, pero es demasiado. Si usted utiliza una cantidad excesiva de polvos, éstos absorben la orina y pueden ocasionar infecciones si no se retiran completamente.

Los polvos son convenientes para la espalda, debajo de los brazos, detrás de las rodillas, el cuello y el estómago. Utilícelos con moderación y solamente si la situación lo exige. Ponga los polvos en su mano antes de aplicárselos a su bebé. Así se evita que los polvos vuelen por todas partes.

Por mucho que usted ame a su hijo, no lo empolve demasiado.

Las pociones

Los baños de espuma son una manera divertida de hacer de la hora del baño una experiencia más interesante. Sin embargo, la espuma se debe utilizar con parquedad. Usted no la debe utilizar cada vez que bañe a su hijo. Algunos niños pueden ser sensibles a los baños de espuma y pueden adquirir infecciones en la vejiga, para no mencionar el hecho de que el jabón puede resecar la delicada piel de los niños cuando se usa en exceso.

Su lección de hoy

Sea cauteloso en extremo cuando bañe a sus hijos. Como usted ha estado bañándose durante muchos años (eso esperamos) ése le parece un evento inofensivo. Sin embargo, a la hora del baño se ocultan peligros imprevistos, por lo cual usted tiene que estar muy atento.

Capítulo 12

Las alegrías y los riesgos de la hora de ir a la cama

En este capítulo

▶ El horario de sueño de los recién nacidos.

▶ Elabore un plan para la hora de acostar a los niños.

▶ Cómo se elimina un hábito de sueño que usted no ha debido iniciar.

▶ Cómo se logra que los niños permanezcan en la cama.

▶ Qué debemos hacer cuando los niños se despiertan en medio de la noche.

▶ La tan temida siesta.

▶ ¿Conviene que los niños duerman con sus padres?

Querido, el bebé se despertó y es tu turno de alzarlo. ¿Querido? Sé que no estás dormido, lo sé por la forma como estás respirando...

Son las 3:00 de la mañana y su hijo quiere jugar. ¿Y ahora qué? Lograr que los niños se acuesten y que permanezcan en la cama es el tema de muchas conversaciones entre los padres de familia. Usted ha ensayado a amarrarles las mantas. Usted ha ensayado terapias alimenticias. Usted ha leído este libro y aquél. Usted está a punto de pensar en atornillarlos a la cama. ¿Qué más queda por hacer?

En este capítulo usted encontrará normas y rituales para la hora de acostarse, consejos sobre seguridad y la verdad que encierran todos los consejos que usted ha leído o que ha recibido acerca de lo que tiene que hacer para que su hijo se vaya a la cama.

Cómo lograr que los recién nacidos se duerman

Si todos los niños durmieran con tanta facilidad y tan profundamente como los recién nacidos, nuestra vida como padres sería casi perfecta. Desde luego, la gracia es mantenerlos dormidos durante el tiempo que uno considere necesario.

No hay trucos para que los recién nacidos se duerman, porque no se necesitan. Sencillamente, alimente a su hijo y quedará listo para dormir como un lirón. O acomódelo en un asiento, en una silla del automóvil o en su sillita, y se quedará dormido con toda naturalidad. O acuéstelo cuando usted se dé cuenta de que le está dando sueño. Esto, por supuesto, no incluye a los bebés que tienen cólico. Lo único que funciona cuando un bebé tiene cólico es un milagro.

Sea cual sea el hábito o ritual que usted ponga en práctica para que su recién nacido se quede dormido, es el mismo hábito o ritual que él llegará a esperar a medida que vaya creciendo. Con esta idea en mente, no inicie ningún hábito que usted tenga que eliminar más tarde.

Inicie de la manera correcta los hábitos de sueño que tendrá su hijo durante toda su vida. Acueste a su bebé en la cama de él cuando sea hora de dormir: esto quiere decir, después de que haya comido y cuando usted vea que está empezando a adormecerse.

Al ir creciendo, su hijo irá entendiendo que estar acostado en su cama significa que es hora de dormir y usted no quedará sometido al ritual de mecerlo, de darle palmaditas en la espalda o cualquier otra cosa que usted haya hecho, creyendo que así le ayuda a conciliar el sueño.

Cuanto más grandes sean sus hijos, menos dormirán y más se revelarán sus personalidades. Entonces empezarán a ejercer su voluntad, y de ese momento en adelante reinará el desorden. Agradezca que tiene un hijo recién nacido (ellos no suelen necesitar ayuda para quedarse dormidos).

Estrategias para acostar a los niños

Hay una regla de oro para acostar a los niños, sin importar la edad que tengan: deben tener sueño. Tratar de que un niño se acueste cuando no tiene sueño es un esfuerzo infructuoso. De todos modos, es muy probable que sus hijos se rebelen a la hora de ir a la cama. (Esta afirmación no incluye a los recién nacidos, porque ellos viven para dormir.)

Los viejos hábitos no desaparecen fácilmente

Entre los hábitos que usted puede adquirir para que su bebé se duerma están: mecerlo, darle palmaditas en la espalda, poner música y sacarlo a pasear en el automóvil hasta que se queda dormido. Estos hábitos son esfuerzos sinceros que usted hace para confortar a su bebé. Quienes son padres por primera vez a-precian mucho los ratos que pueden dedicar-se a acariciar a su pequeño bebé hasta que se queda dormido en sus brazos. Hacer esto de vez en cuando es maravilloso. Pero no lo convierta en un hábito del cual su hijo puede llegar a depender para conciliar el sueño.

Antes de que usted trate de acostar a sus hijos, haga lo siguiente para ayudarles a sentir sueño:

1. Juegue con ellos (mucha actividad).

2. Ofrézcales un refrigerio (opcional).

3. Báñelos (opcional).

4. Dedíquese un rato a calmarlos.

5. Acuéstelos en sus respectivas camas, apague la luz y salga de la habitación.

La actividad

Ante todo, corra con su hijo más grandecito por toda la casa o por el patio y gatee con su bebé. Haga cosas que animen a sus hijos a correr y a gatear. Esta actividad física no sólo es buena para ellos sino que los prepara para irse a la cama. Usted está tratando de que queden agotados.

El refrigerio

Es el momento de darles a sus hijos un refrigerio. Si usted les ofrece comida antes de acostarlos, es más probable que duerman más tiempo y que no se despierten en medio de la noche pidiendo carne y papas. Éste es un paso opcional, porque algunos niños no necesitan que se les dé un refrigerio antes de acostarse. Eso está muy bien. Darles un refrigerio también sirve para iniciar el proceso de tranquilizarlos.

Entre los refrigerios adecuados para la noche están la sopa caliente y los sandwiches de queso calientes. Darles a los niños algo *substancioso* los hace sentir satisfechos y cómodos, lo cual les ayuda a conciliar el sueño.

El baño

A continuación, déles a sus hijos un baño caliente. No debe haber juegos emocionantes mientras se estén bañando. Como debe ser un rato de calma y de tranquilidad, usted no debe permitir que comience una guerra de agua que los alborotaría. El agua tibia adormece, que es precisamente lo que se busca. Agua tibia = niños soñolientos.

El rato de tranquilidad

Después de jugar, de tomar el refrigerio y de bañarse, llega el momento de la tranquilidad. Sus hijos ya están agotados. Ahora usted tiene que hacerles saber que ellos están realmente cansados y que desean irse a la cama. Durante todo este período nocturno de preparación, apague el televisor, ponga música suave (o no ponga ninguna) y léales un buen libro. Cuando ellos sean lo suficientemente mayores como para empezar a prestarle atención a la televisión, empezarán a verla y a interesarse en lo que está ocurriendo. Si hay una película de acción, de las tortugas Ninja o de cualquier otra cosa, sus hijos podrían emocionarse y empezar a imitar todo lo que están haciendo los personajes de la película. De nuevo, esta actividad desvirtúa su intención de calmar a sus hijos para luego llevarlos a acostar.

Siéntese con sus hijos y léales un cuento. Si ellos son muy jóvenes para sentarse a escuchar, sencillamente mire con ellos el libro y muéstreles los dibujos o invente su propia historia a medida que vaya avanzando. Sus hijos se divertirán señalando lo que vayan viendo en el libro, como un árbol o un perro.

Es importante que les dé a sus hijos tiempo suficiente para que se calmen. Este rato depende de ellos. Algunos requieren solamente 15 minutos. Otros pueden necesitar una hora. Por esta razón usted debe aprovechar el refrigerio y el baño para que sus hijos se calmen.

El momento de irse a la cama

Cuando usted ya haya terminado de preparar a sus hijos para irse a dormir, métalos en sus camas, déles el beso de las buenas noches, apague la luz *y salga de la habitación.* Así de sencillo.

¿No lo cree?

Acostar a sus hijos debe ser así de fácil, aunque no lo sea para muchos padres. Los problemas del sueño empiezan con los malos hábitos que los padres adquieren cuando sus hijos están recién nacidos. Éstos son hábitos que *usted* inicia y de los cuales sus hijos dependen después. Por ejemplo, se presentan problemas de sueño cuando los padres deciden que ya no quieren seguir meciendo a su hijo de dos años para que se quede dormido, y el mismo niño de dos años dice: "Oye, ¿qué crees que estás haciendo? Ni te imagines que vas a librarte de mecerme. A mí me gusta".

No da buenos resultados que usted acueste a sus hijos sólo porque usted está exhausto. Son ellos los que tienen que estar cansados.

Por alguna razón, los niños creen que después de que los acostamos en sus camas sucede toda clase de cosas divertidas y entonces quieren levantarse y participar. Se imaginan que cuando ellos ya están dormidos nosotros abrimos las cajas de galletas y de golosinas, corremos por toda la casa y brincamos sobre las camas (todas esas cosas divertidas que no les permitimos hacer a ellos).

Cuando sus hijos ya estén habituados a su ritual nocturno, se quedarán dormidos más fácilmente que si usted los ha dejado brincar, jugar, comer dulces y llenarse la cabeza con escenas de películas de acción y de aventuras. Usted debe cumplir ese ritual todas las noches. No se sienta mal si se da cuenta de que se hizo tarde para bañarlos o para leerles un cuento. Probablemente usted hizo, de todos modos, algo diferente para llenar ese rato. Pero trate de ceñirse a su programa tanto como le sea posible.

"Ya establecí un hábito inconveniente. ¿Ahora qué debo hacer?"

Famosos expertos en pautas de crianza les han dado consejos a los padres acerca de cómo lograr que los hijos se acuesten (entre los que están dejarlos llorar, no prestarles atención, cerrar la puerta y mantenerla cerrada para que los niños no se puedan escapar de su habitación. Lo juro: no estoy inventando esto). No puedo decir que esté de acuerdo con estos métodos. Nunca he sido partidaria de no prestarles atención a los hijos.

Si sus hijos ya se han acostumbrado a irse a la cama mediante algún ritual, ha llegado el momento de empezar a hacer algunos cambios.

Siga las reglas de la sección anterior, "Estrategias para acostar a los niños", para preparar a sus niños para ir a la cama. Luego, cuando sea el momento de acostarlos, déles el beso de las buenas noches y salga de la habitación. Es posible que protesten durante un rato, aunque eso no siempre sucede.

Esto es importante: *escuche cuidadosamente*. ¿Están sus hijos protestando (gimiendo, lloriqueando) o están gritando como si los estuvieran matando? Son dos cosas diferentes. Quédese por fuera del dormitorio y escuche la alharaca. Es posible que dejen de hacerla después de pocos minutos. Esa conducta sólo significa que sus hijos realmente no están contentos con la situación, pero que pueden vivir con ella. En cambio, dar alaridos como si los estuvieran degollando significa que usted debe entrar y ver qué está ocurriendo.

Imagínese que su hijo está gritando a todo pulmón. Entre en su habitación, consuélelo y vuelva a salir. (Consolar significa volver a acostar al niño y acariciarle la cabeza durante unos pocos minutos. No lo alce, porque, cuando lo vuelva a acostar, estará *verdaderamente* furioso.) Espere un poco más antes de entrar en el dormitorio del niño la próxima vez. Demórese cada vez un poquito más antes de entrar.

Para que su hijo pueda prescindir del ritual que usted ha establecido, es posible que usted tenga que dedicarse un tiempo a combinar ese ritual con la salida del dormitorio mientras el niño todavía esté despierto. Por ejemplo, si usted ha establecido el hábito de darle palmaditas en la espalda mientras se queda dormido, reduzca gradualmente el tiempo que le dedica a esa actividad. Prepárese para volver a entrar en la habitación de su hijo y para darle unas cuantas palmaditas más en la espalda si él

Cómo podemos ayudar a eliminar un mal hábito

Le dedicamos el tiempo necesario a ayudarles a nuestros hijos a dejar el pecho, a dejar el biberón y a dejar los pañales. Pienso que podríamos ser lo suficientemente compasivos como para ayudarles también a dejar cualquier mal hábito relacionado con el sueño que nosotros mismos hayamos creado. No veo la necesidad de batir un récord mundial haciendo que nuestros hijos se duerman por sí solos en cuestión de pocos días.

Yo le dedicaría más tiempo a ayudarles a mis

hijos a abandonar ese tipo de hábito y a que aprendan a dormirse solos, en lugar de quedarme afuera llorando y oyéndolos llorar a ellos durante 45 minutos.

¿Y qué ocurre si un niño se acuesta sin problema, pero se despierta a las 3:00 A.M. *todas las noches?* Lea la sección "¡Se está despertando, se está despertando!", al final de este capítulo.

llora, pero vuelva a salir a los pocos minutos. Aumente poco a poco la cantidad de tiempo que usted permanece por fuera del dormitorio de su hijo y reduzca la cantidad de tiempo que permanece adentro. Su hijo no puede perder ese hábito de la noche a la mañana. Usted ha creado una costumbre que a su hijo le gusta y no se va a deshacer de ella fácilmente.

Dejar que los niños lloren hasta que se quedan dormidos no es necesariamente malo. Ellos comienzan a llorar y, poco a poco, van aumentando la intensidad hasta que empiezan a dar alaridos. Ayúdele a su hijo a que se deshaga gradualmente del hábito del cual usted le enseñó a depender para poder dormirse.

La hora de acostarse

Los bebés se adaptan muy bien a los horarios. Esté dispuesto a hacer cambios en esos horarios. Al ir creciendo los niños, sus siestas se acortan pero duermen más tiempo por la noche. Básicamente, y por mucho que nos disguste, nuestros hijos crecen. Se están dirigiendo hacia el día en que ya no necesitan dormir siesta.

Es más fácil que sus hijos mayorcitos se acuesten cuando tienen un horario establecido. Como esos horarios cambian poco a poco con el transcurso del tiempo, usted tendrá que ser consciente y sensible a esos cambios a medida que se vayan presentando.

Establezca una hora para que sus hijos se vayan a la cama. Recuerde que ésta es la hora de ir a la cama *de sus hijos*. Es cuando ellos se comportan como si necesitaran irse a dormir. No es cuando *a usted* le gustaría que ellos se fueran a dormir. Éstos suelen ser dos momentos diferentes. Tampoco es cuando usted piensa que sus hijos debieran irse a la cama, porque es la hora en que usted se iba a dormir cuando era niño. Sus hijos se rigen por sus propios relojes. Y si usted tiene más de un hijo, tome consciencia de que cada uno puede tener su propio momento para irse a dormir, dependiendo de la edad.

Usted tiene que observar cuidadosamente a sus hijos para determinar cuáles son sus necesidades. Debe prestarles atención a la duración de sus siestas y al número de horas que duermen por la noche para poder predecir con más facilidad cuándo necesitan sus hijos irse a acostar.

Si usted advierte que sus hijos no se quieren ir a acostar antes de la media noche, usted podría ajustar sus horarios. Reduzca la siesta o despiértelos en la mañana, en lugar de dejarlos dormir hasta tarde. O quizás usted tenga que combinar estas dos estrategias. Hacer esto ayuda a que se ajusten los hábitos de sueño de sus hijos y a que sean más razonables.

Síndrome de la muerte infantil súbita

Desde su nacimiento hasta que cumplen el primer año, los bebés pueden ser víctimas del síndrome de la muerte infantil súbita: Es la muerte súbita de un bebé sin causa aparente y sin que haya sufrido ninguna enfermedad grave. También se denomina síndrome de la muerte en la cuna, porque ocurre cuando el bebé está dormido.

Este síndrome se presenta más entre los varones, entre los niños con bajo peso al nacer y entre los bebés prematuros.

Es de vital importancia acostar al niño en su cama de manera correcta. Éstas son algunas pautas:

✔ Acueste al niño de medio lado. No lo coloque sobre la espalda ni sobre el estómago. Actualmente se cree que la causa del síndrome de la muerte infantil súbita es que los bebés que duermen boca abajo respiran su propio aire y se sofocan (aunque los médicos no están seguros acerca de cuál es la causa). Otra teoría acerca de su causa es que la temperatura de los bebés aumenta mucho cuando están acostados sobre su estómago. Como sus organismos reaccionan excesivamente por la alta temperatura, sus sistemas se bloquean y los bebés dejan de respirar. Cualquiera que sea la causa, todos los médicos están de acuerdo en que el síndrome de la muerte infantil súbita se relaciona con el hecho de que los bebés duermen sobre su estómago.

✔ No coloque en la cuna de su bebé ropa de cama innecesaria, como pieles, cojines o edredones gruesos. No olvide que la temperatura de su bebé podría elevarse demasiado o que podría quedar atrapado y sofocarse. La ropa de la cuna de su hijo debe ser sencilla. Todo lo que se necesita es una sábana, protectores acolchados para las barandas y una manta gruesa de algodón.

✔ No arrope demasiado a su bebé. Las ropa de dormir debe ser sencilla y sin adornos. Usted no debe correr el riesgo de que la temperatura de su bebé se eleve demasiado.

Si usted acuesta a su bebé sobre la espalda, él podría devolver la comida y ahogarse. Los recién nacidos no pueden voltearse para vomitar, por lo cual se atoran y hasta pueden llegar a morir. Para que su bebé se sostenga de medio lado, enrolle dos mantas o dos toallas y coloque una adelante y otra detrás del niño. Esto impide que el bebé se caiga hacia atrás o hacia adelante.

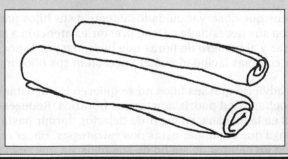

Cuando todo lo demás falla

Acostar a sus hijos en la cama cada noche y lograr que se queden allí no siempre será tarea fácil. Si todas las noches hay una especie de lucha, revise su ritual nocturno y analice si usted o sus hijos están haciendo algo que dificulte aún más el momento de ir a la cama.

✔ **¿Están sus hijos realmente cansados o usted cree que ellos deben irse a acostar?**

Hay una gran diferencia. Quizás llegó el momento de cambiar la hora en que sus hijos deben irse a dormir. Es posible que usted los esté acostando muy temprano.

✔ **¿Están comiendo muchos dulces antes de irse a la cama?**

Piense dos veces antes de darles a sus hijos helado, galletas, torta, gelatina y gaseosas. En lugar de un plato de helado, déles un plato de sopa. O ¿serán alérgicos a algo que están comiendo y que les está causando hiperactividad?

✔ **¿Están recibiendo mucha estimulación poco antes de irse a la cama?**

Si usted y sus hijos tienen una riña, pero abruptamente usted se detiene y les dice: "Bien, ahora a la cama", es posible que ellos estén muy nerviosos como para obedecerlo. La televisión también puede estimular demasiado a los niños. Antes de acostarlos debe dedicar un rato a que todos se tranquilicen y se serenen.

✔ **¿Hay mucho ruido por fuera del dormitorio?**

Por mucho que usted se esfuerce por andar de puntillas, algunos niños son muy sensibles al ruido.

✔ **¿Tiene su hijo algún temor sobre el cual no le gusta hablar?**

Quizás usted no ha debido mencionar el temor que sentía por el monstruo del armario cuando era niño. Ése puede ser ahora el mayor temor de su hijo.

✔ **¿Cuál es la temperatura del dormitorio?**

A los niños se les dificulta más conciliar el sueño cuando no se sienten cómodos. Igual nos sucede a los adultos.

Lea la sección "Estrategias para acostar a los niños", que se encuentra al principio de este capítulo. Esa sección trata acerca del ritual nocturno que prepara a los niños para irse a dormir.

"¡Se está despertando, se está despertando!"

Muchas veces parece que los niños estuvieran despiertos, cuando, en realidad, no lo están del todo. No se deje vencer por la tentación de correr a consentirlos, porque lo único que lograría sería despertarlos. Ellos solos se vuelven a dormir.

Párese afuera del dormitorio y solamente mire qué está ocurriendo. Si todavía los niños están en la cama, todo está bien. Pero si están por fuera de la cama llorando, eso significa otra cosa.

Si uno de sus hijos se levanta, sale de su dormitorio, entra al suyo y le da una palmadita en el hombro, usted sabrá que definitivamente está despierto. En ese caso la clave es ser persistente. No caiga en la tentación de levantarse y jugar (recuerde que eso sería iniciar un mal hábito). Llévelo al baño, déle algo de beber y luego llévelo a su cama. Si vuelve a levantarse, vuélvalo a acostar. No ceda, por cansado que usted esté. Su hijo tiene que aprender que las 3:00 de la mañana no es hora de levantarse y de ver televisión. Es hora de estar dormido.

Puede haber llanto y lamentos durante varias noches, pero esta situación pronto acabará. Recuerde el capítulo 3, "Cómo es un padre consecuente". Ésta es una de aquellas ocasiones en que usted tiene que ser firme y llevar a su hijo de regreso a la cama. Pero no se preocupe. En algún momento su hijo dejará de hacerlo. Es decir, ¿cuántos jóvenes de 17 años conoce usted que todavía se levantan por la noche para que sus padres los lleven al baño y les den un sorbo de agua?

✔ Si su hijo suele despertarse y solamente quiere tomar algo, deje un vaso de agua al lado de su cama.

✔ Cuando sus hijos se despierten, trate de no alzarlos y de no hacerlos caminar. Esto les da la falsa esperanza de que van a levantarse y a jugar durante un rato (y usted sabe que no es verdad). Además, alzarlos y permitir que caminen los despierta más. Usted no quiere que sus hijos pasen de un soñoliento "Tengo sed", a un "¡Ahora estoy totalmente despierto y quiero que juguemos!"

✔ Puede ser conveniente revisar el pañal del bebé si éste se despierta sin que haya una razón clara. Trate de hacerlo sin exponer toda su colita al frío de la noche. Esto podría terminar de despertar a su bebé.

La siesta (eso que los adultos añoran tanto)

Sus hijos querrán tomar desde una hasta varias siestas al día. Realmente depende de cada niño. Algunos son dormilones y algunos no lo son. Los recién nacidos duermen todo el tiempo. Cuando sus hijos tengan tres o cuatro años, quizás sólo tomarán una siesta al día o sencillamente se recostarán para descansar con un libro. Algunos niños duermen la siesta hasta que tienen cinco o seis años. Otros empiezan a rebelarse contra la siesta a los dos años. Usted tendrá que determinar cuáles son las necesidades de sus hijos a medida que vayan creciendo.

Horarios

Desde que son bebés hasta que empiezan a caminar, los niños suelen tomar una siesta en la mañana y otra en la tarde. El horario cambia de un niño a otro.

No se preocupe por la cantidad de tiempo que sus hijos pasen durmiendo. Ellos duermen tanto como necesitan. Sin embargo, si las siestas de la tarde se están volviendo cada vez más largas y sus hijos se están acostando cada vez más tarde por la noche, quizás convenga comenzar a despertarlos cuando estén tomando la siesta de la tarde. Usted no querrá tener que estar levantado hasta la media noche porque la siesta de sus hijos se prolongó y ahora no están cansados.

Trate de que sus hijos tengan un horario para sus siestas. Sus hijos se dormirán más fácilmente si saben que la siesta viene después del almuerzo y de un cuento.

¡No quiero dormir la siesta!

Si sus hijos no quieren dormir una siesta, tenga en cuenta lo siguiente:

✔ **¿Los preparó para la siesta?**

Esto quiere decir actividades tranquilas. ¿O los sacó del trampolín para llevarlos directamente a la cama?

✔ **¿Se fijó si el pañal está sucio?**

✔ **¿Es la habitación adecuada para dormir una siesta?**

Adecúe la habitación para que sea tranquila, sin luces brillantes ni montones de juguetes sobre la cama y no muy caliente ni muy fría.

> ✔ **¿Es hora de la siesta?**
>
> Si no lo es, ¿han mostrado sus hijos señales de que necesitan una siesta, como estar de mal humor, restregarse los ojos y lloriquear? Tal vez estuvieron muy activos y están demasiado nerviosos para tomar una siesta. Usted tendrá que dedicarse a tranquilizarlos para que puedan descansar.
>
> ✔ **¿Están sus hijos ya muy grandes para dormir la siesta?**
>
> Quizás sus hijos están llegando a la edad (la cual varía de un niño a otro) en que ya no duermen, pero siguen necesitando recostarse con un libro para descansar.

Uno sabe que se ha convertido en adulto cuando espera que llegue el momento de la siesta. — Dan Gookin

¿Conviene que duerman juntos padres e hijos?

Se habla mucho acerca de la conveniencia de que los padres y los hijos duerman juntos. Se ha dicho todo, desde "Uf, ¡qué gran idea!" hasta "Eso es indecoroso". Esta sección expone las ventajas y las desventajas de que los hijos duerman en la cama de sus padres y lo que se puede hacer para que padres e hijos lleguen a un acuerdo satisfactorio para todos.

Ventajas

Los partidarios de dormir con los hijos opinan que es una excelente oportunidad para fortalecer los vínculos familiares y para pasar tiempo con los hijos. Les fascina la idea de abrazar y de consentir a sus hijos. Las mamás comparten la idea de que se facilita el amamantamiento y de que pueden reaccionar con más rapidez a cualquier necesidad de su bebé. Algunas incluso piensan que sus bebés duermen más tiempo y más profundamente cuando sienten cerca a su madre. Además, los padres han dormido con sus bebés durante miles de años.

Desventajas

Las personas que no son partidarias de dormir con sus hijos piensan que, para comenzar, es un mal hábito. Dormir juntos impide que los niños y los padres duerman bien (desde luego, en este punto hay opiniones diferentes). Los niños necesitan aprender a ser independientes, y tener su propia cama es el primer paso hacia esa independencia. Además, dormir con los hijos les dificulta a los padres encontrar tiempo para la *intimidad* que necesitan (si es que usted sabe lo que quiero decir).

Los padres también deben tener mucho cuidado para no voltearse en la cama sobre el bebé o sobre un hijo pequeño, o deben colocar almohadones y edredones para protegerlos.

Siempre llega el momento cuando es necesario dar por terminada la costumbre de dormir todos juntos o ¿acaso sus cuatro hijos adolescentes duermen todavía con usted? Es muy difícil eliminar una conducta que se ha vuelto costumbre. ¿Cómo les dice a sus hijos que ya no pueden dormir con usted, sin que se sientan rechazados?

Un acuerdo satisfactorio para todos

Como sucede con casi todas las situaciones propias de la crianza de los hijos, siempre hay lugar para dirimir las distintas opiniones. La situación de la cama compartida con los hijos no requiere necesariamente una serie de normas estrictas que, o bien se siguen, o bien no se siguen. Algunos puntos sobre los que vale la pena pensar son los siguientes:

✔ Las mujeres que están amamantando a su hijo no tienen que levantarse varias veces por la noche para alimentarlo, pues el bebé ya está en su cama. Todo es más fácil y más rápido cuando el bebé está tan cerca.

✔ A medida que el bebé empiece a dormir más, colóquelo en una cunita cerca su cama para que usted lo pueda alzar con facilidad y sin tener que ir lejos. Acuéstelo en su cama al lado suyo, amamántelo y, cuando termine, vuelva a acostarlo en su cunita. Si usted se queda dormida y el bebé termina quedándose en la cama con usted varias horas, no se preocupe. A la larga, él pasará la mayor parte del tiempo en su propia cama y usted podrá dormir más profundamente.

✔ Usted siempre puede recibir a sus hijos más grandes en su cama cuando no se sientan bien y cuando estén teniendo dificultades para conciliar el sueño. Deje que se queden dormidos a su lado, pero luego llévelos a sus propias camas. Esta estrategia es particularmente útil con los niños que comparten el dormitorio. Si ellos no se pueden dormir, podrían despertar a sus hermanos.

✔ Usted también puede llevar a sus hijos a su cama cuando ellos se despierten demasiado temprano y usted quiera que duerman unos cuantos minutos más. A veces esto funciona, pero en algunas ocasiones todo se reduce a que se quedan en la cama jugueteando (y unos pequeños deditos se le meten a usted en los oídos y en la nariz).

✔ Y, por supuesto, todos son bienvenidos a su cama (incluyendo a las abuelitas, a los abuelitos, a las tías y a los tíos) a la hora de ver *La bella y la bestia* o *Aladínn* por milésima vez.

Su lección de hoy

Hacer que los niños se acuesten y se queden en sus camas es un proceso que toma tiempo y que, en algunas ocasiones, también exige imaginación. No se sienta frustrado y, definitivamente, no espere milagros de la noche a la mañana. Modificar un hábito, o iniciar uno nuevo, requiere paciencia.

Parte III
El manejo de los bebés

La 5ª ola

por Rich Tennant

En esta parte...

*E*sta sección está dedicada a esas suaves, tiernas, deliciosa-mente olorosas y preciosas maquinitas de producir vómi-to, saliva y popis, con que la vida nos ha bendecido. Llamémos-las *bebés* para mayor facilidad.

Los bebés tienen talentos asombrosos. Son capaces de desper-tar en medio de la noche a personas que ni un terremoto haría rebullir. Pueden hacer que un enorme perro de 300 libras lla-mado *Tiny* se siente con ellos en el suelo y juegue con bloques de madera. Los bebés pueden sorprender, confundir, entrete-ner e inspirar. Y, al igual que una estrella de cine que ha recibi-do numerosos premios de la Academia, los bebés tienen sus propias y especiales necesidades que se deben atender.

Capítulo 13

Cómo se debe alzar y tratar a los bebés

En este capítulo

▶ El bebé malcriado.

▶ Cómo se debe mimar a los recién nacidos y a los infantes.

▶ Cómo se debe alzar a los bebés más grandes.

▶ La etapa en que el niño no se deja alzar.

---

*E*ste capítulo trata acerca de la manera en que usted debe alzar y mimar a sus hijos. Como los niños les parecen tan flexibles, los padres olvidan que sus pequeñas articulaciones son sensibles y que los hombros y los codos se pueden dislocar fácilmente si no tienen cuidado. Hay maneras adecuadas de alzar algo pequeño, primoroso y que se mueve rápidamente entre sus brazos.

No voy a entrar en detalles acerca de cómo se deben alzar los bebés. No es muy diferente de levantar una bolsa de azúcar. Hay unas pocas excepciones. Las bolsas de azúcar son un poquito más compactas y nada se tambalea ni se desgonza.

¿Es posible malcriar a un bebé por alzarlo mucho?

La creencia de la vieja escuela era que los bebés se volvían caprichosos si los alzaban mucho. Pero eso, sencillamente, no es verdad. La única manera en que se puede malcriar a un niño de cualquier edad es ceder a su llanto o a sus pataletas. A veces está bien hacer concesiones con los hijos. Al fin y al cabo, no es divertido no conseguir nunca lo que uno desea. (Pero hay una clara diferencia entre hacer una concesión y permitir que sus hijos lloriqueen, pateen y lloren hasta tal punto que usted cede con tal de que se calmen.)

Así, pues, ¿qué sucede cuando usted alza a su bebé todo el tiempo? Por una parte, se fortalecen los músculos de sus brazos y de su espalda. Por otra parte, su bebé siente su calor y su amor. Los bebés se pueden acostumbrar a que los alcen y pueden desearlo muchísimo, pero al ir creciendo empiezan a querer salir para explorar el mundo que los rodea.

De manera que, como usted no estará amarrado a su hijo durante toda la vida, nunca busque excusas para no alzarlo.

No hay nada tan dulce como mimar a un bebé. — Debra Coppernoll

✔ Los bebés necesitan que los alcen, que los acaricien y que los mimen. Eso es conveniente para su desarrollo y los hace sentir seguros.

✔ Realmente no es justo que limitemos el número de veces que alzamos a los bebés. Todos los niños necesitan que los alcen. (Esto no quiere decir que usted tenga que alzar a su hijo de 13 kilos.) Aunque sus hijos ya sean muy grandes para alzarlos, nada debe impedir que usted los mime mientras leen juntos un libro.

✔ Los bebés que se alzan más suelen llorar menos.

La alegría de mimar a los recién nacidos y a los infantes

Hay algo especial que usted debe recordar acerca de los recién nacidos y de los infantes: su falta de control muscular. Cuando alce o sostenga a un recién nacido o a un infante, coloque siempre un brazo o una mano detrás del cuello del niño. Nunca, nunca alce a un niño sujetándolo por los brazos. Le puede hacer daño, porque sus pequeños brazos y codos se pueden dislocar.

La manera correcta de alzar a un recién nacido es acunarlo en los brazos o sostenerlo erguido, el pecho del bebé contra el pecho suyo. Recuerde que debe mantener una mano en la parte posterior de la cabeza del bebé, porque podría desgonzarse si usted no se la está sosteniendo.

No trate de alzar a un recién nacido con una sola mano. Eso funciona bien con los bebés más grandes, pero los recién nacidos son muy fláccidos y es imposible sostenerlos adecuadamente con una sola mano.

¡ADVERTENCIA!

Los golpes con la cabeza

Atención a los golpes que los bebés dan con la cabeza. Al ir adquiriendo control sobre los músculos de su cabeza, los bebés empiezan a mirar alrededor y a utilizar esos músculos. Luego, de manera súbita y sin advertencia alguna, los músculos se cansan y esa preciosa cabecita se convierte en un arma que se dispara contra usted a una velocidad increíble. Ese contacto les hace daño tanto a usted como a su bebé. Manténgase atento a los movimientos de esa cabecita y prepárese para sostenerla cuando pierda el control.

Cómo alzar a los bebés más grandes (la etapa en que es más fácil hacerlo)

A medida que el bebé crece y que sus músculos se desarrollan, va adquiriendo más control de su cabeza, la cual adquiere firmeza y deja de bambolearse. Pero, de todos modos, hay algunas precauciones que usted debe recordar:

✔ No lance nunca a un bebé al aire. A usted eso le puede parecer divertido, pero siempre existen riesgos, como, por ejemplo, que el bebé se caiga o que usted lo reciba mal y se haga daño.

✔ No jale a los bebés por los brazos porque se les pueden dislocar los hombros y los codos. Los bebés siempre se deben alzar sujetándolos por debajo de los brazos o colocando una mano detrás del cuello y el otro brazo en la parte baja de la espalda.

Cómo tratar al niño cuando está haciendo pataleta

Los niños que están empezando a caminar son los más difíciles de alzar, en especial cuando no quieren. Se retuercen y empujan contra el pecho de la persona que los está tratando de alzar, con objeto de que los suelten. Estos niños arquean la espalda, sin importarles, desde luego, que se puedan caer *de cabeza*. Cuando un niño no quiere que lo alcen, nada lo detiene.

Si tratar de mantener alzado a un niño que está oponiendo resistencia es una hazaña, trate de alzar a uno que no quiera que lo alcen: se tira al suelo y, por alguna razón, es imposible echarle mano. Además, levanta los brazos y se deja caer al suelo. En los cursos de autodefensa enseñan esta técnica para escapar de los asaltantes. No tengo idea cómo aprenden los niños todo esto. Seguramente se escabullen por la noche y ven las películas de Bruce Lee.

Aunque a los niños les gusta comportarse como si fueran muñecos de trapo, usted no debe caer en la tentación de arrastrarlos por los brazos. Eso les puede dislocar los hombros y los codos, los cuales son muy delicados.

Evite jugar con brusquedad con un niño porque esta clase de actividad puede terminar en un accidente. Entre los juegos bruscos están lanzar al niño al aire y balancearlo sujetándolo por los tobillos. Incluso el conocido juego del "avión" puede ser peligroso: no sólo se ejerce una fuerte tensión en las articulaciones de los hombros y de las caderas, sino que usted se puede caer y resultar lastimado al lanzar al niño a un vuelo suborbital que haría enojar a la Fuerza Aérea.

Su lección de hoy

El hecho de que sus hijos parezcan pequeños talegos de azúcar no significa que se puedan zangolotear como si lo fueran.

Capítulo 14

El tema de los pañales

En este capítulo

▶ Hablemos del popis.

▶ La pañalitis.

▶ El manejo de los pañales engorrosos.

▶ Pañales de tela y pañales desechables.

Este capítulo no es muy limpio. Contiene palabras como popis, mal olor, diarrea y otras cosas que pueden ofender al lector políticamente correcto. Sin embargo, éstas son las palabras que usted utiliza. Palabras como movimiento intestinal, materia fecal y *desafío odorífero* pueden ser apropiadas para otros libros, pero no son las que su hijo empleará cuando tenga que comunicarle a gritos lo que ha ocurrido para que usted tome cartas en el asunto. Su hijo dirá *popis* o alguna otra palabra no muy delicada para expresar el lío en que está metido. Y al niño no le importará si tiene que hacer ese anuncio en pleno funeral de la tía Melba.

Acostúmbrese a ese vocabulario. Acostúmbrese a hablar acerca de las funciones corporales, a examinar los pañales sucios, a comparar y a contrastar. Todo eso hace parte de la labor de los padres, y después de un tiempo dejará de parecerle tan vulgar, aunque durante algunos años deje de gustarle el aguacate.

Acostúmbrese a hablar del popis

A su pediatra le interesa mucho el popis de sus hijos. Ese examen sirve para evaluar si el sistema de eliminación de sus hijos está funcionando de manera correcta, lo cual, a su vez, es un reflejo de su salud general. Su médico querrá saber cuántas veces al día sus hijos hacen pis y popis y qué apariencia tienen (durante el primer año, más o menos).

Como padre, usted se familiarizará con lo que es normal para sus hijos y con lo que no es normal para ellos. Usted aprenderá a reconocer cuándo hay diarrea y cuándo todo va bien. Lo importante es que usted note cuando haya cambios drásticos en el número de veces que sus hijos hacen pis y popis al día, porque esos cambios podrían ser señales de alerta de que algo malo está ocurriendo.

El popis de los recién nacidos es color negro alquitrán. Luego cambia al color de la mostaza y posteriormente se ve como una masilla café oscura. Los bebés hacen popis entre una y varias veces al día. Como los adultos, cada bebé es diferente y sus horarios para estas funciones corporales también son distintos.

Cómo se crea una estación de cambio de pañales

Cámbiele los pañales a su bebé en un sitio firme y seguro. De hecho, yo recomiendo crear un área permanente para cambiar pañales, la cual debe estar equipada con todo lo que se necesita tener a la mano. Cerciórese de que la mesa (o lo que sea) resista la fuerza de un terremoto de 7.7 grados que, coincidencialmente, es la fuerza que ejercen los niños que no quieren que les cambien el pañal.

Las mesas especiales para mudar a los bebés son útiles, pero se tambalean y no suele haber cerca un grifo de agua. Si usted no quiere gastar dinero, utilice el mesón de su baño (si es lo suficientemente largo). Guarde en otra parte el maquillaje, las colonias y todo lo que haya encima. No conviene dejar al alcance del niño cosas que él pueda agarrar y llevarse a la boca.

Coloque una toalla limpia que haga las veces de cojín y reserve uno de los cajones que estén más cerca para guardar los pañales, los pañitos húmedos, el ungüento, etc. No olvide incluir algunos juguetes para que su bebé se entretenga mientras usted le cambia el pañal. Es muy práctico colgar móviles encima de la estación de cambio de pañales.

El mesón del lavamanos es una excelente alternativa para las mesas especiales de cambiar pañales. Tiene, por lo menos, una pared que ayuda mucho para que su bebé no se caiga y además un lavamanos para lavarle la colita cuando esté realmente sucia y los pañitos húmedos no sirvan de nada.

✔ Si usted quiere ser verdaderamente cuidadoso, compre sujetadores y agarraderas laterales para que el mesón de su baño se convierta en una verdadera mesa de cambiar pañales.

✔ Cuando su hijo esté sobre la mesa de cambiar pañales, piense que está en el mar o en un salón lleno de párvulos: nunca le dé la espalda y deje siempre una mano puesta sobre el niño.

Cómo se cambia un pañal, paso a paso

Cambiar un pañal no es como una cirugía de cerebro, pero tiene similitudes. Los dos son procedimientos delicados, pues comprometen partes corporales sensibles (la diferencia es que cada uno interviene en un extremo opuesto del cuerpo). Los dos procedimientos pueden ser bastante engorrosos, ambos requieren herramientas y equipo especial y sería agradable utilizar máscara en ambos casos (aunque a la hora de cambiar un pañal únicamente suele haber el tiempo necesario para ir directo al grano). La única diferencia que yo veo es que a los cirujanos les pagan mucho dinero y a los padres no y que, cuando termina su intervención, el cirujano no tiene que regresar para volver a hacer lo mismo una, y otra, y otra vez.

Cómo se le cambian los pañales sucios al bebé

Los cirujanos del cerebro tienen una lista muy parecida a ésta. De verdad. Ellos llevan consigo la lista cuando van a operar a sus pacientes. Pero, por supuesto, sus herramientas y sus preparativos son un poquito distintos.

1. Desempaque el pañal nuevo y ábralo. Coloque sobre el pañal limpio al bebé (que tiene colocado el pañal usado).

2. Suelte el pañal usado. Si el bebé es un niño, ábralo solamente un poquito al principio, porque el aire hace que el bebé sienta deseos de hacer pis inmediatamente.

3. Sujete los pies del bebé y levántelo. Con la mano que tenga libre, retire el pañal usado, envuélvalo y (si le tocaba a él o a ella cambiar al bebé) arrójeselo a su cónyuge.

4. Límpiele la colita al bebé.

5. Baje al bebé suavemente para que quede colocado sobre el nuevo pañal.

6. Sujete el pañal. Diga algo simpático, como "agú-agú-agú". El bebé se reirá y quedará listo para ensuciar el próximo pañal.

Aunque no lo crea, estos pasos fueron tomados de un libro acerca de computadores, *DOS para dummies,* que Dan escribió. Este libro demuestra que hasta un gurú de los computadores puede cambiar un pañal. Y el libro fue escrito *antes* de que Dan tuviera hijos. Desde luego, Dan ha debido pensar un poco más acerca del lenguaje infantil antes de escribir el libro. Si hubiera sabido entonces lo que sabe ahora, ¡se habría percatado de que decir "agú-agú-agú" es un *no* definitivo!

Los recién nacidos se sienten muy inseguros cuando les cambian los pañales. Eso se deduce por el llanto y por la forma como extienden los bracitos hacia los lados. Para ayudarle a un recién nacido a que se sienta más seguro, póngale sobre el estómago una mano suya, una manta o una toalla, durante el mayor tiempo posible. Esa presión sobre el estómago ayuda a que se calme.

Cuando le cambie el pañal a su bebita, recuerde que le debe limpiar la colita de adelante hacia atrás. Así se evita que se propaguen las bacterias que producen infecciones en la vejiga o en el tracto urinario.

"¡No hay el menor riesgo de que me cambies el pañal!"

Para manejar los cambios engorrosos de pañal, mantenga cerca una pila de juguetes o de objetos interesantes, para que cuando usted acueste a su bebé para cambiarle el pañal haya algo que mantenga ocupadas esas manitas ociosas. También puede colgar un móvil sobre la mesa para que su bebé se entretenga.

Cambie periódicamente los juguetes que mantiene escondidos exclusivamente para los cambios de pañal. Usted no querrá darse cuenta de que su hijo se aburrió con un juguete precisamente cuando esté en pleno proceso de cambiarle uno de esos pañales rebosados.

✔ Otra manera de distraer a su bebé es inclinarse sobre él, mirarlo a los ojos y cantarle o hablarle. Además, usted puede aprovechar la oportunidad para disfrutar de un rato de tranquilidad y para conversar con su bebé acerca de las cosas importantes de la vida.

✔ Hacerle al bebé de vez en cuando cosquillas en el estómago también sirve para distraerlo. Eso se hace colocando sus labios sobre el abdomen del bebé y soplando para hacer un sonido como *bpbpbpbpbp*. A los bebés les fascina.

Cuando su bebé se despierte en mitad de la noche, espere para cambiarle el pañal hasta que haya comido por lo menos la mitad (cuando haya tomado la mitad del biberón o, si lo está amamantando, cuando ya se haya alimentado de un seno). De este modo usted calmará de inmediato el hambre de su bebé y no tendrá que despertarlo para cambiarle el pañal cuando se haya vuelto a quedar dormido.

El manejo de la pañalitis (o la rasquiña en la colita)

La pañalitis se presenta por dos razones:

✔ El pañal sucio se le dejó puesto al bebé demasiado tiempo.

✔ Problemas estomacales.

Cuando el pañal de su bebé se haya ensuciado, cámbieselo sin demora. La humedad del pañal, combinada con la falta de aire para secarlo, produce salpullido e irritación. Que usted le haya puesto a su bebé un pañal que, según la publicidad, bloquea más líquidos que una represa, no significa que usted tenga que constatarlo personalmente.

En segundo lugar, el salpullido se puede presentar cuando el popis es muy ácido. A su vez, esto puede ser el resultado de un virus estomacal, de la dentición o de algo que su hijo comió que era muy fuerte para su organismo (como alimentos cítricos en bebés de menos de un año de edad). En todo caso, el popis ácido puede producir instantáneamente un salpullido que tiene la apariencia de pequeñas ampollas.

Lo mejor para tratar la pañalitis es no utilizar pañitos húmedos, sino lavarle al bebé la colita en un lavamanos con agua tibia y jabonosa (los pañitos húmedos son jabonosos y pueden irritar el salpullido). Séquele al bebé la colita y aplíquele un ungüento a base de óxido de cinc. Si el salpullido le dura más de tres días, consulte con su médico, quien recomendará un ungüento más fuerte para solucionar rápidamente el problema.

El salpullido se presenta con frecuencia en la ingle (la parte superior de las piernas). Esta área se suele pasar por alto. No olvide estirar la piel de esa área para lavarla y secarla bien.

Para evitar la pañalitis, o para ayudar a que sane cuando ya ha aparecido, exponga al aire durante un rato el área afectada. Lave esa área y séquela con golpecitos ligeros. Luego deje que el bebé gatee o camine durante un rato sin pañal. No le ponga al bebé ungüento para la pañalitis cuando vaya a estar sin pañal (¡se unta en todas partes!). Deje a su bebé sin pañal solamente si el clima lo permite y si no corre el riesgo de enfriarse. Sin embargo, vigile bien a su bebé; él puede aprovechar la oportunidad para mojar la alfombra... usted entiende lo que quiero decir.

La pañalitis

Situación	Solución
Alergia al tipo de pañal que está utilizando.	Cambie de marca.
Alergia al tipo de pañitos húmedos que está utilizando.	Cambie de marca o, sencillamente, use agua y jabón. Ensaye los que no tienen fragancia.
El detergente con que lava los pañales de tela es demasiado fuerte.	Pásese a otro detergente.
Dejar mucho tiempo un pañal mojado o sucio.	Revísele a menudo el pañal a su bebé.
Clima caliente.	La combinación de sudor, pis o popis y un pañal caliente, oscuro y húmedo es el caldo de cultivo de la pañalitis. Éste es un buen momento para cambiar el pañal .
Diarrea constante	Entre las causas de la diarrea están: dentición, virus, tensión, tomar mucho jugo, alergia a algún alimento o comer algo que es muy fuerte para el organismo del niño. Examine la dieta, la salud y la boca de su hijo.
Sensibilidad a un alimento	Cambie la leche en polvo formulada o suspenda el alimento sólido que haya empezado a darle a su hijo. La pañalitis puede ser señal de que su hijo está reaccionando a un nuevo alimento.

El gran misterio de los pañales: ¿de tela o desechables?

El joven pecoso de la caja registradora pregunta: "¿De papel o de plástico?" La elección es fácil: ¿Desea usted utilizar papel y matar un árbol para poder llevar los comestibles a su casa o prefiere utilizar plástico y que todas sus compras rueden dentro del automóvil cada vez que usted cruce una esquina (además del problema que plantea el manejo de los productos plásticos de desecho)?

Otra decisión importante que usted va a enfrentar como nuevo padre es si va a utilizar pañales de tela o pañales desechables. La gente se vuelve fanática cuando habla de este tema, y es mucho lo que se ha escrito a favor y en contra de los dos tipos de pañales.

Mi consejo es el siguiente: Utilice pañales de tela o pañales desechables y no se sienta mal con su elección. Se trata de un pañal. Recoge pis y popis. Nada más. Esa elección es un tema candente entre muchos padres, aunque hay quienes consideran que ese tema es un desperdicio de energía.

Pañales desechables

Le deseo buena suerte cuando empiece a buscar pañales desechables. Los estantes de los supermercados rebosan de marcas, de tamaños y de formas: Hay pañales desechables especiales para niñas y hay pañales desechables especiales para niños. ¡Es sorprendente! Algunas ventajas y desventajas de los pañales desechables son las siguientes:

Ventajas

✔ Los pañales desechables son fáciles; usted sólo tiene que deshacerse de ellos.

✔ Los viajes se facilitan cuando se utilizan pañales desechables.

✔ Estos pañales son excelentes cuando el niño tiene diarrea, porque no dejan pasar el popis que, en estos casos, es bastante líquido.

Desventajas

✔ Los pañales desechables no se desintegran. Por este motivo ocupan tanto espacio en los rellenos sanitarios.

✔ Estos pañales pueden ser costosos.

✔ Puede ser más demorado que su hijo aprenda a utilizar la bacinilla, porque no siente cuando su pañal está húmedo.

Pañales de tela

Algunas mamás cuentan historias acerca de la manera en que solían colgar los pañales por fuera de la casa para que se secaran cuando la nieve les daba por las rodillas. ¿Se imagina lo fríos que deberían de estar esos pañales cuando los bajaban de la cuerda? ¿Los calentarían un poco antes de ponérselos a los niños? Bien, los pañales de tela tienen ventajas y desventajas.

Ventajas

✔ La tela es más natural.

✔ Los pañales de tela vienen ahora con sujetadores de *velcro*, de modo que los ganchos de seguridad ya no son problema.

✔ Si a usted no le gusta lavar pañales, puede utilizar los servicios de alguna empresa para que recoja, lave y le devuelva los pañales semanal o quincenalmente (siempre y cuando que usted no viva demasiado lejos).

✔ Lavar sus propios pañales es menos costoso que utilizar los servicios de una empresa especializada. Sin importar si usted utiliza esos servicios o lava los pañales personalmente, los de tela son menos costosos que los desechables.

✔ Los pañales de tela son muy prácticos para recibir los eructos del bebé (colocándolos sobre el hombro para que los *eructos líquidos* no le caigan en la ropa). Cuando los niños ya son demasiado mayores para utilizar pañales, éstos sirven para limpiar el polvo.

Desventajas

✔ Para lavar los pañales de tela se requiere agua y electricidad.

✔ Los pañales de tela se tienen que desocupar en el sanitario y a usted le toca vérselas con el pegote y con el olor.

✔ Los pañales de tela dejan pasar la humedad más que los pañales desechables (incluso cuando el bebé tiene puesto el pantaloncito de plástico).

✔ Los pañales de tela no son cómodos para viajar porque es necesario guardarlos cuando están sucios y llevarlos durante el resto del viaje.

Desventajas de los dos tipos de pañales

✔ Ambos pueden causar pañalitis.

✔ Ambos huelen verdaderamente mal después de que han sido usados.

Una sugerencia (en caso de que no haya podido tomar una decisión)

Una posible solución al dilema de los pañales es combinar los dos tipos. Utilice pañales de tela en su hogar y pañales desechables para viajar, para salir de compras, cuando su hijo tenga diarrea y hasta para la siesta y la noche.

Si usted se decide por los pañales de tela, utilice los servicios de alguna empresa durante los dos primeros meses de su bebé. Usted va a estar muy cansada y muy atareada con su recién nacido como para pensar en lavar pañales. Se sorprenderá con la cantidad de pis y de popis que produce un bebé recién nacido.

Su lección de hoy

El debate en torno a la clase de pañal que se debe utilizar puede ser interminable. No se preocupe por su elección ni se sienta como un paria si no utiliza el pañal socialmente correcto. Sencillamente cámbiele el pañal a su bebé con frecuencia y manténgale limpia la colita.

Capítulo 15

El amamantamiento y el biberón

• •

En este capítulo

▶ Informe confidencial sobre el amamantamiento.

▶ Pautas para amamantar a su hijo.

▶ La verdad del amamantamiento.

▶ La decisión de destetar a su hijo.

▶ La alimentación con biberón y pautas para utilizarlo.

▶ Lo que piensa la autora.

• •

Como padre, usted tomará muchas decisiones concernientes a su hijo. Una de ellas es si va a alimentar a su hijo o si no lo va a alimentar. Ésa es una decisión importante. Ahora viene la parte difícil. *¿Cómo* va a alimentar a su bebé? El tema es de gran importancia. Hay muchos conceptos erróneos acerca del amamantamiento y la alimentación con biberón (al principio, éstas son sus únicas alternativas); este capítulo se referirá a ellos.

Ventajas, desventajas, mitos y verdades acerca del amamantamiento

Cuando usted le cuenta a la gente que va a tener un hijo, todos empiezan a bombardearla con preguntas. "¿Qué prefieres: un niño o una niña?" (Como si usted pudiera diligenciar una solicitud y obtener lo que quisiera.) "¿Qué nombre le vas a poner?" "¿Vas a amamantarlo?"

Si usted está planeando amamantar a su hijo, la única respuesta honesta es: "Pienso tratar de alimentarlo". Pero si la idea de amamantar a su bebé le disgusta, no se preocupe. Su respuesta es sencillamente: "No, creo que no".

Cuando usted esté embarazada, su médico probablemente le va a proporcionar muchísima información acerca del amamantamiento y de la alimentación con biberón. Entonces, de alguna manera misteriosa, su nombre quedará incluido en una lista de correspondencia y usted empezará a recibir información de gente que no conoce, junto con muestras de distintos tipos de leche en polvo formulada. Luego, cuando usted esté en el hospital dando a luz, alguien llegará con más información. En ese momento usted probablemente olvidará sus convicciones, se desesperará y admitirá que ser madre es tecnológicamente insoportable y, ¡por Dios!, ¿cómo lograban arreglárselas las abuelas?

¿Debo amamantar a mi hijo?

"¿Debo amamantar a mi hijo?" es una pregunta que se deben hacer todas las madres primerizas. No siempre es una decisión fácil, especialmente cuando todas las personas que usted conoce le dan consejos a este respecto (que es lo que, en realidad, usted quiere). Cada época tiene sus propios criterios acerca del amamantamiento. Hubo un tiempo en que la única manera de alimentar a los bebés era amamantándolos. Luego llegaron los médicos y decidieron que las mamás no podían hacerse cargo de tan importante tarea: Aunque amamantar es una función natural, las mamás debían alimentar a sus bebés con leche en polvo formulada. El amamantamiento fue proscrito y sólo las mujeres ignorantes podían realizar una labor tan indigna. En la actualidad hay muchísimas opiniones. Algunas personas se han ido al extremo de afirmar que todas las mujeres deben amamantar a sus hijos; estas personas no ven razón alguna para que alguien no lo haga o no lo pueda hacer. La opinión más importante es la suya. Para ayudarle a tomar esa decisión, a continuación expongo algunas ventajas y desventajas del amamantamiento.

Ventajas

✔ La leche materna es el mejor alimento para su bebé. Ningún otro alimento contiene las vitaminas y los minerales de la leche materna.

✔ Los bebés que son amamantados tienen menos probabilidades de contraer infecciones de los oídos y del sistema respiratorio.

✔ Cuando usted amamanta a su bebé, ambos comparten momentos maravillosos de tranquilidad y de unión.

✔ La leche materna no necesita preparación alguna. Su bebé la obtiene con rapidez y con facilidad.

✔ Usted no tiene que esterilizar biberones ni chupetes (y ¿no sería *eso* doloroso?).

✔ Es fácil alimentar al bebé por la noche. Lleve al bebé a la cama de usted, recuéstese y aliméntelo. Esto es agradable, en especial durante las frías noches de invierno.

✔ Cuando usted amamanta a su hijo, por fuerza tiene que descansar. Usted no puede darle el seno y trabajar al mismo tiempo. Es un descanso agradable.

✔ Si usted va a estar separada de su hijo a la hora de alimentarlo, puede utilizar un extractor de leche materna y guardar leche para más tarde, de modo que usted no está siempre atada a su bebé. Usted puede ausentarse durante cortos períodos.

✔ El amamantamiento ayuda a que su cuerpo vuelva más rápidamente a la normalidad. También le ayuda al útero a contraerse y a volver a su tamaño normal.

✔ Los bebés que son amamantados tienen mejor disposición para recibir diversos alimentos cuando están más grandes, porque la leche materna tiene distintos sabores (no a chocolate, ni a vainilla o a fresa, sino diferencias *sutiles* que dependen de lo que la mamá come).

✔ ¡No es costoso! Amamantar a su hijo le ayuda a ahorrar dinero. No tiene que comprar alimentos adicionales.

Desventajas

✔ Amamantar puede ser incómodo. A algunas mujeres les duele muchísimo y se burlarían de la palabra *incómodo*. Cuando usted empieza a darle el seno a su hijo sus pezones se lastiman y a algunas mujeres se les agrietan y les sangran.

✔ Si usted no amamanta a su hijo en el momento preciso sus senos se congestionan (se llenan con demasiada leche). Eso duele.

✔ Utilizar un extractor puede hacerla sentir como una vaca lechera.

✔ A muchas mujeres los senos les gotean y eso puede producir manchas engorrosas en sus blusas. Se ven como si se hubieran recostado contra una ventana mojada.

✔ Usted puede contraer una infección en el seno, lo cual es doloroso.

✔ El uso del extractor de leche materna lleva algún tiempo (entre 10 y 30 minutos). A menos que usted tenga leche ya congelada, tendrá que planear con anticipación cada vez que vaya a separarse de su bebé lactante.

Mitos y verdades sobre el amamantamiento

Como la mayor parte de las actividades que han existido durante miles de miles de años, el amamantamiento de los hijos está lleno de mitos. Permítanme hacer un poco de claridad en torno a los más populares:

Mito: Todas las mujeres pueden amamantar a sus hijos.

Verdad: Éste es el principal mito que ha hecho que las madres se sientan frustradas e inadecuadas. No todas las mujeres pueden amamantar a sus hijos. Esto ocurre por diversas razones: desde no tener suficiente leche hasta que el bebé no pueda mamar. A los partidarios del amamantamiento les cuesta trabajo admitir esta realidad.

Mito: Amamantar es un acontecimiento natural, y su hijo y usted se adaptarán a ese ritual como si lo hubieran practicado durante años.

Verdad: A usted y a su bebé les tomará tiempo sentirse cómodos. A muchas madres les toma entre varios días y varios meses acostumbrarse al proceso de amamantar a su hijo.

Mito: Hacer ejercicios para los pezones ayuda a que éstos pierdan un poco de sensibilidad, con lo cual el amamantamiento se vuelve menos incómodo.

Verdad: Nada de lo que usted haga puede preparar a sus pezones para la fuerza colosal que ejerce un bebé al succionar.

Mito: Mientras la mujer esté amamantando no queda embarazada.

Verdad: Permítanme presentarles a mi tercer hijo, Jonah. Es solamente 11 meses menor que mi segundo hijo, Simon.

Los padres que tienen hijos con sólo 11 meses de diferencia se ríen histéricamente de este mito. A pesar de que su ciclo menstrual se atrasa (alrededor de seis meses) mientras usted está amamantando a su hijo, usted sigue ovulando y puede quedar embarazada si no utiliza algún sistema anticonceptivo. La abstinencia es el mejor sistema, pero no es muy divertido.

Mito: El amamantamiento es la única manera en que se desarrolla el apego entre el bebé y la madre.

Verdad: Hay diversas maneras en que se crea el apego entre madre e hijo; y el amamantamiento es solamente una de ellas. Los bebés que se alimentan con biberón forman los mismos vínculos de apego con sus padres, porque esta condición no es monopolio de los bebés que son amamantados.

Pautas para amamantar a su hijo

No suponga que sólo porque usted produce leche de manera natural sabe más allá de toda duda cómo debe amamantar a su bebé recién nacido. Esto no funciona así. Lograr que este proceso se desenvuelva con facilidad les lleva tiempo y práctica a muchas madres. Pero también hay mamás que, todavía en la mesa de parto, toman en brazos a su bebé y, sin pensarlo dos veces, comienzan a alimentarlo.

Cuando esté amamantando a su bebé tenga en cuenta lo siguiente:

✔ **No se ponga nerviosa si su bebé no agarra el seno la primera, la segunda o incluso la tercera vez.**

Tanto para usted como para su hijo ésta es una experiencia nueva, que puede requerir coordinación, tiempo y práctica. Cuanto mayor sea su hijo, y cuanta más práctica tengan ustedes dos, más fácil será amamantar al bebé. En ocasiones los recién nacidos son demasiado pequeños y fláccidos para sostenerlos y alimentarlos al mismo tiempo. Sencillamente, no deje de insistir.

✔ **No suponga que por haber amamantado sin dificultad a otro hijo, con su segundo o su tercer hijo todo será igual de fácil.**

Recuerde que cada bebé es una persona diferente y que la lactancia es una experiencia nueva para cada uno de ellos. Ninguno de sus hijos recibe consejos de sus hermanos mayores acerca de este tema.

✔ **No se sienta presionada a tener éxito la primera vez que usted amamanta a su bebé.**

Probablemente estarán a su alrededor la enfermera, su marido o una serie de espectadores ansiosos de ver cómo se desempeña usted. No se frustre ni se ponga nerviosa.

✔ **No se sorprenda si suda mucho durante sus primeros intentos de amamantar a su hijo.**

En estos casos, el sudor es el resultado del regreso del organismo a la normalidad (toda la cuestión hormonal), del nerviosismo que usted siente por amamantar a su hijo y del proceso por el cual pasa su organismo cuando es hora de amamantar a su bebé.

✔ **Póngase cómoda cuando vaya a amamantar a su bebé.**

Como usted va a pasar bastante tiempo alimentando a su hijo busque una silla, un sofá o una cama cómoda; utilice cojines o almohadas para apoyarse, ponga almohadas debajo del brazo con el cual sostiene la cabeza del bebé, recuéstese y relájese.

✔ **Tenga listo todo lo que vaya a necesitar.**

Las mamás primerizas están ocupadas, ocupadas, ocupadas. Así, pues, aproveche el rato en que está amamantando a su hijo para tomarse un buen vaso de agua y un refrigerio. Haga de cuenta que está compartiendo el almuerzo con su bebé.

✔ **Ensaye otra posición.**

Si se le dificulta amamantar a su bebé cuando coloca el abdomen de él contra el suyo, intente esta posición: Enganche al bebé debajo de uno de sus brazos, con el abdomen contra el cuerpo de usted, y sosténgalo como sostendría un balón.

✔ **Cuídese.**

La época de amamantar a su bebé no es la más adecuada para ponerse a dieta ni para tratar de bajar esos kilos que le sobran. Tiene el resto de su vida para hacer dieta. Éste es el momento de pensar en su bebé, y él necesita que usted tome líquidos y que se alimente bien. Como la comida sencilla es la mejor, mantenga siempre una buena provisión de frutas frescas, de nueces y de uvas pasas y tenga siempre a la mano una jarra de agua. (No la llene con gaseosa. Lo que su organismo necesita es agua pura y saludable.)

✔ **Tenga cuidado con lo que se lleve a la boca.**

Son muchas las cosas que se pueden transferir a la leche materna: el alcohol, los medicamentos, las drogas ilícitas y hasta algunos alimentos muy condimentados. Consulte siempre con su médico antes de tomar cualquier medicamento.

✔ **Tome mucha agua.**

Usted está produciendo leche, que es un líquido. Cuanta más agua tome, más líquido producirá. Usted debe tomar cada día por lo menos ocho vasos de agua, de ocho onzas cada uno.

✔ **Siga las reglas básicas del amamantamiento.**

Sostenga el seno por debajo de la aureola (el área oscura bajo el pezón) con sus dedos pulgar e índice, constate que la boca del bebé esté bien abierta (como la de los pajaritos) y rápidamente coloque el pezón dentro de la boquita antes de que el bebé la cierre. Apoyar el abdomen del bebé contra el suyo tiene la ventaja de que él no puede jalar su seno, ni despegarse de él.

Si usted desea amamantar a su hijo, pero tiene dificultades para comenzar, piense en la posibilidad de utilizar un extractor de leche materna. El extractor hace que se mantenga el flujo de leche y que, por tanto, usted pueda alimentar a su bebé. Además, usted puede seguir insistiendo para que el bebé mame, sin la preocupación de que le dé hambre.

Algunos hospitales ofrecen conferencias sobre la lactancia o tienen asesores que les imparten a las madres información sobre este tema. Entre la información que brindan esos consultores están las técnicas básicas del amamantamiento, sugerencias para reducir las molestias de los pezones y mucho más. Usted también puede entrar en contacto con instructores de partos sin dolor o con enfermeras.

Chupada tras chupada, la vaca se comió la piedra de moler. — Dicho de Texas

Cómo se evitan las molestias de los pezones

Usted puede hacer algunas cosas para que sus pezones sanen cuando se han lastimado por amamantar a su bebé. La mayoría de las mujeres amamantarían a sus hijos durante más tiempo si hubiera alguna manera de *resistir* el dolor que producen los pezones lastimados.

✔ No separe al bebé del seno sin haberlo *soltado* antes. Esto se hace poniendo un dedo en la comisura de la boca del bebé para que suspenda la succión.

✔ Cada vez que pueda, exponga sus pezones al aire.

✔ No se lave los pezones con jabón (el jabón puede resecar la piel). Solamente utilice agua.

✔ Abra una cápsula de vitamina E y restriegue el aceite en los pezones. No olvide lavarlos antes de alimentar a su bebé. Usted no tiene ningún interés en que él ingiera vitamina E.

✔ Reduzca el tiempo que el bebé pasa con los pezones lastimados en la boca. A muchos bebés les gusta alimentarse y adormecerse con el pezón aún dentro de la boca. Cuando su bebé haya dejado de comer, retírelo del seno.

✔ Extraiga un poquito de leche antes de alimentar al bebé, para ayudarle a la leche a bajar.

✔ Colóquese compresas de agua tibia en el seno y en los pezones antes de empezar a alimentar al bebé. Esto también ayuda a que la leche baje.

✔ Utilice de vez en cuando un extractor de leche materna para que sus pezones descansen.

El amamantamiento fuera del hogar

Usted tiene suerte si está amamantando a su bebé y ambos van a salir de paseo. Cuando su bebé sienta hambre, sencillamente acomódese donde estén y empiece a alimentarlo.

No se sienta incómoda por tener que alimentar a su bebé en público. Sea tan discreta como pueda, pero recuerde que ésa es la comida de su hijo y que él merece comer cuando tiene hambre. Mírelo de este modo: si usted tiene hambre y entre su cartera hay una barra de chocolate, usted no pensaría en esconderse para comérsela. Entonces, si está amamantando a su hijo, usted sencillamente le está llevando el almuerzo de una manera bastante original.

Si usted prefiere alimentar a su hijo en privado, puede hacerlo fácilmente en un baño para mujeres, pues la mayoría tienen sillas o sofás.

Si usted no se siente del todo cómoda amamantando a su hijo en público, pero tampoco se siente cómoda escondiéndose en un baño, podría utilizar una manta para cubrirse y para cubrir a su bebé mientras lo alimenta en público. Utilice una manta liviana o una blusa que se pueda desabotonar o levantar con facilidad. Cúbrase con algo muy liviano para que no se sientan acalorados usted y su bebé, pues usted tiene su propio calor y el acto de comer eleva la temperatura del bebé.

El amamantamiento en ausencia del bebé

Usted sí puede viajar sin llevar a su bebé lactante. Sólo se requiere planear todo con anticipación y extraerse un poco más de leche.

Calcule cuántas veces va a dejar de alimentar a su bebé. Luego dése todo el tiempo que sea necesario para extraerse leche adicional, congelarla y utilizarla después. Cuando usted no esté con su bebé, la persona que lo cuide podrá descongelar la leche materna y dársela. La leche debe descongelarse dentro de la nevera y utilizarse dentro de las siguientes 24 horas.

Mientras usted esté de viaje siga extrayéndose leche con el extractor en los momentos en que debería estar dándoles seno a su hijo. Si no lo hace, sus senos se congestionarán (se llenarán al máximo) y dejarán de producir leche.

La leche materna descongelada se calienta colocando el biberón en un recipiente con agua caliente o poniéndolo debajo del chorro de agua caliente durante unos pocos minutos. Pruebe la temperatura de la leche en la parte interna de un brazo suyo. Debe estar un poco más caliente que tibia.

Para darle a mamá una sorpresa, sugiérale que se extraiga un poco de leche adicional y déjela dormir mientras usted alimenta al bebé a las 2 A.M.

La verdad de las verdades sobre el amamantamiento

Algunas mujeres tienen la idea de que no amamantar a los hijos impide que se creen vínculos afectivos entre ellas y sus hijos, y de que son un fracaso como mujeres si no quieren, o no pueden, darle el seno a su hijo. No sé cómo ocurrió, pero a las mujeres nos han hecho lavado de cerebro con este asunto.

Algunas mujeres llegan al extremo de dejar que sus bebés recién nacidos padezcan hambre, porque todo el mundo les insiste en que deben amamantarlos. Pero no pueden. Hay muchas razones por las cuales no se puede amamantar a un bebé: la madre podría no tener suficiente leche, la boca del bebé podría no estar en capacidad de succionar de la manera correcta o el bebé podría no querer el seno por algún motivo desconocido. Las razones pueden ser muchas, pero los expertos en el tema suelen insistir en que se ensayen todas las estrategias conocidas para hacer que el bebé mame.

Mi consejo es que usted haga lo que crea que es conveniente y lo que considere mejor para su hijo. No hay duda de que la leche materna es el mejor alimento para su bebé, pero lo que es importante es que se alimente. Si usted le dio el seno a su bebé, pero él sigue llorando como si tuviera hambre, es posible que todavía tenga hambre. A usted le pueden haber dicho que los bebés siguen mamando mientras se les siga dando seno. Si usted terminó de alimentarlo, déle un chupete. Pero si todavía no se siente satisfecho, es posible que siga con hambre. Juzgue usted misma en qué momento queda satisfecho su hijo. Algunos bebés comen, y comen, y comen. No deje de alimentar a su bebé sólo porque alguna *tabla de alimentación* diga que ya comió lo que debía.

Si usted no puede amamantar a su bebé, ensaye el extractor de leche para que, de todos modos, él se beneficie de la leche materna. Esta práctica también ayuda a que la leche se produzca sin interrupción, lo que permite que usted siga intentando amamantar a su hijo.

Si usted piensa que su bebé no está obteniendo suficiente alimento, consiga un extractor y extráigase un poco de leche. Por una parte, usted sabrá si tiene leche. Por la otra, si el bebé recibe la leche, usted sabrá que tiene hambre. Si no recibe la leche, fíjese si tiene gases. (Lea el capítulo 16, "Cuando el bebé está irritable".)

Los extractores de leche materna que se compran en las tiendas no son tan buenos como los que arriendan en las droguerías o en las farmacias. Pídale a su médico o a su pediatra que le recomiende cuál debe utilizar. En la enfermería del hospital donde usted vaya a dar a luz también le pueden dar información sobre los extractores. Es posible que usted tenga que experimentar con varios. Hay eléctricos y manuales. Algunas mujeres prefieren los eléctricos porque no requieren ningún esfuerzo y son más rápidos. A otras mujeres les parecen dolorosos y se pueden sentir como vacas en pleno ordeño automático.

Usted no es un fracaso si no puede darle seno a su hijo, y puede estar igual de unida a él si lo alimenta con biberón. Acomódese con su bebé en una habitación silenciosa y tómese todo el tiempo que necesite para darle el biberón. Si usted lo puede amamantar, ¡excelente! Disfrútelo. No se frustre por los pezones lastimados ni por el goteo de la leche. Ya pasará la molestia y todo será más fácil.

Fumar causa problemas para amamantar a los hijos. Estudios han encontrado que las mujeres que fuman producen alrededor de 40% menos de leche y que ésta tiene menos grasa. Los bebés de estas mujeres dejan el seno más temprano y no se benefician de las vitaminas y de los nutrientes que necesitan para prevenir las enfermedades respiratorias y las infecciones de los oídos.

Destetar o no destetar al bebé: ¡he ahí el dilema!

Como usted no querrá darle el seno a su hijo cuando tenga cinco años, en algún momento tendrá que destetarlo. Algunos niños dejan el seno por sí mismos.

La decisión de destetar a su hijo es muy difícil para algunas madres. Al fin y al cabo, amamantar a un hijo es una experiencia maravillosa que ambos comparten. Nadie más puede participar en ese acto y, para muchas madres, no hay nada tan relajante ni tan gratificante.

La decisión de destetar al bebé puede ser más fácil cuando la madre lleva una vida muy agitada, cuando tiene que regresar al trabajo, cuando ya se siente cansada del goteo de la leche, de tener que usar blusas grandes y de no tener la libertad de saltarse una comida o dos.

La manera más fácil y menos dolorosa de destetar a su bebé es hacerlo gradualmente, a lo largo de un período de tiempo. Muchas mamás han oído que la mejor forma de destetar a los bebés es hacerlo sin rodeos. Sencillamente dejar de darles el seno. Una reacción honesta puede ser: "Bueno, pero ¿no duele? Es decir, mis senos se congestionarían". La respuesta es: "Usted se sentirá inflamada. Tome Tylenol y póngase compresas frías en los senos; después de tres o cuatro días, usted se sentirá bien".

Destetar al bebé sin más ni más es el peor consejo que le pueden dar. Las mamás suelen poner en práctica este consejo durante un día. Pero al final del día tienen la blusa empapada y sienten los senos como si fueran a explotar. Las mamás inteligentes son las que toman a sus bebés y les dicen: "¡Come, *por favor!*"

Hay una manera mejor de destetar a su bebé. Comience reemplazando una comida con leche en polvo formulada (o con otro alimento para bebé, si ya tiene la edad suficiente para comer alimentos sólidos). Tómese el tiempo que sea necesario para que se empiece a reducir su producción de leche. Después de que haya transcurrido más o menos una semana, reemplace otra comida. Siga haciendo esto hasta que, por último, no haya más comidas para reemplazar. Este proceso es más largo, pero no es doloroso. Lo que es indoloro es mejor.

Algunos bebés comienzan a dejar el seno por sí mismos cuando empiezan a comer alimentos sólidos. Como mamá, no se sienta rechazada. Cuando su bebé empiece a saborear el maravilloso mundo de la comida verdadera, la leche dejará de parecerle suficiente.

✔ Desde el punto de vista estadístico, la mitad de las mujeres dejan de amamantar a sus hijos durante los primeros cuatro meses. ¿Por qué? Hay muchas razones: desde el dolor en los senos, que en muchas mujeres no cede, hasta tener que regresar al trabajo. La razón más triste es que muchas mujeres se sienten menospreciadas por otras personas por amamantar a un hijo que ya no es bebé.

✔ Muchas mujeres destetan a sus hijos cuando empieza el proceso de dentición. Cuando esos dientecitos comienzan a salir, los bebés aprovechan para utilizar los senos como si fueran un rascador de encías. Infortunadamente, no es mucho lo que las mamás pueden hacer para aliviar la molestia. Usted puede soltar a su bebé cada vez que sienta que la está mordiendo, y es posible que en algún momento él entienda. Pero los pezones se pueden lastimar si el bebé agarra y suelta el seno repetidamente.

✔ No se deje influenciar por las opiniones de otras personas sobre el amamantamiento. Si usted quiere darles el seno a sus hijos hasta que salgan para la universidad, pues hágalo.

✔ Es posible que usted prefiera que su hijo pase del seno a la taza, en lugar de que pase del seno al biberón. A la larga, esta transición puede ser más fácil. Usted no tendrá que repetir el proceso de desacostumbrar a su hijo del biberón.

✔ Si su hijo deja el seno rápidamente, usted podría sentir *molestia* (otra forma de decir *dolor agudo*). Utilice un extractor de leche y extráigase lo suficiente como para aliviar el dolor. A la larga, usted dejará de producir tanta leche.

✔ Otras maneras de ayudar a aliviar el dolor de la congestión en el seno es utilizar un sostén que sujete bien el seno (ni se le ocurra estar sin sostén) y ponerse bolsas de hielo.

Observe atentamente a sus hijos cuando estén haciendo la transición de la leche materna a la leche en polvo formulada (o a la leche de vaca, si tienen más de un año). Entre las reacciones negativas al cambio de leche están la diarrea, el salpullido, el vómito, el flujo nasal o la nariz tupida, la tos y las dificultades respiratorias.

La alimentación con biberón

Otra área confusa para los padres es la que tiene que ver con los biberones. ¿Quiere saber la verdad? No hay mayor diferencia entre ellos. El único biberón realmente distinto es el que lleva una bolsa plástica en su interior, la cual se comprime para eliminar el exceso de aire. Los biberones vienen en distintas formas y tamaños: algunos son sencillos, otros tienen dibujos, y hasta los hay angulosos para impedir que entre el aire. Honestamente pienso que todos son casi iguales.

Algunos bebés tienen preferencias en cuanto al chupete. Usted tendrá que ensayar varios tipos de chupetes si su bebé rechaza uno en particular. Sin embargo, a la mayor parte de los bebés no les importa qué chupete les den. Se acostumbran a lo que se les ponga en la boca.

Pautas para utilizar el biberón

Los bebés alimentados con biberón tienen la misma probabilidad que los bebés que reciben seno de convertirse en niños fuertes, sanos y amorosos. No se sienta culpable si usted decide darle biberón a su hijo. O, si usted pertenece al grupo de personas que no pueden elegir, acepte el hecho de que la única manera de alimentar a su bebé es con biberón. Sencillamente siéntase feliz de tener un bebé para alimentar.

Algunas pautas para que su experiencia con el biberón sea maravillosa son las siguientes:

✔ **Prepárese para darle a su recién nacido entre $\frac{1}{2}$ y 4 onzas de leche en polvo formulada cada vez que lo alimente.**

Cuando su bebé vaya creciendo, cuando se tome toda la leche y cuando se vea con hambre a intervalos más cortos, aumente la cantidad de leche en polvo formulada. En algún momento usted aumentará la leche formulada y alimentará a su hijo con menos frecuencia.

✔ **Sostenga a su bebé cuando lo esté alimentando.**

Aproveche la oportunidad para mimar, acariciar y darle besitos a su bebé mientras esté comiendo. Nunca utilice ningún soporte para que el biberón se mantenga en posición vertical. Eso es sumamente peligroso. El bebé no puede empujar el biberón y se podría ahogar. Sostener al bebé cuando lo esté alimentando también ayuda a evitar las infecciones en los oídos. Es más probable que la leche o el jugo se escurra de la boca del niño, ruede por las mejillas y termine en los oídos, cuando el bebé recibe el biberón estando acostado. Cuando su bebé sea lo suficientemente mayor como para sostener el biberón, deje que él lo sostenga. Ése es el primer paso para llegar a alimentarse independientemente.

✔ **Caliente la leche en polvo formulada colocando el biberón en un recipiente con agua caliente o poniéndolo debajo del chorro de agua caliente.**

La leche en polvo formulada se debe sentir tibia cuando usted deje caer unas gotas en la parte interior de su muñeca. Si se siente caliente, entonces está muy caliente para su bebé. (Así es como se calienta también la leche materna que se ha congelado y dejado descongelar.)

✔ **No cambie la leche en polvo formulada.**

El sistema digestivo de los bebés es muy delicado. Cambiarles la leche en polvo formulada puede ocasionarles gases y, por tanto, dolores. Si usted encuentra una marca que le guste a su hijo, no la cambie. Si usted quiere cambiar de marca por alguna razón, pídale a su médico que le recomiende la que más le convenga. No todas las marcas de leche en polvo formulada son iguales.

✔ **Esterilice los biberones y los chupetes.**

La mejor manera de esterilizar los biberones y los chupetes es lavarlos con agua y jabón, colocarlos en una olla con agua y dejarlos hervir durante cinco minutos. Este proceso acaba con los gérmenes que el lavado con agua y jabón no haya podido eliminar.

✔ **Sáquele los gases al bebé cuando haya comido la mitad.**

Déle al bebé la mitad de la leche y luego sáquele los gases antes de seguir con el resto. Esta práctica ayuda a que su bebé se sienta mejor (porque no se acumulan gases) y reduce la probabilidad de que le den agrieras.

✔ **No *mueva* al bebé apenas termine de comer.**

Cuando haya terminado de comer, deje al bebé un rato en sus brazos antes de alzarlo para sacarle los gases (este consejo también es para los bebés que reciben seno materno). Esos minutos de quietud sirven para que el alimento se asiente y, por tanto, para evitar que el bebé vomite.

Evite sentirse culpable y haga lo mejor

Fue necesario incluir un capítulo entero sobre la alimentación del bebé con seno y con biberón por una razón muy importante. Si usted no es serio con los hábitos alimenticios de su bebé, le puede hacer mucho daño. Los bebés se deben alimentar cuando tienen hambre. No se sienta culpable por la decisión que usted haya tomado. Como padres, pasamos toda la vida de nuestros hijos sintiéndonos culpables por una cosa o por otra. Trate de que la alimentación de su hijo no le produzca ningún sentimiento de culpa. Sencillamente, aliméntelo.

Para obtener más información acerca de la nutrición, lea el capítulo 10, "La comida y la nutrición".

No conviene calentar la leche en polvo formulada en el horno de micro-ondas. Esos hornos calientan la comida de modo disparejo y, por tanto, producen "partes" calientes en la leche que pueden quemar al bebé. Las microondas también hacen estallar los biberones que tienen en su interior bolsa plástica. No es lo más conveniente.

La alimentación con biberón fuera del hogar

Es inevitable. En algún momento usted tendrá que viajar con su bebé. Aunque sólo sea al supermercado. Pero usted se verá como esos padres que arrastran una bolsa de 20 kilos llena de galguerías para sus niños.

Eso está bien. Por lo menos usted estará preparado. Recuerde estas cosas cuando vaya a salir con su bebé:

✔ **La leche formulada preparada (la líquida, no la que viene en polvo) siempre se debe refrigerar.**

Si usted no puede, o no quiere, mantener siempre a su lado una pequeña nevera portátil, utilice la leche formulada en polvo.

✔ **Ponga entre el biberón la leche en polvo formulada y lleve una botella de agua.**

Cuando su bebé tenga hambre, lo único que usted tiene que hacer es agregar el agua y agitar el biberón.

Usted también puede llevar la leche formulada que venden enlatada y lista para darle al bebé, pero yo no la recomiendo. No sólo se debe encontrar la manera de abrir la lata sino que, además, es necesario deshacerse de la leche que sobre, si no se va a utilizar inmediatamente (o se debe guardar en una nevera). Yo no me complicaría con eso.

Su lección de hoy

Amamantar a su bebé es lo mejor que usted puede hacer por él. En realidad, lo más importante no es amamantar al bebé. Lo más importante es la leche materna. Pero no se sienta culpable si usted no puede amamantar a su hijo. Ningún profesional de la medicina se siente cómodo admitiendo que en algunas ocasiones (por razones misteriosas) no es posible amamantar a los hijos. Alimente y ame a su bebé. Eso es lo importante.

La 5ª ola

por Rich Tennant

"¿DÓNDE LOS UBICO, EN LA SECCIÓN DE GRITOS O EN LA DE NO GRITOS?"

Capítulo 16

Cuando el bebé está irritable

• •

En este capítulo

► El diagrama del bebé llorón.

► Lista de razones por las cuales el bebé puede llorar.

► Qué se debe hacer cuando el bebé llora en un sitio público.

• •

*L*os bebés llorones nos hacen sentir impotentes. Ésta es una de las razones por las cuales nos preocupamos cuando nuestro bebé llora. Además de que es un sonido molesto, que interrumpe el programa que estamos viendo en la televisión.

Habitualmente, el llanto significa que algo marcha mal. Los padres primerizos tienden a hacer lo mismo cuando sus bebés lloran. Se quedan ahí, meciendo al bebé de adelante hacia atrás y de atrás hacia adelante, y dicen: "El bebé está llorando. ¿Qué le pasará?" Como si el cónyuge conociera la respuesta, pero prefiriera quedarse callado para que la otra persona la averiguara. El problema de los padres primerizos es que, en medio de todo ese llanto (del bebé y de ellos), olvidan, o quizás no saben, todas las opciones que tienen para calmar a su pequeño.

Utilice el diagrama del bebé llorón

Los bebés lloran. Ésta es una realidad de la vida y, sin importar cuán buen padre sea usted, su bebé va a llorar. Es la única manera en que él le puede hacer saber a usted que tiene un problema o una necesidad que usted no ha notado. Usted no tiene que sentirse preocupado, ni enfadado, ni ansioso cuando su bebé llora. Si usted empieza a angustiarse, pare, y recuerde que la única razón que hay para sentirse así es la impotencia y la frustración de no saber qué está sucediendo. Por el bien de su hijo, contrólese y relájese. Usted no puede hacer gran cosa si también se pone a llorar.

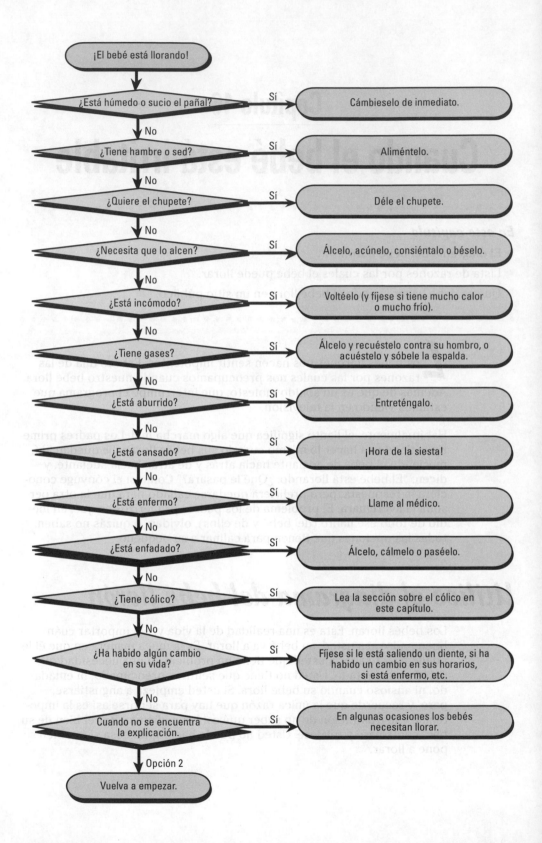

¡El bebé está llorando!

¿Está húmedo o sucio el pañal? — Sí → Cámbieselo de inmediato.

No

¿Tiene hambre o sed? — Sí → Aliméntelo.

No

¿Quiere el chupete? — Sí → Déle el chupete.

No

¿Necesita que lo alcen? — Sí → Álcelo, acúnelo, consiéntalo o béselo.

No

¿Está incómodo? — Sí → Voltéelo (y fíjese si tiene mucho calor o mucho frío).

No

¿Tiene gases? — Sí → Álcelo y recuéstelo contra su hombro, o acuéstelo y sóbele la espalda.

No

¿Está aburrido? — Sí → Entreténgalo.

No

¿Está cansado? — Sí → ¡Hora de la siesta!

No

¿Está enfermo? — Sí → Llame al médico.

No

¿Está enfadado? — Sí → Álcelo, cálmelo o paséelo.

No

¿Tiene cólico? — Sí → Lea la sección sobre el cólico en este capítulo.

No

¿Ha habido algún cambio en su vida? — Sí → Fíjese si le está saliendo un diente, si ha habido un cambio en sus horarios, si está enfermo, etc.

No

Cuando no se encuentra la explicación. — Sí → En algunas ocasiones los bebés necesitan llorar.

Opción 2

Vuelva a empezar.

Cuando su bebé llore, sencillamente siga, paso a paso, el diagrama del bebé llorón de la página anterior.

¿Por qué lloran los bebés?

Cuando su bebé empiece a llorar usted puede hacer varias cosas para *solucionar* el problema. Por favor, échele una mirada al diagrama del bebé llorón. Cada una de las secciones siguientes se refiere a un paso del diagrama y le explica lo que puede hacer para ayudarle a su pequeño megáfono (y para que, con algo de suerte, baje el volumen).

Usted va a aprender acerca de los distintos tipos de llanto de los bebés. No todos son iguales. A medida que usted y su bebé se conozcan mejor, usted irá distinguiendo un llanto de otro. Así mismo, no corra a alzar a su bebé cuando oiga que está haciendo cualquier ruidito. Puede tratarse sencillamente de un gas o de que se está quedando dormido.

¿Está el pañal húmedo o sucio?

Puede sorprenderle saber que a los bebés no les gusta estar con el pañal sucio. Yo pensaba que esto los tenía sin cuidado, pero a ellos *sí* les importa. ¡Les importa, les importa, les importa! Por eso lloran cuando están mojados o sucios. Si a su bebé le están empezando a salir los dientes o si tiene algún malestar estomacal hará popis ácido, lo cual puede producirle pequeñas ampollas. Como se podrá imaginar, eso duele. Así, pues, su bebé le agradecerá que le quite esos pañales lo más rápido que pueda.

La mejor manera de limpiarle la colita a su bebé es lavársela con una toalla húmeda. Recuerde que debe utilizar agua tibia. Su bebé no apreciará la sensación vigorizante del agua fría.

Cuando el pañal esté con popis, limpie lo más que pueda la colita del bebé con el borde del pañal (esto se puede hacer con los pañales de tela y también con los desechables). Primero lávele la colita con una toalla húmeda (agua tibia) y luego lávele el área genital. No olvide que las niñas se deben limpiar de adelante hacia atrás para evitar infecciones y que a los niños se les debe estirar el prepucio para poder limpiar bien esa área. (Recuerde que debe hacer eso con mucho cuidado y solamente si el niño ha sido circuncidado.)

Para obtener información completa acerca de los pañales, lea el capítulo 14, "El tema de los pañales".

Lo único que algunas personas necesitan para sentirse felices es un baño tibio, comida caliente y tener la colita limpia. — Letrero en un paradero de camiones

¿Tiene hambre o sed?

Si cambiarle el pañal al bebé no parece solucionar el problema del llanto, piense cuándo fue la última vez que lo alimentó. Aunque sus hijos tengan un horario para las comidas, ese horario cambia a medida que ellos van pasando por las distintas etapas del crecimiento. Durante uno o dos días parece que no sintieran hambre pero después se comportan como si se estuvieran muriendo de hambre y se comen cualquier cosa (cuidado con las mascotas chiquitas, con los insectos caseros y con los pedacitos de corteza de los árboles).

Intente darle a su bebé algo para comer o para beber. Recuerde que él tiene su propia mente. Si no quiere tomar leche, ensaye a darle jugo, agua o un poquito de agua bien fría con una rodajita de limón.

Si usted está tratando de darle a su bebé un alimento sólido, pero no deja de llorar ni siquiera para comer, déle un biberón durante un momento (u ofrézcale el seno si lo está amamantando). El bebé está muy hambriento y muy irritado como para darse cuenta de que usted está tratando de alimentarlo. Cuando capte lo que usted está haciendo, él dejará de llorar y usted podrá alimentarlo.

No suponga siempre que los bebés lloran porque necesitan comer. Si usted alimenta a su bebé con mucha frecuencia, nunca se alargarán los intervalos entre una comida y otra. Usted siempre estará alimentándolo cada dos horas. Y nunca trate de forzar a un niño a que coma. Los niños saben cuándo tienen hambre y cuándo no tienen hambre. Si su hijo empuja el biberón, la cuchara, la taza o el plato, dése por aludido. ¡Ese niño no tiene hambre!

Para obtener más información sobre su hijo y el mundo de la comida, lea el capítulo 10, "La comida y la nutrición".

¿Quiere el chupete?

No a todos los bebés les gusta el chupete. Si a su bebé le gusta, manténgalo cerca. Cuando los bebés sienten la necesidad de succionar, quieren satisfacer esa necesidad ya. Sin esperar. ¡Rápido, rápido, rápido!

La mayor parte de los bebés sienten la mayor necesidad de succionar durante sus primeros seis meses de vida. Sin embargo, no obligue a su bebé a aceptar el chupete. Si usted se lo da y él lo escupe continuamente, capte la idea. Su bebé no quiere chupete.

Usted puede comprar ganchos de seguridad para prender el chupete a la ropita del bebé, de modo que si lo bota, no se caiga al piso ni se refunda. No obstante, nunca le mantenga en la boca el chupete, sujetándolo con un elástico alrededor de la cabeza. Eso es peligroso e innecesario. Y nunca utilice gancho de seguridad para sujetarle el chupete a la ropa mientras esté dormido. Si el niño se voltea en la cuna, el cordón del chupete se le podría enrollar en el cuello.

Lea el capítulo 17, "Las herramientas propias del oficio", para obtener más información acerca de los chupetes.

¿Necesita que lo alcen?

Su bebé necesita mucho contacto físico, lo cual significa que necesita que lo mimen, que lo besen y que lo alcen. Hay ocasiones en que lo único que hace que un bebé deje de llorar es que lo alcen y que lo paseen. Es una solución sencilla y funciona.

Se ha comprobado que los bebés que son alzados con frecuencia lloran menos, y no por eso usted los va a malcriar. Ése es un mito en el que ya pocas personas creen. La única manera en que usted puede malcriar a su hijo es ceder a sus berrinches y permitir que el niño lo manipule para obtener lo que quiere.

Invierta en un cargador para su bebé. (Lea el capítulo 17.) El cargador sirve para que usted lleve alzado al bebé, pero le deja las manos libres para continuar con su vida. Nosotros les hemos copiado esta idea a las mujeres de África y de Asia, quienes han llevado a sus bebés cargados de este modo durante siglos.

¿Está incómodo?

Como le sucede a usted, su bebé a veces se siente incómodo. Pero a diferencia de usted, él no puede levantarse y ponerse otro saco, ni quitarse los zapatos, ni pasarse a otro asiento. Su bebé tiene que quedarse donde está, y seguir sintiéndose miserable hasta que usted descubra qué le está pasando.

Revise a su bebé para ver si algo lo está picando o se le está enterrando.

Los juguetes suelen quedarse medio escondidos en los sitios más incómodos. Revísele también la ropa. Las cremalleras, el hilo de nailon y de plástico y las etiquetas pueden ser incómodos para la delicada piel del bebé.

Quizás usted dejó a su bebé en el columpio durante un rato muy largo y él necesita cambiar de posición. Usted ya sabe cómo se siente uno después de estar sentado dos horas viendo una película. Su bebé puede sentir la misma molestia en la colita, si usted lo deja en un sitio mucho tiempo.

Tóquele a su hijo las manos, los pies y la cara. ¿Están muy calientes o muy fríos? Si están fríos, póngale más ropa; si están calientes, quítele alguna o algunas prendas. También es útil darle al niño un baño en agua tibia para bajarle un poco la temperatura. Deje que el bebé juegue durante un rato para que mejore su estado de ánimo (pero nunca lo deje solo en el baño).

No utilice lociones para bebé en clima caliente. Las lociones bloquean los poros del bebé y, por tanto, hacen que sienta más calor. Ofrézcale muchos líquidos, pero evite darle mucho jugo. Déle agua. A los bebés les da diarrea cuando toman mucho jugo.

¿Tiene gases?

A los bebés les dan gases con mucha facilidad. Se les forman bolsas de aire en los intestinos, y esos gases tienen que eliminarse por un lado o por el otro. Éstas son algunas señales de que su bebé tiene gases:

✔ Levanta las piernas.

✔ Pone rígido el cuerpo o se estira.

✔ Hace ruidos parecidos al hipo.

Para aliviar a su bebé, usted puede hacer lo siguiente:

✔ Álcelo, colóquelo contra uno de sus hombros y déle palmaditas suaves en la espalda.

✔ Álcelo, colóquelo contra uno de sus hombros y déle un masaje suave en la espalda, con movimientos circulares.

✔ Coloque al bebé boca abajo sobre su regazo y déle palmaditas suaves en la espalda.

Usted sabrá que sus esfuerzos por liberarlo de los gases tuvieron éxito cuando oiga que desde algún extremo del bebé salen ruidos extraños.

¿Está aburrido?

Pensar que los bebés se aburren le puede parecer tonto, pero así es. Su bebé necesita estimulación. Si usted no le ha prestado atención a su bebé durante un rato muy largo es posible que necesite entretenerse. De modo, pues, que saque ese disfraz y ese sombrero de copa y póngase a trabajar. Haga feliz a su bebé.

Hacer feliz a un bebé que está aburrido no requiere mayor creatividad. Muévalo a un sitio diferente, déle otros juguetes o sáquelo a caminar. Una caminata les hace bien a usted y a su bebé. O háblele. Aunque usted canse a sus amigos, su bebé puede sentirse fascinado con su bla-bla-bla.

¿Está cansado?

Cuando tenemos hijos, a menudo perdemos la noción del tiempo. El día pasa volando y sólo nos acordamos de que no hemos acostado al bebé para su siesta cuando empieza a restregarse los ojos y a hacer esos ruiditos entre llanto y queja.

La situación más difícil se presenta cuando el bebé da señales de que está fatigado pero no quiere irse a la cama. Eso ocurre cuando está excesivamente cansado. En esos casos usted tiene que esforzarse más de lo normal para que sus rituales de acostar al niño den resultado. Pero no se dé por vencido. En algunas ocasiones lo único que se puede hacer es acostar al niño en la cama y dejar que llore. Si su bebé se está restregando los ojos, y es claro que está cansado, haga que tome una siesta. No caiga en la trampa de pensar que no está cansado por el hecho de que está llorando en la cama. Usted sabe más de estas cosas que su bebé.

Lea el capítulo 12, "Las alegrías y los riesgos de la hora de ir a la cama".

¿Está enfermo?

Cuando los niños están enfermos, ellos no dicen cómo se sienten pero empiezan a comportarse de un modo distinto. No es que se pongan irritables o quejumbrosos (aunque eso puede ser una manifestación) sino que su conducta cambia.

Las siguientes son señales de que un niño está enfermo:

✔ **Fiebre.**

Un aumento moderado de la temperatura habitualmente indica que el niño se está empezando a enfermar. Si la temperatura de su hijo sube abruptamente, llame a su médico.

✔ **Dificultad para respirar.**

Observe el pecho de su bebé y fíjese si está respirando profundamente.

✔ **Gritar mientras levanta las rodillas.**

Levantar las rodillas puede ser una indicación de que el bebé tiene gases o cólico. Lea acerca de la manera en que se debe manejar el cólico.

✔ **Jalarse los oídos.**

Jalarse los oídos puede indicar que hay una infección. Las infecciones en los oídos son frecuentes, pero nunca se deben tomar a la ligera. Tome medidas de inmediato para solucionar ese problema.

✔ **Amígdalas inflamadas.**

Las amígdalas están localizadas precisamente debajo de los oídos del bebé y en la garganta.

✔ **Quedarse dormido sin haber comido, o no comer tanto como acostumbra.**

No se preocupe si esto ocurre sólo un día, pero si continúa usted debe tomar cartas en el asunto.

✔ **Cambios en el horario de sueño.**

Esto no significa dormir 20 minutos más que de costumbre sino cambios *drásticos* en el horario de sueño del niño.

✔ **Dificultad para despertarse.**

Esto incluye dificultad para despertarse después de las siestas diurnas o para despertarse por la mañana.

✔ **Estar pálido o un poco grisoso, quizás con ojeras oscuras debajo de los ojos, o con los labios amoratados.**

La señal más clara del estado de salud de un niño es su semblante. Si tiene algunos de los síntomas mencionados, el niño se *verá* enfermo.

✔ **Actuar como si estuviera débil y sin energía.**

Como los niños permanecen activos, la quietud puede alarmar a los padres.

✔ **Mal aliento (cuando no se debe a la cebolla frita que se comió).**

El aliento de los niños suele ser dulce.

✔ **Las partes privadas siguen oliendo a pesar del baño.**

Los genitales de los niños huelen a causa de los pañales sucios. Pero ese olor debe desaparecer después del baño.

Todas estas señales indican que hay un problema. Lleve a su hijo a donde el médico. No espere a que esos síntomas desaparezcan, porque usted no debe tomar riesgos cuando esté de por medio la salud de su hijo. Es conveniente que usted revise el capítulo 23, "Salud e higiene".

Si a su hijo le dura el resfriado más de diez días, consulte con su médico.

¿Está enfadado?

Yo me sorprendí cuando supe que a los niños no les gusta estar con el pañal sucio y cuando me enteré de que a veces se enfadan. Sería divertido que los adultos pudiéramos enfurecernos como los bebés, pero se supone que debemos reprimir esa clase de conductas. No podemos menos de admirar la cantidad de energía que los niños invierten cuando están furiosos.

Usted aprenderá a reconocer cómo se ven sus hijos cuando están enfadados. Entre las señales características están poner rígidas las piernas, gritar y sonrojarse. Más o menos lo que le sucede a su suegra cuando usted le informa que no va a pasar la Navidad con ella.

Usted no puede hacer nada, en realidad, cuando sus hijos están furiosos con usted. Si son más grandecitos, puede tratar de hablar con ellos, pero es imposible razonar con un bebé o con un niño que está empezando a caminar. Lo único que usted puede hacer es abrazarlos y consolarlos (si es que se dejan). No se sorprenda si lo empujan o si se tiran al suelo. Sencillamente sálgase de la habitación donde esté cuando sus hijos hagan eso. Ellos tendrán que aprender que esa conducta no les sirve para obtener su atención.

Sus hijos se enfadan por diversas razones. Una puede ser que no consigan lo que deseen o que se sientan frustrados (los niños se frustran cuando no pueden comunicar bien sus necesidades). Sus hijos también se pueden enfadar porque están tratando de decirle que se les cayó un juguete detrás del sofá, o que su juguete favorito se atascó en un cajón. O quizás solamente tengan hambre o estén cansados o con sueño.

¿Tiene cólico?

Podemos mandar gente a la Luna, y podemos enseñarles a los gatos a orinar en el sanitario, pero hasta ahora nadie ha podido saber cuál es la causa el cólico. El viejo cuento de que la causa del cólico es una madre nerviosa es tan estúpido como falso. La mamá no es responsable por tener un hijo propenso a los cólicos. Lo único que ella puede hacer es tratar de consolar a su bebé. Es importante que las mamás entiendan que no es mucho lo que pueden hacer.

El cólico es una palabra que se usa para describir el llanto que no tiene explicación. Cuando un bebé tiene cólico, habitualmente llora entre una y dos horas sin parar. Los bebés que tienen cólico levantan las piernas y actúan como si tuvieran mucho dolor, lo cual no siempre es cierto. Si su bebé de menos de tres meses llora, pero no tiene hambre, no está cansado y no está enfermo (y luego se comporta como si nada estuviera pasando), probablemente tiene cólico. Pero visite al médico y deje que sea él quien decida si, en efecto, es cólico lo que tiene el niño. El médico le puede recomendar varias cosas, entre las cuales está cambiar la leche en polvo formulada. O, si usted está amamantándolo, podría recomendarle que suspenda los productos lácteos de su dieta. Lleva algo de tiempo ver si estas medidas surten efecto. En algunas ocasiones son eficaces, pero en otras ocasiones no lo son. Cada bebé es diferente.

Un bebé con cólico es una pesadilla. Es muy poco lo que los padres pueden hacer para consolarlo. Alzar a un bebé alharaquiento sirve, con frecuencia, para dar por terminada la alharaca. Alzar a un bebé que tiene cólico no sirve de nada.

Ensaye estas ideas para aliviar el cólico de su bebé. Es posible que funcionen o que no funcionen, pero, por lo menos, usted sentirá que está haciendo algo al respecto.

✔ Coloque al bebé boca abajo, sobre su regazo. Ponga una mano en la espalda del bebé y la otra en la colita, y luego suba y baje suavemente sus piernas (las de usted). Es posible que el niño eche un gran gas, o que le vomite la pierna. Si usted está de suerte, el bebé se quedará dormido.

✔ Coloque una botella de agua más caliente que tibia sobre el abdomen del bebé. Esto puede servir para consolarlo, o puede que no sirva, pero vale la pena intentarlo.

✔ Déle al bebé una infusión suave de menta o de manzanilla. Puede ayudar a aliviar el cólico.

✔ Déle a su bebé 7-Up diluído (mitad agua y mitad 7-Up).

✔ Deje a su bebé esa tarde con un amigo o con algún miembro de su familia. Usted necesita descansar y darse un respiro para recargar sus nervios.

Los cólicos de los hijos afectan enormemente los nervios de los padres — casi siempre los afectan brutalmente — pero recuerde que el cólico pasa y que no le deja secuelas al bebé. Usted solamente tiene que acordarse de permanecer calmado y de regalarse un ratico de tranquilidad: cuando haya descansado, tendrá más energía para ocuparse de su bebé. El cólico suele pasar hacia los tres meses de edad. Si después de esa edad su bebé sigue con síntomas de tener cólico, consúltele a su médico.

¿Ha habido algún cambio en la vida del niño?

Cuando sus hijos lloren y usted no entienda qué les sucede es necesario que se detenga y piense qué cosas les podrían estar ocurriendo en ese momento. Quizás les están empezando a salir los dientes, o quizás están resfriados o hubo algún cambio en sus horarios y no pudieron dormir la siesta.

Cuando usted no encuentra la explicación

Si usted revisó esta lista y no encontró ninguna explicación para la molestia de su bebé, quizás no le pasa nada.

Los recién nacidos lloran alrededor de dos horas de las 24 que tiene el día, por la sencilla razón de que tienen que ejercitar sus pulmones. Cuando tienen seis semanas de vida, los bebés lloran tres de las 24 horas. Ese tipo de llanto, que no tiene razón de ser, termina habitualmente a los tres meses de edad.

Cuando su bebé empiece a calmarse, revise de nuevo el diagrama del bebé llorón y vuelva a poner en práctica todos sus pasos. Es posible que en esa oportunidad el bebé sí le reciba el jugo.

Cuando los bebés lloran en sitios públicos

Los padres primerizos se aterrorizan cuando sus bebés empiezan a llorar en lugares públicos. Es como si temieran que la *Policía Infantil* se los fuera a llevar por abandono de los hijos. Los padres sienten eso porque una de cada dos personas que están en el establecimiento aparentemente han olvidado que a veces los bebés lloran, y les echan a los padres una mirada que parece decir: "Por Dios, ¿no pueden ustedes ocuparse de sus hijos?" Haga caso omiso de la gente que esté a su alrededor y limítese a cuidar a su bebé lo mejor que pueda.

Cuando salga con su bebé a sitios públicos debe llevar una bolsa con las cosas que le gustan a él, para que pueda superar las crisis que se puedan presentar. Nada de lo que usted lleve en esa bolsa servirá para calmar a su hijo si está muy cansado de hacer compras con usted y se niega a dormir la siesta en el coche. En esas ocasiones usted tiene que conformarse con hacer lo poco que pueda.

No me entienda mal cuando digo que debe hacer caso omiso de quienes lo miren mal cuando sus hijos estén inquietos. Usted debe tomar en consideración el lugar donde se encuentren y la situación particular. Si ustedes están en cine y uno de sus hijos empieza a llorar, sálganse. No es preciso molestar a los demás sólo porque su hijo está irritable. Si están en un restaurante y sus hijos empiezan a llorar, trate de consolarlos, pero si eso no da resultado, excúsese y excuse al niño, vaya con él al baño o al vestíbulo y trate de solucionar el problema. No permita que los demás lo molesten o lo intimiden, pero respete a las demás personas.

Para obtener más información acerca de lo que se debe llevar a los planes sociales lea el capítulo 20, "Habilidades sociales de las que nos podemos sentir orgullosos".

Su lección de hoy

Cuando su bebé llore sin una razón aparente, trate de consolarlo de la mejor manera que pueda. A veces lo único que podemos hacer es recostarlo contra nuestro hombro y sobarle la espalda, o sencillamente dar una corta caminata con el bebé alzado. Pero no vaya a empezar a llorar usted también.

Capítulo 17

Las herramientas propias del oficio

. . . .

En este capítulo

▶ La satisfacción de las necesidades inmediatas de sus hijos.

▶ Prepárese para las necesidades futuras de sus hijos.

▶ Cositas divertidas que usted puede querer o no querer.

▶ Cosas que usted no necesita obligatoriamente (pero que le tratarán de vender).

▶ Equipo de seguridad que no le debe faltar.

. . . .

> **Si usted ama de verdad a su hijo,**
> **le comprará ese paquete de pasta verde para**
> **moldear extra especial, pegajosa y altamente**
> **mejorada, que está garantizada para hacerlo**
> **reír y para que la unte en la alfombra.**

Compañías de juguetes como Fisher Price, Toys "R" Us, y todas las demás, deben de estar inmensamente ricas gracias a todas las tonterías que les venden a los padres de familia. Sin embargo, sus hijos sólo necesitan algunas cosas básicas. La mayor parte de los niños resultan buenas personas y llevan una vida satisfactoria, sin haber tenido rodilleras marca Disney para protegerles sus preciosas rodillitas cuando estaban en edad de gatear.

Este capítulo trata el tema de todas las tonterías que venden por ahí, y las clasifica así: artículos que usted necesita ya, artículos que usted necesitará después, artículos divertidos y artículos que usted realmente no necesita. ¡Felices compras!

Lo que usted va a necesitar para su bebé

Tener un bebé no es barato. La primera buena noticia es que usted no va a necesitar todo al mismo tiempo, de modo que no tiene que tomar una segunda hipoteca todavía (déjela para cuando sus hijos entren a la universidad). La segunda buena noticia es que usted realmente no necesita todas esas cosas que anuncian en la televisión o en las revistas para los padres.

Provisiones alimenticias (o "biberones y chupetes")

Si usted va a amamantar a su bebé, de todos modos necesitará biberones para darle agua después del seno, o cuando sea necesario humedecerle la garganta. También va a necesitarlos cuando decida salir y dejar por la noche al bebé con la abuelita (en aras de su salud mental, usted va a tener que hacer esto en algún momento).

Hay una gran variedad de biberones y de chupetes. Honestamente, a su bebé no le va a importar que un biberón tenga un conejito y que otro tenga una jirafita. No obstante, hay dos clases de biberones de los cuales usted se tiene que cuidar:

✔ Evite los biberones (o cualquier cosa) de vidrio. Se rompen con facilidad y su bebé los arrojará lejos un día u otro.

✔ Evite también los biberones que funcionan con una bolsa de plástico. Se supone que estos biberones reducen la cantidad de aire que el bebé recibe y que, en consecuencia, el bebé vomita menos. Pero hasta ahora ninguna investigación ha comprobado que eso sea verdad. Además, esas bolsas plásticas a veces gotean. Y, si usted respeta el medio ambiente, ¿habrá necesidad de decir algo acerca del desperdicio de las bolsas de plástico? ¡Desperdicio! ¡Desperdicio!

Si su bebé todavía es pequeño, indefenso y tierno, obtenga más información acerca de los alimentos en el capítulo 10, "La comida y la nutrición", o en el capítulo 15, "El amamantamiento y el biberón".

Provisiones de ropa

La prenda de vestir fundamental para su bebé es el pañal, a pesar de que es más una herramienta que una prenda. Sí, es como una herramienta de limpieza. (¡Imagínese cómo sería la vida sin ellos!)

Las únicas alternativas para los pañales son: de tela o desechables. Lea el capítulo 14, "El tema de los pañales", el cual contiene información útil para que usted resuelva el dilema de cuál va a utilizar y para que pueda manejar tanto la principal ocupación como el principal producto de su bebé.

Otras prendas de vestir para bebé son mucho más creativas. Sin embargo, no confíe en nadie que le diga que usted va a necesitar *tantas* camisetas, *tantos* piyamas, etc. La norma es que la cantidad que usted tiene es la cantidad que va a necesitar. (Aunque si se tiene una buena cantidad, habrá que lavar con menos frecuencia.) Si su bebé está creciendo con rapidez, y usted tiene mucha ropa, es posible que muchas prendas se queden sin usar. Solamente *usted* está en capacidad de decidir qué cantidad de cada artículo necesita.

Procure comprar ropa que tenga un tratamiento especial para retardar la acción del fuego (únicamente los piyamas suelen tenerlo). Las etiquetas de las prendas (o los empaques) dicen si el artículo ha recibido, o no, ese tratamiento.

Evite las prendas que tengan lazos o cordones. Se sabe de casos en que éstos se han quedado atrapados en distintos sitios (como rodaderos, ascensores y escaleras eléctricas), y sus hijos se pueden hacer daño.

Una buena manera de comprarles ropa a los niños es a través de catálogos. ¡Usted no tiene ni siquiera que salir de su casa! En la comodidad de su hogar usted ordena lo que desea, sin tener que arrastrar a sus hijos por todo el centro comercial.

Equipo para el baño

No, no compre un sanitario especial para su lindo bebé. Por lo menos, no lo compre al principio.

En realidad, el primer equipo de baño de su bebé probablemente será una bañera, específicamente una de esas pequeñas bañeras de plástico recubiertas en esponja. Esas bañeras son excelentes para los recién nacidos. Son firmes, mantienen al bebé al nivel suyo, de manera que usted no tiene que inclinarse, y hacen que el baño sea seguro y fácil. De acuerdo, no es obligación comprar esa bañera especial. Una opción que siempre funciona es bañar al bebé en un lavamanos o en el lavaplatos. Sin embargo, la bañera de plástico no es costosa, es lavable y portátil. Lea el capítulo 11, "Las alegrías y los peligros de la hora del baño", para que obtenga más información sobre la seguridad de su bebé cuando lo esté bañando.

Otro artículo de baño que usted comprará tarde o temprano para su bebé es una bacinilla. La bacinilla es el sanitario propio de su hijito, en el cual, esperamos, algún día (y con grandes manifestaciones de alegría) su bebé hará popis de verdad. Véase el capítulo 18 para obtener mayor información sobre la utilización de la bacinilla.

Un sitio para sentarse. Suena como tonto. Los bebés no sueñan con sofás lujosos de 3 metros de longitud, en forma de L. No obstante, los bebés necesitan algunos artículos básicos: quizás no muebles en miniatura sino algunas cosas especiales para su tamaño.

Las sillas especiales para bebé son útiles para acomodar al suyo mientras usted hace los oficios de la casa. Son tan livianas que se pueden mover sin dificultad de una habitación a otra, junto con el bebé. Algunas de esas sillas son ajustables, de modo que, además de que el bebé se puede sentar, también se puede acostar. Algunas se balancean con el bebé, y otras tienen pequeñas cortinitas para que la luz del sol no lo moleste.

Mesas para cambiar pañales

Las mesas para cambiar pañales son, exactamente, mesas para cambiarles los pañales a los bebés. Son como una repisa para libros sin espaldar, y tienen los bordes levantados para evitar que el bebé se caiga. Debajo se pueden guardar pañales y otros artículos necesarios para esa labor.

Afortunadamente, cada vez diseñan mejor las mesas de cambiar pañales. De ser unos soportes débiles, que se tambaleaban con cada movimiento del bebé, ahora son firmes y verdaderamente prácticas. De modo, pues, que si usted se topa con una de las mesas anticuadas y templeques, siga buscando hasta que encuentre la que le conviene.

Desde luego, las mesas de cambiar pañales deben ser lo suficientemente grandes como para que el bebé quepa. También deben tener una correa para sujetar al bebé, que está en la etapa de la inquietud. Si usted está utilizando una mesa que no tenga correa de seguridad, compre una y colóquesela a la mesa. ¡Así de fácil! Otros artículos útiles que puede conseguir son estantes para organizar los pañales, los pañitos húmedos y todas las demás cositas que se necesitan para esos menesteres.

Una alternativa para la mesa de cambio de pañales común y corriente es cualquier mueble que tenga una superficie amplia y plana para colocar al bebé, y algunos cajones o entrepaños para organizar todo lo que se necesita.

Si su casa tiene más de un piso y usted no quiere subir y bajar permanentemente para cambiarle los pañales al bebé (o si no tiene la energía para hacerlo), convierta uno de los baños en estación de cambio de pañales. Utilice el mesón del lavamanos, si es lo suficientemente largo y ancho como para que el bebé quepa acostado. Retire todo lo que haya sobre el mesón, coloque una toalla para acostar encima al bebé, y ponga todo lo que va a necesitar en un cajón debajo del mesón. De esta manera usted tiene a la mano un lavamanos para lavar los pañales que estén *verdaderamente* popis.

Ropa de cama

Probablemente el mueble más grande que va a tener su bebé es la cuna. Pero antes de la cuna, usted debe pensar en una canastilla (también conocida como *abuelita),* que es mucho más práctica que la cuna para los recién nacidos.

Las *abuelitas* son pequeñas, compactas y fáciles de mover por todas partes (al igual que su bebé). Usted puede llevarla con facilidad a dondequiera que lleve al bebé. Pero si no le llama la atención gastar en algo que su bebé utilizará sólo durante corto tiempo, olvídelo. Utilice una cuna.

Es fácil elegir una cuna para su bebé. Los fabricantes de cunas tienen que regirse por las regulaciones oficiales correspondientes, para que sus productos sean seguros para los niños. Lo que usted tiene que hacer es buscar una que haga juego con la decoración del dormitorio del bebé.

Para la cuna de su bebé usted va a necesitar unas mantas livianas y otras más pesadas. Las mantas livianas se utilizan para mantener abrigado al bebé durante el día, cuando está en la casa. Las más pesadas sirven para abrigarlo mientras duerme. Nunca utilice edredones pesados. Su bebé podría quedar atrapado y se podría ahogar.

Los protectores para la cuna se colocan en el exterior de ésta para que el bebé no pueda jugar con ellos. Puede amarrarlos o unirlos con un broche de presión. Esos protectores deben rodear la cuna por todos lados. Si los cordones son demasiado largos, amárrelos y luego corte lo que sobre. De este modo el bebé no podrá tirar del cordón, ni metérselo en la boca.

Si usted decide no comprar una *abuelita*, lleve la cuna al dormitorio suyo. Deje que el bebé duerma en su alcoba hasta que usted crea que ya es lo suficientemente mayorcito como para dormir solo (hacia las seis u ocho semanas). A los padres les gusta que sus bebés recién nacidos duerman en el dormitorio de ellos para poder reaccionar más rápido y

Una luz nocturna

Las luces nocturnas sirven para algo más que asustar al monstruo del guardarropa. Es cómodo tener una luz en algún sitio por donde uno puede pasar en mitad de la noche. Prender la luz brillante del baño a las dos de la mañana es una experiencia muy desagradable para usted y para su bebé. Le sugiero que compre las que son sensibles a la luz, porque se encienden automáticamente cuando oscurece y se apagan cuando aclara. Lo que uno menos quiere hacer es caminar en la oscuridad tratando de encontrar la luz nocturna para encenderla porque uno olvidó hacerlo antes de irse a acostar.

para no tener que caminar medio dormidos por toda la casa cada dos horas (o cada vez que el bebé tiene que comer). Pero no hay una ley ni nada que diga que el bebé debe dormir con los padres. Es sencillamente cuestión de conveniencia.

Nunca utilice una cuna antigua. Puede ser preciosa, pero también puede ser peligrosa. Los muebles antiguos no fueron construidos con los requisitos de seguridad a los que los fabricantes actuales se tienen que ceñir. Por ejemplo, la separación entre los barrotes de las cunas no puede ser mayor de $2\frac{3}{8}$ de pulgada, y entre el colchón y la cuna sólo debe quedar el espacio necesario para que a usted le quepan dos dedos.

Como el colchón encaja de una manera tan precisa en la cuna, es difícil cambiar las sábanas. Lo más fácil (sin tener que contratar a una empleada doméstica) es levantar el colchón, pararlo en un extremo y luego cambiar las sábanas. Esta maniobra permite tener el colchón al nivel de los ojos y se facilita el acceso a las esquinas.

Cuando el pequeño sale de paseo

Como todo un bebé de finales del siglo veinte, su pequeño muy pronto empezará a disfrutar de los rigores de los viajes. Quizás no sean viajes al sur de Francia o a Aspen, pero muy pronto irá con usted al supermercado, a la casa de la abuelita, al parque y a otros lugares (suponiendo que usted es lo suficientemente valiente como para llevar al bebé con todo el equipo necesario).

La indispensable pañalera o bolso del bebé

Mary Poppins tenía un bolso muy especial. Era de buen tamaño, le cabía todo y no hacía que se le alargara un brazo más que el otro. Ojalá hicieran esa clase de bolsos hoy en día. (¿Quien puede olvidar a Julie Andrews cuando sacaba de su bolso todas esas cosas maravillosas en la película de Disney *Mary Poppins?* Incluso el pequeño Michael Banks miraba por debajo de la mesa para comprobar que no era un truco fotográfico. Increíble.)

En la actualidad hay muchos padres que utilizan grandes maletines de viaje, o carteras gigantes, para llevar los pañales, en lugar de utilizar bolsos estilo Mary Poppins, que son tan difíciles de conseguir.

Los maletines de viaje son excelentes. Son más grandes, por lo cual también pueden servir como cartera, además de que les caben los pañales, los pañitos húmedos, la ropa, las mantas y el lavaplatos de la cocina (que ahora usted tiene que llevar a todas partes).

Lo único que las pañaleras comunes y corrientes tienen distinto de esos bolsos son unos bolsillos especiales para colocar los biberones, los cuales impiden que se derramen en el fondo. (Hay, desde luego, todo tipo de tapas especiales para los biberones, para que eso no ocurra.)

Medicamentos

Cuide lo que cuide a su bebé, de vez en cuando él agarrará un resfriado, le dará pañalitis y se caerá por lo menos cien veces antes de que sea grande. Lea el capítulo 23, el cual ofrece algunas sugerencias para mantener un botiquín bien surtido.

Cosas importantes para llevar en el bolso del bebé

La buena noticia es que al ir creciendo su bebé usted verá que cada vez tiene que llevar menos cosas cuando salga con él. Además, cuando los viajes son cortos (como un paseo a comprar helados), usted no tiene que llevar absolutamente todo. (Utilice la lista del apéndice B para comprobar si tiene todo lo que necesita.)

✔ Pañales   ✔ Pañitos húmedos   ✔ Toallita para las agrieras

✔ Protector para cambiar pañales   ✔ Muda de ropa   ✔ Chupete

✔ Ungüento para la pañalitis   ✔ Biberones   ✔ Babero

✔ Número telefónico del médico   ✔ Agua   ✔ Comida y cuchara

✔ Información sobre seguros y alergias   ✔ Manta   ✔ Chupetes para los biberones

Sillita especial para el automóvil

Antes lo único que se necesitaba para sentar a los bebés en el automóvil era una caja sólida y un lazo. Hablo en serio. Una vez nosotros tomamos en alquiler un automóvil que tenía una sillita para nuestro bebé, y era básicamente una caja de melones de fibra de vidrio, con un lazo de nailon. Pero los tiempos han cambiado y ahora las cosas no son tan sencillas.

Usted *necesita* una silla especial para llevar a su bebé en el automóvil. Lo exige la ley. No importa que usted no piense llevar a su hijo a ninguna parte. Hay hospitales que no la dejarán salir con su bebé recién nacido si en su automóvil no hay una sillita especial para él.

Hay muchas marcas de sillas de bebé especiales para los automóviles (con sutiles diferencias de diseño). La más popular es la que se puede soltar de la base y se convierte en una sillita portátil para llevar al bebé por todas partes. También hay unas que se pueden colocar en el coche. No es necesario despertar al bebé para sacarlo del automóvil, ni desabrigarlo cuando hace frío. Sencillamente desprenda la sillita y siga su camino.

Las sillitas de automóvil que se pueden soltar (las que permiten llevar al bebé acomodado en ellas) no son convenientes para los bebés más grandes o más pesados. Para ellos tiene que comprar una silla más grande, o tiene que comprar únicamente la sillita desprendible de un coche.

✔ No utilice sillas de bebé que hayan estado en un automóvil accidentado.

✔ No utilice en el automóvil sillas de bebé que no sean especiales para ese uso (como las de los columpios).

✔ Sujete la silla especial del bebé con los cinturones de seguridad del automóvil.

Hay un artefacto especial que usted va a necesitar para unir el cinturón de seguridad que sujeta a la persona desde el hombro, con el que sujeta a la persona por la cadera. Ajuste este artefacto en el lado opuesto a aquél en que se abrocha el cinturón de seguridad.

✔ Sujete a su bebé con el cinturón de seguridad del automóvil.

Si no le atrae la idea de comprar más de una clase de silla de automóvil para su bebé, trate de conseguir una que pueda utilizar hasta que el bebé pese 40 libras o mida 40 pulgadas. La ley exige que los niños viajen en una silla especial para automóvil hasta ese momento, o hasta que tengan cuatro años.

Si su bebé está grande, o su hijo mayorcito está muy alto, piense en la posibilidad de comprar una silla especial para automóvil de las que sujetan al niño por la cadera. Esas sillas, que habitualmente se utilizan para los niños que están empezando a caminar, son ideales para los niños que están muy grandes para las sillitas tradicionales de automóvil.

Para obtener más información acerca de la seguridad de los niños en los automóviles, lea el capítulo 9, "Hacia un estilo de vida más seguro".

"Si me quisieras, alzarías al bebé todo el tiempo"

Los cargadores hacen que uno se vea como si estuviera convaleciente después de una cirugía para prenderle a uno el bebé a la cadera, al pecho o a la espalda. Sin embargo, la gente que se ha sometido a esa "cirugía" siente que el bamboleo se compensa con la ventaja de poder utilizar las dos manos. Por esta razón, los cargadores de bebé son sumamente prácticos.

Personalmente, yo los adoro y creo que a los niños también les fascinan. Es una idea genial que podamos colocar a nuestro bebé físicamente cerca de nosotros. A los bebés les encanta esa cercanía y son menos inquietos cuando están colocados en uno de esos cargadores.

Tenga presentes los siguientes puntos acerca de los cargadores para bebé:

✔ No es tan fácil acostumbrarse a utilizarlos, pero son muy prácticos para cargar a los bebés, desde que están recién nacidos hasta que empiezan a caminar. Para aprender a acomodar al bebé se requiere tiempo y práctica, pero cuando uno aprende, son fabulosos.

✔ A los bebés les encanta estar desgonzados, que es como quedan en el cargador. Sin embargo, no deje que su bebé permanezca en esa posición durante mucho tiempo, porque se podría sentir incómodo.

✔ Los cargadores que se colocan adelante son excelentes para los recién nacidos, pero son malos cuando el bebé es más grande o cuando está empezando a caminar. Como estos cargadores no tienen ningún apoyo para la espalda, cuanto más grande sea el bebé, más difícil es cargarlo.

✔ Como los cargadores que se colocan en la espalda ofrecen un buen soporte para ésta, los niños se pueden seguir cargando cuando son

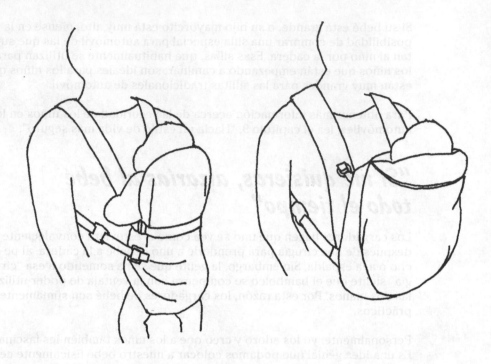

más pesados. Sin embargo, estos cargadores *no* son adecuados para los recién nacidos. Estos bebés no tienen la capacidad de mantenerse erguidos, y los cargadores de espalda no les ofrecen el apoyo que necesitan para la cabeza y el cuello. Si usted coloca a su bebé recién nacido en uno de estos cargadores, se encogerá como una bolita. Usted no quiere que eso suceda, ¿verdad?

✔ El cargador de espalda es una invitación para que su hijo le jale el cabello.

Cosas que su bebé necesitará en algún momento

Las necesidades de los bebés cambian a medida que ellos crecen. Con el cambio de necesidades usted empezará a pensar en comprar algunas cosas nuevas. Pero, insisto, se trata de artículos comúnes para bebés. Las secciones siguientes ofrecen información útil acerca de lo que vale la pena comprar para el bebé más grandecito y de lo que es preferible no comprar.

Herramientas novedosas para la hora de comer

Muy pronto llegará el día en que su lindo y pequeño bebé esté sentado en una silla alta, arrojando los tallarines al piso de la cocina. Por tanto, usted debe estar esperando el momento de comprarle una silla que le permita lanzar esos tallarines con la máxima potencia.

Lo que debe tener la silla alta

✔ Cinturón para la entrepierna

El cinturón para la cadera no basta. Si está muy flojo, el bebé se podría escurrir, enredarse y hacerse daño. El cinturón para la entrepierna se ajusta al de la cadera y no le deja mucha libertad de movimiento al bebé.

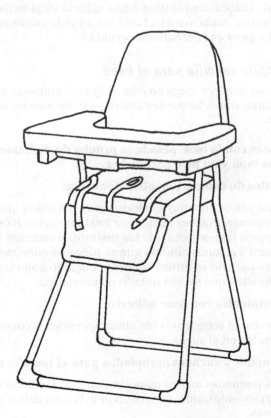

✔ **Bandeja de mover con una sola falleba**

La falleba suele estar colocada al frente y debajo de la bandeja. Como habrá muchas ocasiones en que usted tendrá alzado al bebé con un brazo, el proceso de sentarlo en la silla alta se facilita cuando la bandeja se puede mover con una sola mano. (En los restaurantes, las sillas altas suelen tener dos fallebas.)

✔ **Silla ajustable**

La altura de estas sillas se puede adaptar a la altura de la mesa, para que el bebé pueda participar en una cena familiar o para que el niño mayorcito pueda comer con toda la familia.

Al igual que con todos los productos para bebé, no compre una silla antigua. Si a usted le gustan las antigüedades, hay productos nuevos que se ven como si fueran antiguos, y que además cumplen con las normas de seguridad que tanto necesita su bebé.

No olvide colocar un plástico o una sábana vieja debajo de la silla alta, si hay alfombra. Nada mancha tanto las alfombras como la comida para bebé. (Lo peor es la zanahoria cernida.)

Una vajilla sencilla para el bebé

Cuando su bebé ya tenga un año, él querrá empezar a agarrar su taza y a alimentarse solito. Saque la cámara — y tome en consideración lo siguiente:

✔ **Tazas con la base pesada (a prueba de derrames), dos manijas, una tapa y un pico para beber.**

✔ **Platos de compartimentos separados.**

Esos platos son muy cómodos para los niños que están empezando a caminar, quienes suelen ser bastante selectivos con la comida. A algunos no les gusta que los distintos alimentos se toquen. (Yo conozco a algunos adultos que se niegan a comerse un sandwich si para partirlo se utilizó el mismo cuchillo con el que se partió otro sandwich que estaba untado de mayonesa.)

✔ **Recipientes con base adhesiva.**

Con estos recipientes los niños aprenden a comer sin que el plato termine en el suelo.

✔ **Tenedor y cuchara apropiados para el tamaño del niño.**

Las pequeñas manos manejan con más facilidad estas pequeñas herramientas, que, además, son más adecuadas para las pequeñas bocas.

Cubiertos apropiados para los bebés

En algún momento su bebé logrará manejar una cuchara o un tenedor. Usted descubrirá ese nuevo talento cuando su bebé se niegue a recibir la comida que usted le da. "Quiero mi propio tenedor, ¡y lo quiero YA!"

Los cubiertos para bebé vienen en los tamaños y en los estilos que son de esperar. Si el bebé quiere comer solito, comience con una cuchara. No utilice una cuchara de adulto, ni siquiera una cucharita pequeña de adulto. Compre una cuchara que sea apropiada para el tamaño de la boca de su bebé.

Los tenedores presentan más riesgos porque son puntudos y el bebé se los puede enterrar.

Hay tenedores pequeños y romos, especiales para los bebés. Empiece con éstos, si su hijo le exige un tenedor (que, casi con seguridad, llamará *cuchara*).

Nunca, jamás, en ninguna circunstancia, se le debe dar un cuchillo a un bebé. Y definitivamente nunca se le debe dar un cuchillo de cortar carne. Tampoco un cuchillo para la mantequilla. Los bebés no necesitan cuchillos. Usted es quien utiliza el cuchillo, parte la comida del bebé y luego pone el cuchillo lejos del alcance del niño. Los bebés y los cuchillos hacen el mismo tipo de pareja que la electricidad y el agua. Ni en chiste.

Evite los artículos de vidrio. Se rompen. Usted se dará cuenta muy pronto de que a los bebés les gusta arrojar los platos, los recipientes y los vasos cuando terminan de utilizarlos. Es por la alegría que sienten cuando descubren la gravedad. Si Newton hubiera tenido hijos, no habría necesitado que una manzana se le cayera en la cabeza.

El siempre impopular babero

La función del babero debería ser obvia. Pero no lo es para los adultos. Hasta las personas que comen más de prisa se toman el tiempo necesario para dirigir cuidadosamente la comida hasta su boca. Pero esta precaución sencillamente no es posible cuando se trata de un bebé de 14 meses de edad, que se come los tallarines a manotadas.

Hay una gran variedad de baberos. Algunos son de plástico, otros parecen toallas con un hueco para la cabeza e incluso algunos se utilizan como delantales. Compre lo que mejor le parezca. Si a su bebé le gustan los baberos que tienen patos amarillos, cómpreselos. (¿Cuál es la conexión que hay entre los baberos y los patos?)

Para que ahorre lavadas, *invierta* en baberos. Cuando los bebés cumplen un año, deciden alimentarse por sí mismos. ¿Puedo sugerirle que usted también utilice ropa que no le importe que se unte de tallarines?

Los baberos de tela son apropiados para los bebés que están pasando por el proceso de la dentición. Toda esa saliva tiene que ir a parar a alguna parte, y los baberos de tela absorben todo el líquido, mientras que los de plástico lo dejan escurrir. De hecho, los baberos de plástico no son buenos para nada. No absorben la comida ni el líquido (que es lo que deberían hacer), y si los lava y los seca, se empiezan a volver duros y se rompen. Luego empiezan a oler mal. ¡Uacc! Evite los baberos de plástico.

Nunca sujete muy apretado el babero al cuello del bebé. Dan todavía se acuerda de que, cuando era muy pequeño, tenía miedo de que su abuela lo estrangulara con su babero. (¡En serio!)

Lleve de paseo a su bebé

Nada me duele tanto como ver la manera en que algunos padres arrastran a sus pequeños hijos y les jalan los bracitos regordetes hasta que prácticamente se los dislocan. Como las piernas de los bebés son tan cortas, ellos tienen que dar muchos pasos para poder alcanzar a un adulto que esté caminando despacio. Y, en algunas ocasiones, los bebés no quieren caminar, o no saben hacerlo. En cualquier caso, es hora de que consiga un coche.

Hay básicamente dos clases de coches: los tipo paraguas y los que parecen limosinas de lujo. La diferencia (aparte del precio) es que los primeros son livianos y ocupan poco espacio, mientras que los segundos son más grandes y, por tanto, ocupan mucho más espacio.

A usted — y a su bebé — le corresponde decidir cuál coche va a comprar. Tenga presente que los coches estilo paraguas no son convenientes para los recién nacidos porque: los bebés no se pueden acostar y tampoco les ofrecen soporte para sus pequeños cuerpos. Un bebé en esta clase de coche solamente se puede sentar, y se escurre hasta que queda convertido en una bolita. Luego, poco a poco, se va cayendo hacia adelante, hasta que, por último, se cae al suelo.

Los coches de lujo se pueden utilizar desde el día del nacimiento hasta que el bebé empieza a caminar. Su diseño permite guardar la pañalera y todas las cosas que siempre van junto con el bebé. Esos coches también son excelentes para ir de compras: usted sencillamente acomoda las bolsas en la parte de abajo y sigue su camino.

Cuando vaya a comprar un cochecito para su bebé, fíjese en que tenga lo siguiente:

✔ **Cinturón de seguridad con sujetador para la entrepierna**

Los cinturones tradicionales no siempre son suficientes. Los sujetadores para la entrepierna sirven para que la quijada del bebé no termine enredada en el cinturón del asiento.

✔ **Canastilla grande debajo del asiento**

Estas canastillas son muy prácticas para colocar la pañalera y todo lo que usted puede necesitar (o comprar) cuando sale de compras.

✔ **Frenos para las ruedas**

Como los coches se ruedan si se estacionan en sitios inclinados, los frenos son absolutamente necesarios.

✔ **Base amplia**

La distancia entre las ruedas delanteras y las ruedas traseras y la distancia entre un lado y el otro deben ser lo suficientemente amplias como para que, si el niño se inclina hacia adelante, no corra el riesgo de caerse junto con el coche.

La única ocasión en que los coches tipo paraguas son mejores que los de lujo es cuando uno está viajando. Las líneas aéreas permiten que los niños entren en los aviones en esta clase de coches. En cambio, no permiten que entren en los coches grandes. (En los aviones no hay sitio para éstos.)

Un oído biónico para papá y mamá

Los intercomunicadores que se consiguen actualmente son muy prácticos. El transmisor se instala en el dormitorio del bebé, y se activa cuando está dormido. Además, los padres pueden colocar el receptor en el lugar de la casa que quieran, para enterarse inmediatamente de si el bebé se despierta o si hace algún ruido inusual. De este modo el pequeñito no tiene que llorar y gritar durante 15 minutos para que usted oiga la conmoción.

Utilice el intercomunicador solamente como un aviso cuando su bebé esté dormido. No corra a ver qué le está pasando a su bebé cuando haga cualquier ruidito, porque es posible que se vuelva a dormir sin su ayuda. Antes de sacarlo de la cuna, cerciórese de que esté totalmente despierto y preparado para ello.

No utilice el intercomunicador como justificación para dejar solos a sus hijos mientras están jugando. Usted tiene que supervisar siempre a sus hijos, en particular a los bebés y a los niños más grandecitos.

Artefactos para divertirse

Hay tantos artefactos para que los bebés se sientan felices que uno se marea de sólo mirarlos. Los bebés también se marean, pero de la felicidad, cuando juegan en alguno de esos maravillosos y, a menudo, útiles aparatos.

Saltos de alegría en el saltarín

Un saltarín es una gran entretención para sus hijos (mientras no pesen más de 25 libras). Estos aparatos, que se cuelgan de las marcos de las puertas, tienen una sillita. Usted coloca al bebé en la silla, y él se dedica a saltar y a saltar, y a estar contento.

Los saltarines son excelentes para desarrollar los músculos de las piernas de los niños (en caso de que usted necesite una justificación para comprar uno). Los niños se divierten cantidades. Pero, en general, es un aparato innecesario (como lo es una permanente para el cabello).

Los columpios

Los columpios también son una excelente entretención, y a su bebé le fascinarán. Hacia adelante y hacia atrás. Una, y otra, y otra vez. Los columpios tienen una vida útil muy corta, porque cuando el bebé siente la necesidad de pararse, o de moverse por ahí, el columpio pasa a la historia.

Compre un columpio al cual se le pueda retirar la sillita, para que usted la pueda llevar por toda la casa. La silla es práctica para sentar al bebé. Si usted compra esta clase de columpio, no olvide detenerlo y quitar la silla *antes* de retirar al niño del columpio.

Casi todos los columpios tienen un límite de peso, que suele ser 25 libras. Para algunos bebés este límite puede estar muy lejos, pero para los que crecen como espuma, puede estar a la vuelta de la esquina.

"Mami, quiero habichuelas machacadas"

Es útil tener un procesador de alimentos cuando el bebé está haciendo la transición de la comida para bebé a la comida común y corriente. Sin embargo, estos aparatos son como innecesarios porque uno mismo puede triturar la comida fácilmente con un tenedor, aunque hay algunos alimentos, como las habichuelas, que no son fáciles de triturar.

Lo que usted no necesita obligatoriamente

Aquí hay una lista de artículos que usted se sentirá presionado a comprar (y hasta lo atormentarán los sentimientos de culpa si no los compra):

✔ **Protectores para las rodillas**

Estos artículos sirven para proteger las rodillas de los niños que están empezando a caminar, del duro y frío piso. Es un milagro que tantas generaciones hayan criado niños que llegaron a ser personas de bien, sin estas cosas.

✔ **Asienticos para el baño**

Estas pequeñas chucherías de plástico supuestamente evitan que el bebé se caiga en la bañera... como si nuestros brazos fueran tan débiles, o como si fuéramos a quedar exhaustos con sólo pensar en sostener al niño diez minutos más.

✔ **Recipiente especial para el cereal**

Se supone que estos recipientes sirven para darle el cereal al bebé.

Pero ¡ojo! Lo único que se necesita para darle el cereal a un bebé es una cuchara y un plato hondo. Los bebés tienen que aprender a comer *de la manera normal* en algún momento. Esta clase de artículos lo único que hacen es demorar lo que es inevitable. No lo compre.

✔ **Corral**

A mí no me gustan los corrales. Son como pequeñas prisiones (que es, por supuesto, de lo que se trata). Pueden ser útiles cuando usted esté cocinando y no quiera que su bebé se enrede en los pies suyos, mientras usted maneja las ollas calientes. Pero los padres tienden a abusar de los corrales y meten a sus hijos en ellos durante horas. También se debe tener en cuenta que los corrales ocupan espacio. No haga que su visita tenga que brincar por encima del sofá, sólo para esquivar el corral y poder llegar al baño.

Los corrales solamente son útiles hasta que el niño empieza a gatear. Cuando el bebé aprende a movilizarse, deja de sentirse contento entre el corral.

✔ **Andador**

Se ha encontrado que los andadores causan una gran cantidad de accidentes (tantos, que vale la pena pensar si se justifica tener un aparato de ésos en casa). La posibilidad de que se rueden por las escaleras, o de que las ruedas se enganchen en las puertas o en las alfombras, hace que estos aparatos, aparentemente divertidos, sean sumamente peligrosos.

A los *bebés siempre les regalan los mejores juguetes. A mí nunca me dan nada.* — Blake, 5 años

Equipo de seguridad

Invierta en un equipo de seguridad. Nunca es suficiente lo que uno tiene en casa. El truco es que usted conozca a su hijo. Si le fascina el sanitario, y no puede dejar de meter las manos ahí dentro, usted necesita una cerradura para el sanitario. Los sanitarios son sumamente peligrosos para los chiquitos curiosos. Les gusta agacharse para poder mirar mejor, pierden el equilibrio y ¡plop! Quedan adentro. Si usted no está ahí, su hijo se ahoga. (Afortunadamente, el diseño de las cerraduras para los sanitarios permite abrirlas con rapidez y facilidad, para esas ocasiones en que es necesario abrir la tapa de urgencia.)

Usted puede comprar todos estos aparatos para la seguridad de su hijo donde venden artículos para bebé. También se pueden encontrar en las ferreterías.

Cosas básicas para la seguridad de su bebé

El equipo de seguridad que usted necesita, sin importar la clase de hijo que tenga, es el siguiente:

✔ Protectores para los tomacorrientes.

✔ Cerraduras para los cajones y los estantes.

✔ Barreras para las escaleras y otros lugares prohibidos.

✔ Cubiertas para las cerraduras, de modo que los niños no puedan entrar en ciertas habitaciones.

✔ Jarabe de ipecacuana, para los bebés que creen que el detergente es jugo de manzana.

Lea el capítulo 9, "Hacia un estilo de vida más seguro", para obtener más información acerca de lo que usted puede hacer para brindarles a sus hijos un buen grado de seguridad.

Más, y más, y más cosas

Hay muchas cosas que usted puede comprar para proteger a sus hijos:

✔ Usted puede comprar cubiertas para las llaves de la bañera, con objeto de que sus hijos no puedan abrir accidentalmente el agua caliente.

✔ Venden botones de seguridad para la estufa, y protectores para ésta, de manera que los niños no puedan tocar las ollas calientes.

✔ Hay protectores de plástico para las esquinas de las mesas, que protegen a los niños de esos peligrosos bordes.

✔ Hay un aparato que regula la temperatura del agua, de manera que cuando esté bañando a su hijo el flujo del agua se suspenda si la temperatura aumenta.

✔ Usted puede, incluso, proteger a sus hijos de las alergias, comprando filtros para el aire.

Esta lista no acaba aquí. Venden tantas cosas que sería necesario añadir otro capítulo para enumerarlas. Cuanto más conozca a sus hijos, tanto más sabrá qué debe comprar para que se mantengan lo más seguros que sea posible. Sin embargo, no sobreproteja a sus hijos. La seguridad es importante, pero la paranoia no lo es. Para que usted obtenga más información acerca de lo que significa ser un padre tranquilo, lea el capítulo 5, "El arte de conservar la calma".

Su lección de hoy

Revise siempre el *equipo* de sus hijos en busca de rajaduras o de piezas rotas. Si usted encuentra algún juguete dañado deshágase de él, porque significa que no fue hecho para resistir el uso y el abuso al cual lo han sometido los niños.

Capítulo 18

La alegría de ver crecer al bebé

En este capítulo

▶ Los niños chupan y babosean.

▶ Qué se debe hacer cuando el niño se chupa el dedo.

▶ Consejos para sobrellevar los días felices de la dentición.

▶ Los primeros pasos.

▶ Entrenamiento para utilizar la bacinilla, sin perder la salud mental.

H ay personas que sienten náuseas cuando ven que un niñito está
babeando. ¡Quién sabe qué sentirían si alguno las llegara a babosear!

En cuanto a las babas, ya llegará el día en que sus hijos no vivan todos
babosos. Por supuesto, hay personas que nunca pierden el hábito. Y los
ancianos también babean. Pensándolo bien, babear es parte de la experiencia humana. Precisamente, este capítulo examina esa característica
de los bebés: vivir con la boca hecha agua y babosear todo lo que los
rodea.

Babear es parte del desarrollo de los niños, como lo es la dentición, aprender a caminar y (el favorito de todos) aprender a utilizar la bacinilla. Este
capítulo trata acerca de estos temas, para que cuando ocurran usted
esté preparado para manejarlos (y para que, ojalá, no sienta náuseas).

El arte de chupar y de babosear

Chupar y babosear nunca van juntos. Si su bebé está totalmente dedicado a chupar, entonces no puede estar babeando. Así es como funciona.

Algunas cosas son para chupar

Los bebés chupan desde antes de nacer. Algunos bebés se las arreglan en el vientre materno para encontrarse el pulgar y chupárselo. Por eso es fácil sacar la conclusión de que chupar es un proceso natural y muy gratificante para los bebés.

Como chupar es una de las prioridades de su bebé, usted debe incluir en su lista de necesidades inmediatas dos cosas: *chupetes* y *ganchos de seguridad para agarrarlos.*

En el mercado se consiguen pocas clases de chupetes, de modo que no se complique con este asunto. La diferencia principal está en la forma de la parte que el niño chupa. Algunos la tienen redondeada y en forma de pezón. Otros tienen esa parte plana por un lado, lo que supuestamente permite que la boca del bebé se ajuste mejor.

No se sorprenda si su bebé parece no necesitar el chupete constantemente. Algunos niños nunca se apegan a él.

El gancho de seguridad sirve para sujetar el chupete a la ropa del bebé. Su propósito es mantener agarrado el chupete, para que cuando el bebé lo escupa no se caiga al piso, que está infestado de gérmenes. Nunca utilice nada para sostener el chupete *entre* la boca del bebé. El niño debe poder escupirlo cuando ya no lo quiera.

Con respecto a lo que se les pone entre la boca, los bebés tienen preferencias. Pero como no les podemos preguntar qué les gusta, sencillamente tenemos que adivinar. Le sugiero que compre los dos tipos de chupetes. Si a usted le parece que a su bebé no le gusta uno, déle el otro. Algunos están diseñados especialmente para los recién nacidos y son más pequeños.

Si usted le da el chupete a su bebé, pero a él no parece gustarle, ensaye con otro tipo de chupete. Sin embargo, no insista en meterle el chupete en la boca pensando que él lo quiere. Uno de los aspectos difíciles de ser padre es saber cuándo quiere chupar el bebé, o cuándo quiere comer. Ensaye primero a darle el chupete. Si el bebé se muestra irritado cuando usted se lo mete en la boca, o si lo escupe (o incluso si le dan arcadas), no insista más.

¿Escupe el bebé el chupete constantemente? Entonces aliméntelo. Si eso no funciona, usted tiene que leer el capítulo 16, "Cuando el bebé está irritable".

Vea el capítulo 17 para obtener más información sobre los chupetes y otros juguetes interesantes.

El hábito de chuparse el dedo

Un hábito que les preocupa a muchos padres es el de chuparse el dedo. La regla general es que *no* debemos dejar que nuestros hijos chupen dedo. No es porque sea algo vulgar o malo sino porque es injusto dejar que nuestros hijos adquieran un hábito que algún día tendrán que abandonar. Los niños adquieren hábitos con facilidad, y chuparse el dedo en algunas ocasiones se convierte en un hábito, más que en un medio de satisfacer la necesidad de chupar.

Chuparse los pulgares durante el proceso de la dentición afecta al crecimiento natural de los dientes, y puede hacer que se tuerzan. Estos niños también se habitúan a mover la lengua de una forma que puede llegar a afectar a su manera de hablar.

Uno no puede confiar en que los hijos van a superar el hábito de chuparse el dedo. Los padres han ensayado toda clase de cosas: desde cubrir el pulgar de los niños (que están en la escuela primaria) con cinta pegante o ají, hasta tratar de persuadirlos para que dejen de hacerlo. (A propósito, en algún momento a esos niños les empieza a gustar el sabor del ají. Ésas son las personas que siempre le ponen salsa picante a todo lo que comen.)

✔ Los niños que están en la escuela primaria, y que todavía se chupan el dedo, son percibidos por sus compañeros como menos atractivos, menos divertidos y menos alegres que los demás. Usted no desea que su hijo vaya al colegio chupándose el dedo y que sus compañeros lo menosprecien por un hábito que usted habría podido evitar.

✔ La abuela de Dan le puso a su hermana una media en una mano para disuadirla de chuparse el dedo pulgar. Ella, entonces, empezó a chuparse la media.

Si sus hijos están decididos a chupar algo, sáqueles el pulgar de la boca y déles un chupete. Así aprenderán que pueden chupar, pero que deben mantener las manos por fuera de la boca.

Noventa y ocho por ciento de todas las enfermedades se transmiten por las manos. Lo que menos queremos, como padres, es que nuestros hijos adquieran un hábito que les exige meterse los dedos en la boca.

El molesto baboseo

La abudante salivación de los bébes solamente tiene una causa: la dentición. Pero cuando un hombre babea, habitualmente es por alguna mujer ligera de ropas (este tema es para otro libro).

Lo único que usted necesita saber sobre las babas es que se trata de algo húmedo y que se le prende a todo. De modo que no se altere cuando alce a su bebé y reciba un chorro de babas en plena cara. De verdad, no es tan malo como parece. (Mi situación favorita es cuando, estando en el suelo, alzo al bebé por encima de mi cabeza y recibo un chorro de babas en un ojo, o directo en la boca, si no tengo cuidado).

✔ Cuando los niños están babosos las cosas se humedecen, en especial la ropita de ellos. Usted puede, o bien dejarles puesto un babero para que reciba la saliva, o bien cambiarles la camisita varias veces al día.

✔ No sea perezoso y no le deje puesta una camisita húmeda al bebé. El aire frío sobre una camisa húmeda que se deja puesta todo el día puede hacer enfermar al niño (incluso de neumonía).

✔ A propósito, las mujeres no babean (por lo menos, nunca admiten que lo hacen).

Los días felices de la dentición

Nada produce tanta saliva como la dentición.

La dentición significa que ese bebé tan bonachón y alegre se va a convertir en un bebé malhumorado durante aproximadamente un año. No todo el tiempo sino de vez en cuando. Usted también va a notar que el bebé salivará en exceso. Esté preparado para que las encías se le inflamen y le duelan; a algunos bebés les da fiebre, en algunas ocasiones el popis es ácido (lo cual produce instantáneamente pañalitis), el estómago se altera, y a algunos les da diarrea. Todo eso lo hace a uno pensar si, en realidad, se justifica tener dientes.

Entre las cosas que usted puede hacer para aliviar las molestias de la dentición están:

✔ **El acetaminofén** (por ejemplo, Tylenol para bebés o Tylenol infantil) ayuda a aliviar el dolor. (Antes de darle cualquier medicamento a su bebé, pídale siempre a su médico que le indique la dosis.)

✔ **Las paletas de agua o de crema** hacen que el bebé sienta alivio. El frío se siente agradable en las encías. (Las paletas se derriten y son sumamente pegajosas, y los baberos no controlan del todo la situación.) Compre las paletas que no contienen azúcar o las que están hechas con jugo 100% natural (sin azúcar).

✔ **Los rascadores de encías** pueden ayudar. Algunos son rellenos de agua y se pueden congelar. Como ya se dijo, el frío alivia las encías lastimadas.

✔ **El gel especial para las encías** es un producto que quizás usted desee ensayar. Este producto se aplica en las encías del bebé para aliviar la molestia. Se consigue en las droguerías. Lo único que hay que hacer es leer las instrucciones. ¡Ah! Y buena suerte cuando le vaya a aplicar el gel en las encías a su bebé. Es posible que él no quiera colaborar cuando usted empiece a tratar de meter su dedo en una boquita que ya está bastante adolorida.

✔ **Los cepillos de dientes para bebés** tienen cerdas suaves que su bebé disfrutará masticando. Sin embargo, no deje que él camine o corra con el cepillo de dientes entre la boca. Si se cae, podría hacerse muchísimo daño. Déle el cepillo de dientes solamente cuando esté sentado en la silla alta.

Las encías de su hijo estarán sensibles y lastimadas durante todo el proceso de la dentición. Recuerde que nada de lo que usted haga va a solucionar el problema totalmente. Ni siquiera gel especial ayuda durante mucho tiempo.

Algunos niños no sufren mucho durante la dentición, y es posible que usted no vea algunos de esos síntomas. ¡Considérese de buenas!

Los primeros pasos

De nada se jactan tanto los padres como de los primeros pasos de sus hijos. Los padres comparan a sus hijos con los de sus amigos, y compiten para ver cuál niño caminó primero. Dígales, sencillamente, que su hijo era tan grande cuando nació, que saltó de la mesa de partos y fue directamente a que lo pesaran.

La verdad de esos primeros pasos

Ésta es la verdad: El momento en que sus hijos empiecen a caminar realmente no tiene ninguna importancia. Esa fecha no va a ser un requisito para que ellos encuentren trabajo en el futuro, ni tiene nada que ver con el hecho de convertirse en personas de éxito y bien estructuradas.

A los pediatras les interesa saber cuándo empezó el niño a dar sus primeros pasitos para cerciorarse de que se está desarrollando adecuadamente. Aun así, esa edad varía de un niño a otro. Algunos niños empiezan a caminar a los cinco meses, en tanto que otros no sienten la necesidad de hacerlo antes de los 17 ó los 18 meses. (Estos casos son raros. Lo normal es que los niños hagan sus primeros pinitos en algún momento entre los 9 y los 13 meses.)

La parte importante de que su bebé empiece a caminar es que en ese momento se tambalea por toda la casa, les saca la mugre a las plantas y trata de meter sus juguetes en los tomacorrientes.

Si usted todavía no ha convertido su casa en un lugar a prueba de niños, llegó la hora de hacerlo. Lea el capítulo 17, "Las herramientas propias del oficio", y compre todo el equipo de seguridad que puede servirle en su hogar.

Prepare el hogar para su pequeño acróbata

Recuerde que cuando su hijo adquiere movilidad, se multiplican por diez los moretones y los chichones. Para que éstos se mantengan al mínimo, haga lo siguiente:

✔ **Cuidado con los pies.**

No deje que los niños caminen en el piso de madera o de cerámica con las medias puestas (a menos que tengan algo para adherirse al piso). Los niños se resbalan y les cuesta trabajo mantener el equilibrio. Déjelos descalzos o póngales los zapatos.

✔ **No deje desorden en el piso.**

Desorden significa periódicos, revistas, zapatos, el cable de la aspiradora, cables de extensión, mantas, cojines y juguetes. Para usted es muy fácil caminar sobre todas esas cosas, pero para su hijo pueden representar la diferencia entre mantenerse de pie o caerse.

✔ **Mantenga a los niños alejados del piso húmedo.**

Cuando esté trapeando el piso, coloque a su hijo en la silla alta. Los niños que están empezando a caminar son más livianos que usted y, por tanto, se resbalan en el piso húmedo.

✔ **Tenga cuidado con las esquinas puntiagudas.**

Si es posible, mantenga alejados a los niños de las esquinas puntiagudas cuando estén practicando sus nuevas habilidades. Lo peor son las mesas de vidrio. Esas esquinas son sumamente puntiagudas y pueden ocasionar cortadas y chichones.

✔ **Enséñeles a los hermanos mayores a jugar con los pequeños.**

Enséñeles a los niños más grandes cómo deben jugar cuando haya cerca niños que estén empezando a caminar. Los niños mayores tienen que ser particularmente cuidadosos, porque los que están empezando a dar sus primeros pasos se caen con mucha facilidad. Hasta el viento que se produce cuando otro niño pasa corriendo puede hacer caer a uno que está empezando a caminar.

No se extrañe si, al principio, su bebé camina en las puntas de los pies. Muchos niños lo hacen, pero llega el momento en que dejan atrás esa costumbre. Si a usted le preocupa que su hijo haya adoptado ese estilo para caminar, consulte con su médico. Él o ella lo tranquilizará.

Entrenamiento para utilizar la bacinilla

La mayor parte de los padres no ven con ilusión la época de entrenar a sus hijos para que utilicen la bacinilla. Uno pensaría que a los niños *les gustaría* aprender a usar la bacinilla. Al fin y al cabo, hacer pis o popis en los pantalones no puede ser cómodo. Y que le laven a uno la colita calientica con un trapo húmedo debe de ser una sensación miserable. Pero cuando uno piensa en lo desagradable que es levantarse en medio de la noche para ir al baño (la corriente fría cuando uno levanta las mantas, y sentarse en el sanitario duro y frío), hacer de todo en los pantalones puede dejar de parecer una mala idea en ciertas circunstancias.

La verdad es que su hijo *va a querer* utilizar la bacinilla. Algún día. Quizás no tan pronto como a usted le gustaría, pero llegará el día. No a los nueve meses de edad, ni a los 12, ni a los 16. Enseñarle al niño a usar la bacinilla no es tan difícil. El secreto está en no empezar muy pronto y en no tener la actitud: "Desde hoy, y Dios es mi testigo, mi hijo va a aprender a utilizar la bacinilla". Su hijo tiene que estar preparado tanto físicacomo emocionalmente para utilizarla. No importa cuánto desee usted que llegue ese día, todo depende de su hijo.

El tiempo es el mayor innovador. — Francis Bacon

Como todo lo que su hijo aprende, hacer pis y popis en la bacinilla requiere tiempo. Los niños aprenden a utilizarla entre los dos y los cuatro años de edad. Si eso le parece excesivo, recuerde que sólo entre los 18 y los 24 meses los niños empiezan a reconocer lo que se siente cuando necesitan hacer pis o popis. Antes de esa edad, estas funciones corporales ocurren como por arte de magia. Igual que ciertos cereales, que son deliciosos como por arte de magia.

Cuándo debe empezar el entrenamiento

La mayor parte de los niños dan señales de que están preparados para utilizar la bacinilla. No me refiero a avisos escritos ubicados estratégicamente en la casa, y que dicen: "¡Hola! Estoy listo para esa cosa que me compraste", sino a señales no verbales, como las siguientes:

✔ Correr a una esquina, acurrucarse, hacer sonidos extraños y hasta ponerse rojo.

✔ Durar varias horas con el pañal seco.

✔ Despertarse de la siesta con el pañal seco. Muchos niños no logran levantarse secos de la siesta sino mucho tiempo después de que han aprendido a utilizar la bacinilla durante el día.

✔ Hacer popis con regularidad.

✔ Jalarse al pañal cuando está sucio, o alguna otra indicación de que el niño sabe que algo incómodo le ocurrió. Incluso el niño puede decir que ensució el pañal: "¡Popis!"

✔ Hacerle saber a usted que *tiene que hacer* pis o popis.

✔ Traerle a usted un pañal limpio.

No entre en pánico si su hijo no hace ninguna de esas cosas. Todos los niños son distintos y, por diferentes circunstancias, es posible que sus movimientos intestinales no se presenten con regularidad, que nunca hagan saber que necesitan hacer popis y que siempre estén mojados.

El mito del entrenamiento a temprana edad

Si usted tiene amigos que dicen que han entrenado a sus hijos de nueve meses para que utilicen la bacinilla, siéntase libre de reírse a espaldas de ellos. Lo que en realidad ha ocurrido es que esos padres se han entrenado a sí mismos. Han aprendido a conocer tan bien los hábitos de su hijo, que saben en qué momento va a hacer popis. Y cuando llega el momento, esos padres llevan volando al bebé al baño, colocan a la víctima en la bacinilla, y el bebé entonces hace lo que tiene que hacer.

Si usted habla con esos padres más detalladamente, se enterará de que sus bebés tienen *accidentes* todo el tiempo. (Pero esos bebés en realidad no tienen *accidentes*, porque a los pobres nunca nadie los ha entrenado.) Lo que sucede es que los niños crecen y sus organismos cambian. Entonces, que el niño acostumbre hacer popis después de almorzar no quiere decir que tendrá esa costumbre durante toda su vida.

La etapa educativa

Cuando usted perciba señales de que su hijo puede estar preparado para utilizar la bacinilla, empiece a educarlo acerca de su cuerpo y del popis. Acostúmbrelo también a la idea de utilizar la bacinilla. Sería muy frustrante para usted y para su hijo que súbitamente usted dijera: "Bien, hoy vas a aprender a usar la bacinilla. Aquí está. ¡Úsala!"

Una manera excelente de aprender es mediante la imitación. Así, pues, si usted no es excesivamente modesto o tímido, entre al baño con su hijito para que él vea para qué se utiliza la bacinilla. Dígale qué es lo que usted está haciendo. Si usted tiene un hijo un poco mayor, anímelo a que ayude en el entrenamiento de su hermano pequeño, y a que le demuestre cómo se utiliza la bacinilla.

Cuando su hijo haya aprendido a utilizar la bacinilla, usted también tendrá que enseñarle a limpiarse la colita después de usarla (y no olvide el ritual del lavado de manos).

El momento de sentarse en la bacinilla

Sentarse en la bacinilla y utilizarla es un momento crítico, diferente para todos los niños. Présteles mucha atención a sus hijos para ver cómo reaccionan a todo el asunto. Las bacinillas pueden ser frías y duras... y pueden hacer sentir al niño como si no tuviera ningún apoyo por debajo. Por tanto, no se sorprenda si a sus hijos no les gusta mucho la sensación. Siga insistiendo de vez en cuando; ellos se acostumbrarán, como se acostumbró usted.

Hay tres aproximaciones diferentes para que su hijo se acostumbre a utilizar la bacinilla:

✔ Siéntelo en la bacinilla con regularidad, en los momentos en que usted sabe que tiende a hacer pis o popis.

✔ No se guíe por ningún horario; observe las señales de que el niño podría necesitar hacer popis (como cuando se acurruca, hace ruidos extraños y se pone rojo).

✔ Combine los dos procedimientos. Quizás usted quiera sentar al niño en la bacinilla apenas se despierte por la mañana o al terminar su siesta. Durante el resto del día, fíjese en cualquier señal de que el niño quiere hacer pis o popis. Usted también puede preguntarle si quiere utilizar la bacinilla.

Cuando su hijo ya se haya acostumbrado a la bacinilla, sólo queda sentarlo con disciplina y animarlo a que la use. Toma algún tiempo que el niño empiece a utilizarla sin que usted tenga que pedirle que lo haga.

La experiencia de la bacinilla puede ser divertida

Entrenar al niño para que utilice la bacinilla puede ser demorado. Incluso después del primer "Mami, tengo que hacer popis", habrá episodios interesantes. Entre los que usted puede esperar que se presenten están:

✔ Accidentes hasta los cuatro o cinco años de edad, aunque algunos niños los presentan hasta la edad de diez años.

✔ Accidentes si cambian los horarios, o ciertas condiciones de la vida del niño. También pueden presentarse accidentes cuando el niño está muy emocionado, o cuando está preocupado (algo así como lo que les sucede a los perritos Cocker Spaniel).

✔ Aunque el niño ya pase todo el día sin ningún accidente, es posible que no pueda pasar toda la noche seco. Acuéstelo por la noche con pañal, y más o menos cada dos meses intente dejarlo pasar una noche sin él. Hágale saber a su hijo que él tiene que tratar de pasar la noche sin pañal.

✔ No se enfade ni se preocupe si su pequeño no logra permanecer seco durante toda la noche. No haga una escena si le tiene que cambiar el piyama o las sábanas. Y, definitivamente, no lo haga sentir avergonzado por haber tenido ese accidente. Sea comprensivo y hágale saber a su hijo que a veces esas cosas ocurren. Créalo o no, ningún niño moja la cama intencionalmente. Y eso no tiene nada que ver con la pereza o con la terquedad. Lo que está en juego es, sencilla y llanamente, el control de la vejiga.

Si su hijo está teniendo dificultades para pasar toda la noche sin mojarse, usted le puede reducir la cantidad de líquidos que toma antes de irse a la cama. Déle pequeños sorbos de agua, pero no permita que se tome un vaso entero de gaseosa o de jugo antes de acostarse. Además, pídale que trate de utilizar la bacinilla antes de acostarse.

Consejos útiles para tener en cuenta

Aprender a utilizar la bacinilla es un acontecimiento importante en la vida de los niños. Requiere madurez, control del organismo y consciencia del propio cuerpo. Cuando su hijo tenga algún accidente, no se enoje ni lo grite y, por encima de todo, no le diga cosas ofensivas, como, *bebé*. Usted no regañaba a su hijo cada vez que se caía cuando estaba empezando a caminar. Tampoco lo gritaba cuando se volvía un asco porque estaba empezando a comer solo. Usted tampoco debe enojarse, gritarlo o avergonzar a un niño que está aprendiendo a utilizar la bacinilla.

✔ El niño puede mojarse en la cama hasta los cinco años de edad. Un pequeño porcentaje de los niños sigue mojando la cama hasta los diez años.

✔ La regla de oro para acostar a los niños es que deben tener sueño. La regla de oro para entrenar a los niños para que utilicen la bacinilla es que deseen hacerlo y que estén preparados para ello. Los niños tienen que querer utilizar la bacinilla. Si se oponen a la idea, espere y hábleles de nuevo sobre el tema más adelante.

✔ Deje que sean sus hijos quienes elijan sus pantaloncitos de entrenamiento. Usted puede decirles que van a comprar ropa interior de *niños grandes*. Ellos estarán más conscientes de sus funciones corporales si saben que, en caso de que tengan un accidente, van a ensuciar a *La bella y la bestia*.

Paso a paso se asciende la escalera. — Proverbio turco

Cuanto más tratan los padres de entrenar a sus hijos para que utilicen la bacinilla, tanto más demorado es el proceso y tanto más perturbador es éste para los niños. — Chris Boyatzis

Advertencia: Problemas con la bacinilla

Si su hijo está teniendo dificultades para utilizar la bacinilla, quizás usted está presionándolo mucho para que la use. Su hijo no usará pañales toda la vida. Déle mucho, mucho tiempo al asunto de la bacinilla, y no presione a su hijo a que haga algo para lo cual podría no estar preparado. Y no acepte la presión de otros padres o de algunos miembros de su familia, que piensan que saben más que usted lo que le conviene a su hijo. ¡Detesto que suceda eso!

Su lección de hoy

Algunos padres tienen la sensación de que enseñarles a sus hijos a utilizar la bacinilla es un proceso eterno. No se frustre ni se enoje con su hijo durante esa época. Y no cometa el error de tantos padres: tratar de empezar demasiado pronto y presionar mucho a sus hijos. Tenga paciencia y lea el capítulo 5, "El arte de conservar la calma".

Parte IV
Ayuda para padres desesperados

La 5ª ola   por Rich Tennant

En esta parte...

Está bien admitir que estamos desesperados por algo. En la película *Los diez mandamientos* Ramsés estaba desesperado por el amor de Nefertiti. Moisés estaba desesperado por encontrar a las hijas de Jehro (porque estaba muerto de la sed allá en el desierto) y los israelitas estaban desesperados por cruzar el Mar Rojo antes de que los malos les echaran mano. Como padres, podemos sentirnos desesperados cuando estamos buscando soluciones para los problemas que todos enfrentamos, como encontrar personas idóneas que cuiden a nuestros hijos (sin arruinarnos), encontrar un médico (e ir a su consultorio), manejar la disciplina y el castigo y ponerle límites al uso del agua del baño (si llegara a ser necesario).

Capítulo 19

Pautas para compartir la crianza (el sistema de dos partes)

● ●

En este capítulo

▶ Los dos padres trabajan como un equipo.

▶ El trabajo de ser padre.

▶ ¿Está usted tratando de hacer demasiado?

▶ La importancia de cuidarse a sí mismo.

▶ No olvide a su pareja.

▶ Cómo podemos ser buenos con nuestro compañero de crianza.

● ●

Si usted quiere encontrar un capítulo que pueda omitir, está en el lugar equivocado. Usted tiene que leer este capítulo. No sólo eso sino que usted tiene que cerciorarse de que su pareja también lo lea. Aunque eso signifique tener que agarrarlo en el baño, o tenerle que leer pedacitos en la máquina contestadora hasta que haya oído todo lo que tiene que oír. Hágalo.

Este capítulo trata acerca del trabajo en equipo que les corresponde a todos los padres. Trata acerca de cómo nos debemos cuidar para que, como dicen en el ejército, "seamos todo lo que podemos ser". Trata acerca de formular un plan para que tanto usted como su compañero puedan actuar *juntos* como padres de jornada completa.

Criar a los hijos es más que manejarlos eficazmente. Tiene que ver, también, con ser una familia. Los dos padres tienen que trabajar como un equipo, con todo lo que significa sacar adelante una familia. El trabajo en equipo facilita la crianza de los hijos, fortalece los vínculos afectivos de la familia y permite que todos pasen más tiempo juntos, haciendo cosas divertidas.

Una realidad desafortunada que debemos mencionar es que muchas familias consisten en un solo padre. Si éste es su caso, este capítulo también es para usted. Su compañero de crianza puede ser el adulto que comparte con usted la vivienda, una abuela, un abuelo, un tío, una tía o alguien más. Puede ser cualquier persona que le esté ayudando a criar a sus hijos. No es obligación que sean una mamá y un papá, aunque eso es lo ideal.

Si usted no tiene cónyuge ni compañero, y nadie le está ayudando a criar a sus hijos, este capítulo tiene una sección para usted: Pautas para padres solos.

Padre + compañero de crianza = trabajo en equipo

Un equipo para criar a los niños es como una carrera de relevos. Cuando uno de los padres está muy cansado, el otro lo releva y asume la responsabilidad. Cuando eso no sucede — es decir, cuando uno de los padres se sienta cómodamente y el otro se encarga de todo —, el que pierde es el niño. El niño sufre porque usted empieza a dejar de participar. Usted se desentiende, en vez de dedicarle tiempo y esfuerzo a detener lo que está ocurriendo, como cuando usted ve que su hijo está gateando sobre la mesa (por centésima vez), o que está jugando con el agua del sanitario.

Ser padre no es una ocupación que se realiza por raticos. Es un trabajo que no termina jamás. No importa que los dos padres trabajen fuera del hogar, o que uno de ellos permanezca en la casa y el otro trabaje afuera. Ambos tienen que ser padres de jornada completa cuando estén con los niños (no importa cuándo, ni a qué horas).

No es tarea fácil la del padre que permanece todo el día en el hogar con su hijo. Eso no quiere decir que tenga el día entero para limpiar la casa y para lavar la ropa. Su principal tarea es cuidar al niño. Sin embargo, también cumple esa función durante la noche. El padre que permanece todo el día con el hijo en el hogar necesita la ayuda del padre que trabaja por fuera.

¡Ambos deben ser divertidos!

En la película *Querida, agrandé a los niños,* en un momento determinado alguien dice: "Los papás son para divertirse; las mamás son para las cosas serias. ¿Quién dijo eso? Yo no conozco a ninguna mamá que diga:

"Sí, me imagino que debe de ser divertido jugar con los niños, pero en cambio yo tengo que disciplinarlos, tengo que acostar al bebé cuando está irritado y piensa que no tiene sueño o (mi preferido) tengo que cambiar los pañales sucios". ¿Sabe lo que ocurre cuando los papás nunca comparten las tareas aburridoras? Que las mamás se resienten.

He oído a papás y a mamás decir que se sienten como si fueran solteros porque su compañero no ayuda con las partes *difíciles* de la crianza del hijo. Ambos tienen que comprometerse en todos y cada uno de los aspectos que tienen que ver con la crianza de los hijos. Tanto papá como mamá son para divertirse. Tanto papá como mamá son para las cosas serias. Haga que la crianza de sus hijos funcione así.

Cómo se logra la unidad de criterio sin someterse a una cirugía de cerebro

En el País de las Hadas todo el mundo piensa con el deseo. Antes de que los padres del País de las Hadas tengan hijos, ellos discuten acerca de la manera en que van a criarlos. Pero la realidad se impone cuando uno tiene *sus propios* hijos, y nada sucede como uno había imaginado. Esto es así porque nadie vive en el País de las Hadas.

Habrá momentos en que usted y su pareja no estarán de acuerdo en torno al manejo de ciertas situaciones con su hijo. Pero ustedes tienen que sortear con delicadeza esas dificultades. No es necesario convertir un episodio en que el niño pintó la pared con sus lápices de colores, en un debate acalorado sobre la forma en que se deben manejar las cosas, en especial si el niño está parado precisamente ahí, absorbiendo todo lo que ustedes están diciendo.

A continuación se ofrecen algunas sugerencias para manejar conjuntamente la toma de decisiones:

✔ **No discutan sobre la disciplina.**

En especial frente a los niños. Ellos lo pueden interpretar como si uno de ustedes estuviera de su lado, y el otro no. Los niños podrían almacenar esa información para utilizarla más adelante contra ustedes (no porque quieran hacer algo malo, sino porque lo recuerdan y lo traen a colación después).

✔ **Respeten las ideas del otro.**

Las ideas que tenemos acerca de la educación de los hijos casi siempre provienen de nuestro pasado: o bien del modo en que fuimos educados, o bien de la manera en que hemos visto a otras personas criar a sus hijos. Esté abierto a las opiniones de su compañero. No crea que su forma de pensar siempre es la correcta.

✔ **Aclaren los desacuerdos.**

De este modo ambos se sentirán cómodos con los resultados. Ustedes necesitan ponerse de acuerdo en torno a las reglas del hogar, y a lo que se debe hacer cuando esas reglas se infrinjan. Si ustedes no son consecuentes con esas normas, su hijo se sentirá confuso, decidirá no escuchar a ninguno de ustedes, o — lo que es todavía peor — causará enfrentamientos entre ustedes dos. La situación es bien conocida: "Pero, papá, la abuelita siempre me deja saltar sobre su cama".

✔ **No se inmiscuyan.**

Si usted entra en una habitación y nota que su compañero está manejando alguna situación difícil, trate de quedarse callado y de no inmiscuírse. Las cosas no siempre son como parecen ser, y probablemente usted no sabe qué está sucediendo.

✔ **No ataquen al niño.**

Si ustedes dos ven que está ocurriendo algo que no debería, sólo uno de ustedes debe manejar el asunto. No conviene que parezca como si ambos estuvieran atacando al niño. Si usted nota que su compañero tiene dificultades para manejar la situación, ofrézcale su ayuda.

La importancia de compartir las labores del hogar

El trabajo doméstico es un tema delicado en algunas familias. Si en ese momento su pareja está en el baño, aproveche que no puede salir corriendo.

Compartir el trabajo doméstico no significa necesariamente que usted tenga que dividir las tareas con tanta precisión que a cada uno le correspondan cinco. Significa que usted divide las tareas equitativamente (es decir, de manera justa o razonable). Siéntese y haga una lista de las cosas que usted quiere y puede hacer. Si usted detesta pasar la aspiradora, deje que lo haga su compañero. Si él o ella detesta lavar la ropa, hágalo usted. Si ambos detestan lavar los platos, esperen unos pocos años para que sus hijos se encarguen de ese oficio. Si las tareas cotidianas se vuelven aburridoras, haga algunos cambios en la programación cada semana, más o menos, para que esas actividades no pierdan interés.

Horario de actividades de los dos padres							
	Lun	*Mar*	*Miér*	*Jue*	*Vie*	*Sáb*	*Dom*
Padre # 1							
Hacer la cama							
Aspirar							
Cargar lavaplatos							
Doblar la ropa							
Padre # 2							
Trapear la cocina							
Sacar la basura							
Alimentar al perro							
Lavar la ropa							

Los niños y las tareas domésticas (una especie de servidumbre involuntaria)

Hay una razón por la cual se dice que los niños se *emancipan* cuando cumplen 18 años. Honestamente, antes de esa edad algunas personas consideran a los hijos como su propiedad. Nueve meses formando al bebé, luego el nacimiento, y luego una ayuda en el hogar durante 18 años. Nuestros antepasados ya sabían esto. Tenían hijos más que todo para formar una pequeña fuerza laboral (aunque estoy seguro de que también había algo de *amor* en todo el asunto).

Olvidemos su status político durante un momento: no hay ninguna razón por la que sus hijos no puedan ayudar en la casa. Trate de no convertirlos en pequeñas Cenicientas y no les haga hacer absolutamente todo mientras que usted mira sus programa favoritos de televisión. Lo que se hace en compañía es más divertido, y sus hijos estarán más dispuestos a ayudar si ven que todos están ayudando.

Inicie a sus hijos con pequeñas tareas que ellos puedan realizar, como poner en la mesa los tenedores, las cucharas, y las servilletas. Recuerde que no debe criticar a sus hijos cuando no hagan alguna tarea a la perfección; elógielos y hágales saber que lo están haciendo bien. Recuerde, también, que es posible que ellos no pongan la mesa exactamente como la pone usted. Pero eso es normal. Ellos pueden tener sus propias ideas acerca de la manera en que se deben hacer las cosas. Eso es parte de crecer y de experimentar. Siempre y cuando que hayan entendido la idea, déles espacio para que experimenten.

El tiempo dedicado a las labores domésticas es tiempo dedicado a la familia. Enséñeles a sus hijos desde pequeños a asumir nuevas responsabilidades que no sólo sean de ayuda en la casa sino que les sirvan para fomentar la confianza en sí mismos, para enseñarles que el trabajo es divertido y para afianzar la unidad familiar.

La mejor manera de enseñar es a través del ejemplo. Si sus hijos ven que todos están trabajando, no podrán quejarse de que ellos tengan que realizar ciertas labores. (No es que vayan a dejar de quejarse; es que sencillamente no tendrán justificación para hacerlo.)

Cómo se comparte el cuidado de los hijos (o: criar a Caín fue una labor conjunta de Adán y Eva)

Si usted está atareado con sus hijos, puede parecerle que es muy poco lo que su compañero de crianza puede hacer para ayudarle. ¡Está equivocado! Hay muchas cosas que pueden parecer insignificantes, pero que son de gran ayuda:

✔ **Recoger el desorden.**

Recoja las mantas, los biberones, las toallas o los juguetes que usted vea regados por la casa. A mí siempre me ha llamado la atención que tantas familias puedan caminar sobre una servilleta, como si fuera una ofrenda que sólo ciertas manos sagradas pudieran recoger.

✔ **Compartir las tareas relacionadas con el cuidado de los niños.**

Túrnense para cambiar pañales, para acostar a los niños, para bañarlos, para alimentarlos (desde luego, a excepción del seno, que podría ser doloroso para papá), para sacarles los gases, para ayudar con los oficios domésticos (y todo lo que haya que hacer para cuidar a los niños).

✔ **Darle a mamá tiempo para ella sola.**

Si usted de verdad quiere hacer feliz a mamá, ayúdele a disfrutar de un rato especial en la mañana para que se pueda bañar, maquillar, vestir y todo lo que acostumbre hacer como parte de su ritual matutino. Ese lujo se suele pasar por alto, en especial cuando hay un

recién nacido que sólo mamá puede alimentar. Las mamás primerizas suelen estar tan ocupadas que pasan casi todo el día sin poderse arreglar. Se sentirían mejor si dispusieran de unos cuantos minutos para ellas solas y para lavarse el vómito del bebé.

✔ **Darle a la pareja tiempo libre de vez en cuando.**

Por mucho que amemos a nuestros hijos, en algunas ocasiones es
conveniente estar sin ellos durante una hora, o algo así, con objeto
de pasar un rato a solas. Esto es necesario para los dos padres.

Compartan los momentos que fomentan el apego

Infortunadamente, algunos papás se sienten desvinculados de su bebé
porque no lo pueden amamantar. Algunos padres sienten que los recién
nacidos son solamente de la mamá. Los papás tienen que participar en la
vida de su hijo recién nacido con el mismo interés y con la misma energía que aplican las mamás. Si utilizan la imaginación y le dedican un poquito de tiempo, ellos pueden pasar con su bebé casi la misma cantidad
de tiempo que pasan las mamás.

✔ Papá también puede estar recostado en la cama mientras mamá
amamanta al bebé. Éstos son momentos cálidos y tiernos en que el
bebé está en medio de sus padres.

✔ Papá puede darle el biberón al bebé (con la leche que mamá se ha
extraído).

✔ Mamá y papá pueden entretener juntos al bebé.

✔ Papá y mamá pueden bañar juntos al bebé.

*Les pregunté a mis alumnos qué preferían que sus padres les dieran: dinero
o tiempo. La respuesta unánime fue: tiempo.* — Jonnie Johnson, profesor
de séptimo grado

Al crecer sus hijos, usted seguirá deseando pasar esos ratos íntimos con
ellos. Póngase citas con su hijo para hacer cosas juntos, en las que solamente participen mamá y él, o papá y él. Esos momentos son excelentes
para que usted se acerque a su hijo y para hablar sin interrupción. Esas
salidas no tienen que ser costosas. Hagan algunas diligencias, vayan al
supermercado, caminen un rato o paseen en bicicleta.

Pautas de crianza para padres solos

No compartir con nadie la crianza de los hijos tiene sus ventajas y sus desventajas. La ventaja es que usted no tiene que discutir con nadie acerca de la educación y de la crianza de su hijo (usted hace lo que quiere). Y usted puede tener unos hijos maravillosos que lo amen hasta el final de los tiempos (siempre y cuando que usted no los avergüence delante de sus amigos).

La desventaja de no compartir la crianza es que no hay nadie para ayudarle. Hacer todo solo significa que no hay otra persona que lo ayude cuando usted se siente enfermo o cansado después de un largo día de trabajo. Significa que usted solo tiene que encargarse de la disciplina, del castigo, de la limpieza, de la cocina, del lavado de la ropa... y la lista sigue y sigue.

La clave para criar a un hijo cuando no se comparte esa responsabilidad, es descubrir lo que a uno le parece más difícil de la crianza, y enfrentarlo. Como la falta de ayuda y de respaldo puede parecerle a usted lo más difícil, haga lo necesario para resolver ese problema:

- ✔ Pídale a su familia (si está disponible) que pase tiempo con su hijo.

- ✔ Busque un grupo infantil al cual se pueda vincular su hijo para jugar. Él tendrá la oportunidad de interactuar con otros niños y usted tendrá la oportunidad de interactuar con otros padres.

- ✔ Vincúlese a alguna organización que fomente la unidad familiar. Por ejemplo, las que promueven el deporte en familia, los grupos religiosos, los programas de voluntariado social, etc.

Si usted recibe apoyo, pero no encuentra *tiempo* para dedicarse a sus hijos, intente lo siguiente:

- ✔ Contrate a una persona para que haga las tareas domésticas un día a la semana, un día al mes, o lo que le permitan sus finanzas.

- ✔ Enséñeles a sus hijos a ayudar en las tareas domésticas y en la cocina. Los niños hacen un trabajo excelente cuando se les pide que separen las hojas de la lechuga para la ensalada.

- ✔ Organice con sus amistades un programa de intercambio, en el que todos se turnen para hacer la comida (o para limpiar la casa de los demás) una vez a la semana.

- ✔ Sálgase puntualmente de la oficina y váyase a su casa. La presión de trabajar duro es todavía más fuerte cuando no se cuenta con un ingreso adicional. Sin embargo, usted es responsable ante sus hijos de irse a casa para estar con ellos.

Muchas personas *eligen* ser madres o padres solteros. Pero otras personas no eligen eso y tienen que enfrentar la situación solos. Sea cual sea su situación, recuerde que su primera prioridad son sus hijos. ¡Buena suerte!

¡Miren! ¡Allá va la supermamá!

En el decenio de los años 80 se puso de moda el término *supermamá*. Era el síndrome de las madres que trataban de ser las mejores en todos los campos. Esas mamás trataban de ser supermamás, superempleadas, superesposas y superamas de casa. ¡Supermagníficas!

Infortunadamente, mamá se dio cuenta de que no estaba desempeñando con eficiencia todos esos trabajos porque estaba intentando hacer demasiadas cosas. La solución para las supermamás fue renunciar a algunas de esas actividades. (Algunas decidieron dejar que su dormitorio permaneciera desordenado, otras decidieron salir del trabajo a las 5 P.M. en punto para irse a su casa y estar con su familia, en vez de trabajar horas extras.)

El síndrome de la supermamá no se limitó al decenio de los años 80. Todavía existe. En lo único que ha cambiado es en que actualmente no se limita a las madres. Los padres se unieron a las filas de las personas *superocupadas*.

La curación de este síndrome es tener prioridades. La prioridad número uno debe ser su familia. Todo lo demás debe ser secundario. Como usted no puede dejar de lado lo demás (aunque dejar de lavar la ropa debe de ser delicioso), es hora de que mire las cosas desde un ángulo diferente.

✔ **Pídale ayuda a su familia.**

No existe ninguna razón por la cual una sola persona de la familia tenga que asumir todas las responsabilidades. Sí, y aunque Batman tiene cantidades de juguetes sensacionales, necesita a Robin. Haga que todos participen en la cocina, en la limpieza, en el trabajo del jardín y en las compras. Las posibilidades son infinitas.

✔ **Sálgase del trabajo a la hora fijada.**

Es un trabajo. Si el suyo es como la mayoría, entonces seguirá estando ahí cuando usted llegue mañana.

✔ **Organícese.**

Organice el trabajo doméstico de cada día para que no desperdicie ni pierda tiempo. Haga listas de lo que cada miembro de la familia tiene que hacer, para que todos sepan lo que se espera de ellos.

✔ **Limítese a hacer tres cosas.**

La mayor parte de las personas podemos hacer malabares con tres cosas al mismo tiempo. Pero cuando agregamos una cuarta actividad — como liderar un grupo, o como ofrecernos de voluntarios para llevar a los niños a la iglesia, o para ser tutores en la escuela — es cuando nos tropezamos, nos agotamos y fracasamos.

Sea bueno con usted mismo

Para que usted sea el magnífico padre que puede ser, usted primero tiene que ser la magnífica persona que puede ser. Cuando uno se siente bien con uno mismo, ese sentimiento irradia, y los demás también se sienten bien. Cuando uno se siente cansado y no se ha podido cuidar, las demás personas lo perciben, incluidos los hijos. Se pierden el entusiasmo y la paciencia y desciende el nivel de energía. También se tiende a perder la capacidad de concentrarse, e incluso se tiende a la irritabilidad (aunque lo común es negarlo).

Para que usted tenga toda la energía que necesita para ser ese padre maravilloso que siempre ha querido ser, haga del ejercicio, de la dieta (no significa *no* comer sino comer lo correcto), y del descanso, una parte importante de su vida. Piense en alguna excusa original para responder las siguientes preguntas:

¿Por qué no hace ejercicio?

¿Por qué come tantas galguerías?

¿Por qué no descansa nunca lo suficiente?

¡No hay excusa que valga! Usted no encontrará ninguna que no haya sido esgrimida antes. Incluso la excusa de que "llegaron los extraterrestres y me obligaron a comerme este pastel" ya ha sido utilizada (y nadie me creyó).

Exorcice los demonios de la pereza

Hacer ejercicio no quiere decir que usted tenga que asociarse a algún club deportivo, ni que tenga que sudar como un caballo para estar en forma. Quiere decir que usted coloca al niño en el cochecito, en la carretilla, o en lo que sea, y que camina entre 20 y 30 minutos, tres o cuatro veces por semana. Eso es lo que aconsejan los *expertos en salud*.

Hay una cantidad de ejercicios que se pueden practicar en el suelo, y que los niños también pueden hacer. Haga abdominales al tiempo que tiene al bebé colocado en su abdomen. Levante las piernas mientras su hijo juega junto a usted con su juguete favorito. Apueste con sus hijos para ver quién hace más abdominales en diez minutos. Como no se trata de una cirugía de cerebro, estoy segura de que a usted se le pueden ocurrir unas cuantas cosas más.

La mejor manera de encontrar tiempo para hacer ejercicio es:

✔ Apagar la televisión. Puede ser perjudicial y nos roba tiempo que necesitamos para otras actividades que son importantes en nuestra vida.

✔ Hacer que todos ayuden a lavar los platos y a limpiar la casa, para que *todos* puedan salir a caminar después de la cena.

✔ Programar sus ratos de ejercicio. Es más probable que usted haga ejercicio si éste se convierte en parte de su rutina.

Percátese de algo muy importante. Cuando una mujer tiene un hijo, es posible que ella cambie de talla y que ya no sea la misma de antes. (Papás: no hay excusa para ustedes.) El peso puede descender hasta llegar a ser el mismo de antes, pero el cuerpo puede cambiar. Las caderas tienden a volverse más gruesas, el busto tiende a achicarse o a agrandarse, y hasta es posible que los pies crezcan (eso sucede si usted utiliza zapatos de tenis o si camina descalza más de lo que acostumbraba). Es el precio que se paga por tener un precioso bebé.

Hay algunas mujeres que recuperan la silueta y vuelven a verse tan delgadas como antes, pero a nosotros no nos gustan esas mujeres.

Trotar es una excelente manera de volver a oír una respiración profunda.
— Lo dijo una persona muy graciosa

Aliméntese correctamente (¡deje esa torta!)

Es fácil ganar peso después de tener un hijo. No es necesariamente porque la mamá coma en exceso sino porque tiende a dejar de comer lo correcto y empieza a comer galguerías altas en azúcares y carbohidratos.

¿Recuerda lo bien que se alimentaba cuando estaba embarazada? (En efecto, se suponía que debía alimentarse bien.) No permita que sus ocupaciones con los niños la hagan caer en el mal hábito de alimentarse únicamente con comidas rápidas o de comer galguerías todo el día.

Usted no tiene que ser una cocinera de talla internacional para preparar comidas bien equilibradas. Tome unas bolsas de vegetales congelados, meta un pollo al horno y ¡la comida está lista! Recuerde que todos le deben ayudar a preparar la comida y que usted no tiene que hacer todo sola. Pida ayuda y delegue algunas tareas.

¡Apúrese y descanse un poco!

Cuando somos jóvenes preferimos no dormir siesta porque es posible que, si cerramos los ojos, nos perdamos de algo bueno. Como adultos, casi todos pagaríamos por la oportunidad de dormir una siesta.

Como madre, usted debe estar bien descansada por el bien de sus hijos. Si puede, recuéstese y descanse cuando sus hijos estén descansando. Pero no trate de que ellos duerman siesta cuando *usted* tiene sueño. Eso no funciona. No se quede despierta mirando televisión, si sabe que tendrá que levantarse cuatro horas después para alimentar al bebé.

Algunos padres dicen: "Es que no me puedo perder las noticias de la media noche". Lo que en realidad están diciendo es que las noticias de la media noche son más importantes para ellos que el descanso. No les importa que al día siguiente estén cansados y no sean productivos. Tampoco les importa no tener la energía que necesitan para pasar un rato compartiendo alguna actividad con sus hijos. Como padre, usted tiene que hacer lo que es *correcto*, y eso no siempre es lo más divertido.

Algunos padres sienten que el día no les alcanza para hacer todo, de modo que consideran que tomar una siesta es perder el tiempo. Ésa es la razón por la que usted necesita que todos le ayuden a limpiar, a cocinar y a cuidar a los chiquitos. El trabajo nunca termina. Siempre habrá alguien que ensucie un plato, o que quiera comer algo. Por tanto, no se preocupe si no alcanza a hacer todo durante el día. Siempre está el día siguiente. Sí; el sol saldrá mañana. Le apuesto lo que quiera.

No descuide a su pareja

Mire cualquier revista en el supermercado y, con seguridad, encontrará un título que dice: *Cómo mantener vivo el romance* o *¿Sabe usted besar?* o *¿Es la cerveza más importante para él que usted?* Todo este capítulo se refiere a lo que usted puede hacer para consentirse y darse gusto, para que se sienta bien con usted misma (y, a la vez, para que les enseñe a

sus hijos a sentirse bien consigo mismos). Recuerde que los niños aprenden gracias al ejemplo. Si usted es feliz, si se ríe y se divierte con su pareja, es más probable que sus hijos también lleguen a ser personas felices.

Haga el esfuerzo de pasar tiempo con su pareja. No se dedique tanto a
sus hijos, al trabajo, a las labores del hogar, o a lo que sea, que se le
olvide salir con él o ella para estar solos. Sus hijos necesitan saber que
ustedes tienen una vida aparte de ellos, y que ustedes no son solamente
mamá y papá.

*Lo más importante que un padre puede hacer por sus hijos es amar a su
madre.* — Theodore M. Hesburgh

Esto es lo que ustedes tienen que hacer:

✔ **Ponerse citas para salir.**

Solamente ustedes dos. Y no tienen que gastar dinero en un restaurante o en un cine. Paseen por un centro comercial, vayan a un con-
cierto en el parque, jueguen tennis. Hagan algo juntos, sin los niños.
Si ustedes dos están tan ocupados que han pasado tres semanas y
todavía no han hecho nada juntos, tomen un calendario y marquen
una fecha. Comprométanse a que ninguno de los dos cancelará una
cita que hayan concertado de ese modo.

✔ **Mantener vivo el romance.**

Sí, probablemente hubo un tiempo cuando ustedes dos acostumbra-
ban hacer el amor juntos (y al mismo tiempo). Éste podría ser otro
aspecto para programar en el calendario. Sé que suena poco romántico, pero háganlo. Coquetéense todo ese día. No olviden darle a su
pareja abrazos y besos, y todas las demás cosas que hacían cuando
estaban tratando de conquistarse mutuamente.

✔ **Hacer algo especial el uno por el otro.**

Tráigale flores a su esposa. Póngale a su marido una notica amorosa
en la bolsa del almuerzo. Hagan un esfuerzo mutuo por demostrarse
que son importantes el uno para el otro.

✔ **Recordar las palabras importantes.**

Es imperativo que usted le haga saber a su pareja que piensa que él
o ella es una persona especial. Una manera de hacerlo es a través de
las palabras que utilizamos. Nunca, nunca, diga: "No necesito decirle que lo/la amo. Él/ella lo sabe". Eso es una estupidez. Si hay algo
que sus hijos necesitan, es oír a sus padres decirse que se aman.
Además, si usted no le expresa su amor a su pareja, ¿sí recuerda
decirles a sus hijos que los ama?

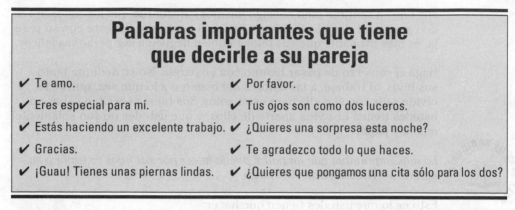

Palabras importantes que tiene que decirle a su pareja

✔ Te amo.

✔ Eres especial para mí.

✔ Estás haciendo un excelente trabajo.

✔ Gracias.

✔ ¡Guau! Tienes unas piernas lindas.

✔ Por favor.

✔ Tus ojos son como dos luceros.

✔ ¿Quieres una sorpresa esta noche?

✔ Te agradezco todo lo que haces.

✔ ¿Quieres que pongamos una cita sólo para los dos?

El día en que nos convertimos en padres nace nuestro *gen de la culpa*, y de ahí en adelante siempre nos sentimos culpables por algo que hemos hecho. (A menos que hayamos sido educados como católicos. En ese caso, la culpa es una condición natural.) No se sientan culpables por querer pasar tiempo solos. Sus hijos aprenderán que sus padres se aman, que ustedes dos quieren que su relación prospere, y que para lograrlo deben pasar tiempo juntos.

No se sorprenda si su vida sexual cambia cuando nacen los niños. Eso no significa necesariamente que ustedes tengan un problema sexual. Cuando nace su bebé, a muchos padres se les olvida durante varios meses que tenían vida sexual. El tremendo cansancio que produce la crianza de los hijos tiende a bloquear ese aspecto de la vida. No olvide que hay otras formas en que ustedes pueden tener intimidad.

Comportémonos, ¿sí?

La manera en que ustedes dos se comportan como pareja les transmite mensajes a sus hijos. Si ustedes dos se tratan con afecto, con amabilidad y con justicia, sus hijos aprenden a comportarse con sus hermanos y con sus amigos de la misma manera. Sus hijos también aprenden a manejar los conflictos basándose en la forma en que ustedes dos manejan las dificultades.

La comunicación entre usted y su pareja debe ser abierta y honesta. Está bien decirle que usted se siente cansado, triste, preocupado, soñoliento, feliz, irritable, aletargado, o lo que sea. No piense que tiene que esconder la ira o la desilusión. Aprenda a manejar esos sentimientos y a superarlos. Sus hijos necesitan aprender que esos sentimientos son naturales en

Cosas divertidas para hacer en pareja

✔ Tomen juntos un baño de burbujas, con velas prendidas y una botella de Coca-Cola dietética. (De acuerdo, el vino es más romántico, pero no se embriaguen en la tina.)

✔ Escríbanse noticas de amor y escóndanlas en sitios donde, con seguridad, su pareja las encontrará después.

✔ Salgan con otra pareja. La compañía de personas adultas es agradable. Por supuesto, todos terminarán hablando de los respectivos hijos.

✔ No olviden lo divertido que puede ser quedarse en la casa. Ordenen comida a un restaurante, prendan velas, escuchen música y acarícense y abrácense en el sofá.

✔ Manden los niños a donde los vecinos, y dénse masajes.

✔ Váyanse temprano a la cama y traten de recordar, en primer lugar, qué fue lo que hicieron para tener esos lindos niños.

todo el mundo. Pero, más importante todavía, es el hecho de que sus hijos necesitan saber cómo se deben comportar cuando experimentan esos sentimientos y lo que deben hacer para sentirse mejor.

Se puede discutir frente a los hijos siempre y cuando que la discusión sea limpia y honesta. Sin arrojar objetos, sin maldecir, sin gritar, sin sarcasmo y sin golpes bajos (es decir, sin sacar a relucir situaciones o hechos que no tengan cabida en esa discusión particular sino, quizás, en otra). Sus hijos aprenderán que, a pesar de que usted esté en desacuerdo con alguien, sigue amando a esa persona. Sería horrible pasar la vida creyendo que cada vez que tenemos una discusión con alguien, esa relación debe terminar. La clave de las discusiones entre la pareja es que los niños vean que sus padres llegaron a una conclusión feliz, que se dieron un beso y que todo se arregló.

Lo que cuenta para la felicidad del matrimonio no es tanto la compatibilidad que haya entre los cónyuges, como la manera en que manejen la incompatibilidad. — George Levinger

Discutan en privado las desavenencias que tengan respecto de los hijos. Aunque a ellos les conviene saber que ustedes tienen desacuerdos de vez en cuando, no necesitan oír ese tipo de discusiones. Ellos utilizarán esa información contra ustedes dos más adelante (es decir, si son lo suficientemente grandes como para entender lo que ustedes están diciendo).

Por otra parte, no teman ser afectuosos el uno con el otro delante de sus hijos. Es sano que los niños vean a sus padres hacerse cariños y darse besitos. Pero, por favor, dejen las demás muestras de afecto para la intimidad de la alcoba.

Su lección de hoy

Dependemos tanto de nuestra pareja, que si la relación no está marchando muy bien, cualquier problema afecta a la relación con nuestros hijos.

Capítulo 20
Habilidades sociales de las que nos podemos sentir orgullosos

---

En este capítulo

▶ La importancia de tener expectativas realistas.

▶ Las salidas a comer con los hijos.

▶ Los viajes con los hijos.

▶ Las salidas a cine con toda la familia.

L as personas versadas en habilidades sociales saben que nadie se debe hurgar la nariz en público, que no es correcto peinarse en la mesa del comedor, eructar en público o rascarse delante de otras personas. Todo eso debería ser obvio. Hay, además, habilidades sociales más sutiles: Si en la mesa hay más de un tenedor, se debe comenzar por el que esté más afuera; se deben mandar notas de agradecimiento a quienes nos hacen un regalo y, cuando la tía Debra se haya pintado el pelo, nunca se le debe decir que le quedó anaranjado.

No es fácil aprender habilidades sociales, pero son una parte importante de la vida que debemos enseñarles a nuestros hijos. La parte más difícil es que tenemos que sacarlos para que las practiquen en público.

Las habilidades sociales de los hijos y las expectativas de los padres

Las habilidades sociales (como, por ejemplo, comer afuera, ir a fiestas, viajar, y hasta jugar con otras personas) son conductas aprendidas que requieren mucha práctica y, en algunos casos, programarlas con anticipación. Usted debe tener en cuenta ciertas cosas cuando esté enseñándoles a sus hijos a comportarse como todas unas damas, o como todos unos caballeros.

No espere mucho de sus hijos pequeños. Ellos apenas están aprendiendo y, sinceramente, todo eso es difícil de aprender. Muchos adultos nunca aprendieron habilidades sociales (como su abuela Shirley, que siempre pone la caja de dientes en la mesa cuando ha terminado de comer). Hay cosas que, sencillamente, no se deben hacer.

Muchas actividades sociales requieren que permanezcamos sentados bastante tiempo, lo cual puede ser muy aburridor para los niños. Como adultos, solemos entretenernos cuando estamos aburridos. Como padres, tenemos la responsabilidad de entretener a nuestros hijos cuando se aburran en las actividades sociales. Si no lo hacemos, ellos encontrarán la forma de entretenerse: golpearán el espaldar de su banca en la iglesia, le arrojarán pedazos de pan al camarero, gritarán sólo porque les parece que suena bien, harán ruidos desagradables durante la boda de nuestro mejor amigo, y mucho más.

Cualquier actividad social resulta más agradable si su hijo está descansado, si no está enfermo y si no tiene hambre. Hágale saber a su hijo cómo va a ser el evento y cómo espera usted que él se comporte. Lea la sección, "Explíqueles a sus hijos lo que espera de ellos", en el capítulo 2.

Los niños prefieren jugar con los niños que se portan bien y que tienen buenos modales. Usted cometería una injusticia con sus hijos si no les enseña a comportarse, y a jugar, en la forma correcta.

Salidas a comer con los niños (a sitios distintos de McDonald's)

Sí; sí es posible salir a comer a sitios distintos de McDonald's. No es necesario esperar hasta que sus hijos lleguen a la pubertad para que se enteren de que no todos los restaurantes tienen un gran arco dorado al frente, y de que en algunos lugares sirven la comida en platos de verdad.

Las salidas a comer con los pequeños

Salir a comer con los infantes no tiene ningún problema porque ellos se portan bien. Se sienten felices cuando están sentados muy quietecitos, dedicados a ser lindos, y a mirar para todos lados. De vez en cuando escupen la comida, únicamente para impresionar a los demás comensales. Siga estos consejos:

✔ **Trate de que sus salidas a comer coincidan con la hora en que su hijo duerme.**

Lo ideal es que usted alimente al bebé apenas lleguen al restaurante, para que él se quede dormido mientras usted y su pareja disfrutan la cena.

✔ **Pida una mesa en un reservado.**

En los reservados habitualmente caben las sillas de bebé, de modo que su hijo puede dormir junto a ustedes. Además, los reservados son un poco más aislados, más oscuros y más apropiados para que el bebé duerma. Y, si usted tiene que amamantarlo, ese sitio le ofrece un poquito más de intimidad. Los mejores son los que están ubicados en alguna esquina del restaurante.

✔ **Si el plan no coincide con la hora de la siesta, lleve bastantes provisiones para que el bebé esté contento.**

No hay nada tan molesto para los padres, y para los demás comensales, como comer mientras un bebé da alaridos. Entre las cosas que usted debe llevar están: suficientes pañales y pañitos húmedos; leche, jugo, y biberones con agua; toallita para las agrieras; una manta (porque en los restaurantes puede haber corrientes de aire frío); y juguetes de peluche, que son adecuados para que el bebé los muerda.

✔ **No le lleve al niño juguetes duros, como maracas de plástico.**

Como los bebés no tienen buen control de sus brazos, en algún momento terminan por pegarse en la cabeza. Ese número es gracioso en las películas de los Tres Chiflados, pero no tiene ninguna gracia cuando es su bebé quien lo ejecuta.

Salidas a comer con los bebés más grandes, con los gateadores y con los mayorcitos

Con los bebés más grandes, con los que están empezando a caminar y con los niños mayorcitos se requiere más planeación e imaginación que con los infantes. Ellos no se conforman sencillamente con ser lindos; ellos quieren que los entretengan. Quieren pararse, pasear por todo el restaurante y fijarse en lo que los demás están comiendo (y hasta es posible que le pidan uno o dos bocados a alguien).

✔ **Lleve suficientes provisiones.**

Entre esas provisiones están pañales, pañitos húmedos, leche, jugo, agua, alimentos (si su hijo no va a comer algo del menú o de su plato), manta y juguetes. Como antes, no lleve juguetes duros: son magníficos para golpear la mesa o la silla alta, pero por ningún motivo se pueden permitir en un restaurante. Entre los juguetes adecuados para llevar están los libros de plástico, los lápices de colores y un cuaderno para colorear. Muchos restaurantes les suministran estas cosas a los niños. Déle a su hijo los juguetes y los bocados de comida uno a uno, y solamente cuando los requiera. (En otras palabras, no desocupe todo el bolso de los juguetes sobre la mesa.)

✔ **Salgan a comer cuando sea la hora de la comida de su hijo, y no cuando ya haya pasado.**

La mejor forma de mantener quieta a cualquier persona, incluidos los niños, es darle comida (muy bueno saberlo para cuando lleguen de visita sus parientes políticos). Es probable que si ustedes salen a comer cuando sus hijos no tienen hambre, ellos se impacienten rápidamente. No hay nada tan aburridor como tener que esperar sentado mientras otra persona come.

✔ **Pídale al camarero que les traiga la comida a los niños lo más rápido que sea posible.**

Pero sólo si sus hijos están irritables porque de verdad tienen hambre. Si no es así, haga que esperen su comida, como todos los demás.

✔ **No llene a sus hijos de comida antes de que llegue su pedido (como galletas, jugo o leche).**

Entreténgalos de una manera apacible, como, por ejemplo, jugando algo con ellos. Por esta razón, usted necesita llevar colores y un cuaderno de colorear. Los pequeñitos se distraen mucho con las cucharas o con las servilletas.

Si sus hijos se están poniendo irritables y no les han traído la comida, usted y su pareja pueden turnarse para sacarlos a caminar unos minutos. Visiten el vestíbulo del restaurante, pero eviten pasearse entre los demás comensales. Y nunca les permita a sus hijos que caminen solos, a menos que sea en el vestíbulo, lejos de los demás comensales.

Normas y regulaciones de los restaurantes

Cuanto más pronto aprendan usted y sus hijos las lecciones básicas sobre las salidas a cenar en los restaurantes, tanto más fácil será manejar esa situación en el futuro.

No permita que los niños griten ni hablen en voz alta

Saque del restaurante a los niños cuando empiecen a gritar, y espere hasta que se hayan calmado. La mayor parte de las personas toleran un llanto corto cuando no les estamos dando la comida a los niños con la suficiente rapidez. Pero el llanto *de ira* se debe manejar en otro sitio.

Por supuesto que no es posible enseñarle a un bebé que no debe llorar, pero usted sí puede tratar de encontrarle una explicación a ese llanto. Revise la lista de razones por las cuales los bebés lloran (lea el capítulo 16, "Cuando el bebé está irritable"). ¿Tiene su bebé hambre o sed? ¿Necesita el chupo? ¿Tiene mojado o sucio el pañal, necesita que lo cambien de posición, o sencillamente está cansado? Desde luego, hay llantos que quieren decir: "Estoy enfadado porque no me dejas jugar con tu puré de papas" o "Me pegué en la cabeza con esa estúpida maraca que tú me diste... y me duele". Usted puede manejar esta clase de llanto con caricias y besos, o puede salirse del restaurante durante unos momentos. El cambio de ambiente sirve en algunas ocasiones para que los niños olviden por qué están llorando.

Si usted practica estos consejos, sus hijos crecerán sabiendo lo que es aceptable que hagan cuando comen fuera de casa, y lo que no es aceptable que hagan. Sin embargo, aun cuando ya estén más grandecitos, es posible que usted tenga que seguir recordándoles que tienen que hablar en voz baja. Cuanto más emocionados están los niños, tanto más alzan la voz.

No permita que paseen solos

Cuando sus hijos aprendan a caminar, eso es lo que querrán hacer. No se los permita. Ellos tienen que aprender que no es aceptable caminar por el restaurante y agarrar comida de los platos ajenos.

No hagan sobremesa

Cuando ustedes salgan a comer con sus hijos pequeños, estén conscientes de que esas comidas largas e informales son cosa del pasado. Si ustedes quieren hacer sobremesa mientras saborean un delicioso postre con café, consigan una niñera y dejen a los niños en casa. Pero si lo que quieren es una buena comida con los niños, vayan a algún restaurante donde los niños sean bienvenidos y donde haya facilidades especiales para ellos. Esos restaurantes tienen menús infantiles y hasta lápices de colorear, sillas altas y sillas de altura ajustable. Ordenen la comida, coman y salgan del restaurante. Esa estrategia no significa que comer fuera no pueda ser divertido. Quiere decir, sencillamente, que salir a comer con los niños es un programa más corto que salir a comer sin ellos. Si sus salidas con los niños son cortas y agradables, es menos probable que ellos se impacienten. Al ir creciendo sus hijos, ustedes pueden intentar demorarse un poco más en los restaurantes. Lo que es importante es que ustedes sean sensibles al comportamiento de sus hijos. Si ellos se ven contentos, si están sentados en sus sillas y están jugando con las servilletas, relájense y disfruten. Si están empezando a ponerse inquietos y si están impacientes, dense por enterados y sálganse.

Sí es posible pasar un rato largo y agradable en un restaurante con niños mayores de cinco años. Lo que se necesita es un lápiz y una libreta para que ellos pinten. Esa actividad los mantiene contentos mientras que ustedes se quejan del trabajo, de los vecinos, del gobierno, etc.

Practiquen los buenos modales

Ustedes están en un establecimiento público. Practiquen sus buenos modales cuando salgan a esos sitios. No permitan que nadie arroje comida. Eso los incluye a ustedes, los padres. No dejen en la mesa un desorden terrible para que el camarero lo arregle después. Respeten el hecho de que la pulcritud es altamente apreciada. Díganle "por favor" y "gracias" a la persona que los esté atendiendo. Su trabajo no es exactamente fácil.

Los viajes con los niños

Viajar con sus hijos puede ser divertido. De verdad. Diga esto en voz bien alta:

Viajar con mis hijos puede ser divertido.

Todo lo que usted tiene que hacer es prepararse para el viaje. Este consejo le sirve tanto si van a viajar en automóvil como si van a viajar en avión. Recuerde que su actitud tiene mucho que ver en todo esto. Como usted va a llevar a sus hijos, tienen que actuar como una *familia.* Ya quedaron atrás los días en que uno se iba para Europa con un morral y la tarjeta de crédito del papá. Ahora todo es diferente.

De acá para allá, y de allá para acá con los niños (información turística general)

Viajar con sus hijos puede ser divertido, siempre y cuando que usted tenga presentes algunos aspectos básicos. No deje de decirles a sus hijos lo que está planeando, ni de darles una idea de su programa de viaje. Los viajes a menudo requieren mucha paciencia, de modo que hágales saber eso también. Como siempre, si usted les dice a sus hijos lo que espera de ellos, es más probable que se porten de acuerdo con sus expectativas.

Si uno de sus hijos es pequeñito, trate de salir antes de la hora de su siesta. Si su bebé, o su hijo más grandecito, puede dormir durante la mayor parte del viaje, todos estarán mucho más contentos.

Por último, lleve bastantes picadas, bebidas y cosas para divertirse. Es posible que a usted le toque actuar como recreacionista de vez en cuando, de manera que esté preparado para sentarse con su hijo a jugar alguna cosa (sólo si otra persona está manejando el automóvil). Si eso no le llama la atención, pero quiere que su pequeño pase contento, usted puede comprar toda clase de juguetes especiales para los viajes.

A continuación hay algunos consejos para que sus viajes con sus hijos no parezcan un episodio de *Los Simpson*. (No olvide marcar estos puntos en el sitio correspondiente del apéndice B.)

✔ **Tómese todo el tiempo que pueda para llegar a su destino.**

Ustedes tendrán que detenerse para ir al baño, para descansar y para estirar las piernas.

✔ **Pídale a su agente de viajes información acerca de centros vacacionales con facilidades para los niños.**

Los agentes de viajes tienen listas de hoteles que cuentan con facilidades para los niños, y de centros vacacionales que ofrecen paquetes especiales para las familias con hijos.

✔ **Tenga a la mano las picadas y los juguetes.**

Para que no tenga que hacer contorsiones ni buscar en el fondo de los maletines cada vez que necesite algo.

✔ **Lleve el número telefónico de su médico.**

Los niños se enferman, incluso cuando están de viaje. Tampoco olvide llevar sus papeles del seguro. Usted nunca sabe cuándo se puede necesitar algún medicamento.

Como algunos niños no duermen bien en sitios desconocidos, lléveles su manta preferida o uno de sus muñecos de felpa para que se sientan más cómodos. Es posible que usted tenga que acompañarlos hasta que se queden dormidos.

Los viajes en automóvil

A nadie le gustan los viajes que parecen maratones; es decir, aquellos viajes en que alguien conduce el automóvil sin parar hasta que llegan al lugar de destino. Tenga presentes estos puntos cuando viajen en automóvil (y utilice la lista de verificación del apéndice B):

✔ **Pare cada cierto tiempo.**

Incluso si nadie necesita ir al baño. Deténgase para que todos puedan estirar las piernas y para darle rienda suelta a la energía acumulada. Los niños se cansan de estar sentados, y cuando están viajando necesitan moverse de vez en cuando.

✔ **Limpie a sus hijos y deshágase de la basura.**

Las paradas en los parques o en los sitios designados no son únicamente para jugar y para dar cortas caminatas. Usted también puede aprovechar esas paradas para cambiar pañales, para lavar manos y caras y para deshacerse de la basura que se haya acumulado en el automóvil. Su viaje será mucho más agradable si todos se sienten limpios y si no hay que pelear con el mugre apilado en el suelo.

✔ **Sea cuidadoso.**

Jueguen y corran únicamente si están en un área alejada del tráfico. No jueguen en las bermas ni en las áreas de parqueo, y nunca permita que sus hijos jueguen sin supervisión.

Nunca permita que sus hijos pequeños se salgan de sus sillas especiales mientras usted esté conduciendo el automóvil. En ninguna circunstancia permita eso. Sólo se necesita un segundo para tener un accidente y para que sus hijos se salgan del automóvil. Si ellos están cansados de estar sentados, entren en un restaurante informal y deje que los niños jueguen en el parque de diversiones.

Los viajes en avión

Para viajar en avión es conveniente que usted observe las mismas normas que para viajar en automóvil. La única diferencia es que usted no podrá detener el avión a un lado de la carretera para que los niños jueguen. (Utilice la lista de verificación del apéndice B, para que se cerciore de que está preparado para viajar en avión.)

✔ **Empaque pañales y ropa adicional.**

Usted nunca sabe cuándo puede estar demorada una conexión. No olvide empacar bolsas de plástico para los pañales o para la ropa sucia. También conviene que empaque una muda adicional de ropa por si los pañales son insuficientes, o por si el proceso de alimentar al bebé no resulta todo un éxito.

✔ **Prepárese para destaparles los oídos a los niños.**

Lleve algo que puedan chupar, como un biberón, un chupo, o un dulce (los dulces duros y los chicles son buenos para los niños mayores, porque ellos saben chupar dulces sin ahogarse). Amamantar al bebé también es un buen sistema. La peor parte de volar con niños es el despegue y el aterrizaje. Los cambios de presión afectan a los pequeños oídos de los niños, y ellos no dudan en hacérnoslo saber.

✔ **Cuando viaje con un niño que está empezando a caminar, llévele la silla especial para automóvil.**

Sí, usted paga para que su hijo tenga una silla en el avión, pero los expertos en seguridad aérea le informarán que los niños viajan más seguros en esas sillitas que en las rodillas suyas. Además, el niño está acostumbrado a su silla. Y como sabe que mientras está sentado en ella no puede pararse ni molestar, es menos probable que quiera pararse y caminar por todo el avión.

✔ **Lleve picadas y bebidas.**

Sus hijos no se van a sentir satisfechos con la bolsita de maní y la gaseosa que suelen ofrecer en los aviones. Es mejor que usted lleve algunas picaditas y algunas bebidas que les gusten a sus hijos.

✔ **Lleve pocos objetos de mano.**

El espacio de los aviones es limitado y no es permitido llevar más de dos objetos de mano aunque uno esté viajando con niños. Una cartera, una pañalera, un maletín de mano y un coche de doblar no son exactamente dos objetos de mano. Cuantas menos cosas lleve en la mano, tanto mejor le irá.

Combine la cartera y la pañalera, registre el maletín en el mostrador de la aerolínea y registre el coche en la puerta de entrada del avión. Si usted le informa al agente de la aerolínea que desea registrar el coche, él le pondrá un tiquete. Entonces usted podrá dejarlo en el momento de abordar el avión. El personal del aeropuerto se lo devolverá cuando estén saliendo del avión (no olvide decirles que lo va a necesitar a la salida).

✔ **No permita que sus hijos caminen por los pasillos del avión.**

Las azafatas trabajan arduamente para que todos los pasajeros estén bien atendidos. Lo que menos necesitan es tratar de cumplir sus obligaciones mientras varios niñitos se tambalean por el pasillo.

✔ **Reserve sillas en la primera fila.**

En la primera fila hay espacio adicional que le puede servir para acomodar todo, desde niños hasta juguetes. Usted entiende.

Hasta los dos años de edad los niños no pagan pasaje de avión, pero deben viajar en las rodillas de uno de sus padres, o de otro adulto (es posible que esta regulación cambie pronto). En algunas ocasiones se consiguen tarifas baratas para los niños mayores de dos años, pero eso depende del lugar de destino. Cada vez que vaya a viajar en avión con sus hijos, llame a su agente de viajes y dígaselo. Todas las aerolíneas son distintas, y algunas tienen tarifas para niños más bajas que las tarifas de excursión. Es una situación muy confusa. Sencillamente consulte con su agente de viajes.

Los niños se pueden comportar divinamente en los aviones. La vibración y el sonido los suele hacer dormir.

No olvide que cada niño necesita su propio pasaporte cuando vaya a viajar a un país extranjero.

Para que el viaje sea un poco más divertido para sus hijos lléveles un juguete nuevo o una sorpresa. La novedad del juguete los mantendrá ocupados durante la mayor parte del viaje (y, si usted tiene suerte, durante todo el viaje). No lleve juguetes que consten de muchas partes pequeñas, porque usted pasará el resto del viaje tratando de encontrarlas.

Advertencia: Por favor observe estas normas de seguridad aérea

Los niños no deben pasar por la máquina de rayos X.

No registre a sus hijos como piezas de equipaje.

No coloque a sus hijos en el compartimento superior de las sillas: se podrían caer cuando la puerta esté abierta.

No utilice a sus hijos de salvavidas.

No toque, no dañe y no destruya los detectores de humo de los baños.

En caso de emergencia, las máscaras de oxígeno caerán del compartimento que se encuentra encima de la cabeza de cada pasajero. No pelee con sus hijos acerca de quién recibe primero su máscara de oxígeno.

La siguiente *lista de provisiones* también se encuentra en el apéndice B. Sáquele varias copias. Cada vez que vaya a viajar, revise la lista y sus provisiones.

✔ Pañales.

✔ Pañitos húmedos (o toallitas especiales para viajar, si su hijo ya no utiliza pañales).

✔ Toalla para las agrieras.

✔ Biberones y chupetes.

✔ Manta liviana.

✔ Utensilios para comer (tazas, cucharas).

✔ Bolsa de plástico para los pañales sucios o para la ropa sucia.

✔ Una muda de ropa.

✔ Bebidas (jugo, leche formulada, agua).

✔ Alimentos.

✔ Entretención para los niños (libros, animales de felpa, lápices de colores, un pequeño televisor portátil con Nintendo).

✔ Pasaporte vigente (si van a salir del país).

✔ Nombre y número telefónico de su pediatra y de la compañía de sus seguros médicos.

✔ Medicamentos (Tylenol para bebé o cualquier otro producto que contenga acetaminofén, ungüento para la pañalitis y cualquier otro medicamento que estén tomando sus hijos).

Haga de sus vacaciones familiares una experiencia inolvidable

Cuando usted esté de viaje con sus hijos, tome en consideración los siguientes aspectos (y utilice la lista del apéndice B):

✔ **No programe demasiadas actividades.**

Las vacaciones son para descansar y para pasar tiempo juntos. La meta no es hacer mil cosas en un solo día. Todos se sentirán cansados e irritables si sienten que están corriendo de un lado para el otro. De hecho, cuando nosotros viajamos en familia, programamos períodos de *descanso* durante los cuales nos dedicamos a no hacer nada. Es mejor así, y el plan resulta más descansado.

✔ **Haga que los niños cumplan sus horarios.**

Los horarios para comer y para dormir se deben mantener al máximo. Si sus hijos llegan al punto en que tienen mucha hambre, o se sienten excesivamente cansados, se pondrán irritables. Muy irritables.

✔ **Dedíquenle mucho tiempo a holgazanear.**

Para los niños la mayor diversión es jugar en la piscina, pasear en bicicleta, hacer castillos de arena o jugar en el lago. Con objeto de que les quede tiempo para descansar, para leer y para que los niños exploren el entorno, no recargue de actividades las vacaciones.

✔ **No coman muchas galguerías.**

Piquen cosas saludables de vez en cuando. Las vacaciones no se deben acabar porque alguno de los niños no ha dejado de vomitar después de que se comió todo el algodón de dulce que vendían. Peor todavía, a sus hijos les debe dar dolor de estómago porque tienen estreñimiento por no haber comido verduras durante cuatro días.

¿Será necesario que le recuerde que nunca debe dejar que sus hijos jueguen cerca del agua sin supervisión? Nunca deje a un niño más grande a cargo de los más pequeños cuando haya agua de por medio. Los niños mayores se pueden distraer y pueden olvidar que tenían la responsabilidad de cuidar a sus hermanos pequeños.

Lleve suficiente comida

Imagínese esta pesadilla: Usted está conduciendo el automóvil, porque está saliendo con su familia de vacaciones, y ve un letrero que dice "Próxima parada a 80 km". Lo que usted menos quiere que ocurra es estar a 30 km de ese letrero y que los niños anuncien que tienen hambre. Cuando un niño dice que tiene hambre, tiene hambre ¡YA!

Recuerde estos consejos la próxima vez que viaje (y utilice la lista de verificación del apéndice B):

✔ **Lleve suficientes provisiones.**

Lleve un biberón, una cuchara para el bebé, una taza para el jugo (de las que tienen un pico especial que no permite que el jugo ni la leche goteen por todas partes).

✔ **Tenga a la mano suficiente comida.**

Ponga cereal en bolsas plásticas para que después sólo tenga que agregar leche. Lleve pequeños frascos de comida para bebé (a pesar de que tendrá que deshacerse de lo que sobre, si no lo puede refrigerar). Lleve alimentos que se puedan comer con la mano, como galletas y barras de granola.

✔ **Tenga a la mano suficientes líquidos.**

Para los bebés que toman biberón, ponga leche en polvo formulada en el biberón y agregue agua cuando sea necesario. No utilice leche formulada líquida, que venden enlatada. Usted tendrá que deshacerse de la que el bebé no consuma de inmediato. Evite en lo posible que las gaseosas sean el único líquido. El agua es mejor para calmar la sed y también es mejor para usted.

✔ **Lleve una botella de agua de su casa.**

Es magnífica para tomar un sorbo de vez en cuando, o para agregarle a la leche en polvo formulada. El agua de su casa es menos probable que afecte al estómago de su hijo.

✔ **Mantenga una buena provisión de jugos.**

Usted puede mantener llena la taza de jugo de su hijo si lleva un tarro grande de jugo o si lo compra por cajas. Recuerde que debe comprar *jugo* de fruta y no *bebida* de fruta. (A las bebidas de fruta les agregan azúcar, que su bebé no necesita).

✔ **No lleve frutas frescas.**

A menos que el viaje sea corto y que usted pueda mantener las frutas en una pequeña nevera. Las frutas frescas se recalientan y se ablandan, a excepción de las manzanas (pero no deje que terminen rodando en el piso del automóvil, todas pisoteadas.)

✔ **¡Qué delicia! Restaurantes.**

No olvide lo agradable que es comer fuera cuando uno está de vacaciones.

Lea el capítulo 15, "El amamantamiento y el biberón", para que obtenga más información acerca de la alimentación de los bebés cuando salgan de viaje.

Pregúntele a su hijo qué quiere de comida solamente si él es quien va a pagar. — Fran Lebowitz

Los niños y el cine

Esté abierto a la posibilidad de que todos juntos vayan a cine, pero que no vean la película. Todos los niños son distintos y no se comportan en el cine de la misma manera. Sea cual sea su edad, algunos niños se sientan quietos y miran la película. Otros niños no se pueden quedar quietos hasta que tienen cinco o seis años. (E incluso entonces les cuesta trabajo no anunciar: "¡Ésta es la parte en que se muere!")

Ése es el momento de redescubrir aquellas cómodas sillas de la última fila de los teatros. Si uno de sus hijos es incapaz de quedarse quieto, sáquelo al vestíbulo hasta que se haya calmado. Si no logra que se calme, sálganse del teatro. No se queden si uno de sus hijos no para de llorar o de molestar. Las demás personas también pagaron para ver la película. Pero no pagaron para sentarse en una sala oscura a escuchar a su pequeño hijo, por adorable que sea.

> ### Su lección de hoy
> Lleve siempre alguna entretención para sus hijos cuando salgan a comer (no importa qué edad tengan). Hasta una libreta y unos pocos lápices de colorear pueden hacer felices a los niños mientras llega la comida.

Capítulo 21
La búsqueda del cuidado adecuado para su hijo

• •

En este capítulo

▶ Opciones para el cuidado de su hijo.

▶ Las buenas y las malas noticias acerca de las guarderías infantiles.

▶ Las niñeras privadas en el hogar o fuera de él.

▶ Programas de cooperación: Una idea novedosa para el cuidado de los niños.

▶ Programas para después de la jornada escolar.

▶ Preguntas que usted debe hacer cuando esté buscando un sitio o una persona para que cuide a su hijo.

▶ Cómo se debe manejar el ingreso de los hijos a la guardería infantil.

• •

Como padre, hay dos ocasiones en que se encontrará verdaderamente asustado (en realidad, habrá muchas más, pero por el momento digamos que son sólo dos). Una de esas ocasiones es cuando su hijo empiece a conducir automóvil. Pero antes de que usted empiece siquiera a enfrentar la conocida situación: "Papá, ¿me prestas las llaves del automóvil?", tendrá que decidir qué clase de atención les dará a sus hijos, lo cual también puede ser una situación bastante miedosa.

Si usted planea quedarse en casa con su hijo, ahí tiene la mejor solución posible. No puede haber mejor atención que la que usted mismo le puede brindar. Pero ¿qué pasa si usted tiene que trabajar fuera del hogar? ¿o si quiere salir una noche con su pareja? De nuevo, usted está frente al problema de buscar una persona idónea que le ayude a cuidar a su hijo.

(No olvide mirar el apéndice C: Las listas importantes que contiene este capítulo también las puede encontrar en ese apéndice, en una forma práctica y fácil de utilizar.)

¿Qué opciones tengo?

Usted se debe prometer algo a sí mismo: ser optimista cuando esté buscando a alguien para cuidar a sus hijos. Hay mucha gente y muchos colegios maravillosos que ofrecen excelentes programas donde sus hijos pueden jugar, divertirse y convertirse en pequeños genios. Su responsabilidad es evitar los colegios indeseables y encontrar lo que *realmente* necesita y quiere para sus hijos. Su primera decisión tiene que ver con la clase de atención que es mejor para usted y para su situación particular.

Cualquiera que sea su elección para el cuidado de sus hijos, tenga siempre en cuenta la ubicación. Es como en bienes inmuebles; todo gira en torno a la *¡Ubicación! ¡Ubicación! ¡Ubicación!* Usted necesita un lugar que no solamente esté cerca de su casa sino, preferiblemente, cerca de su trabajo o cerca de quien vaya a recoger a su hijo. Usted no quiere pasar buena parte de las mañanas y de las tardes conduciendo hacia y desde la guardería. Y usted necesita estar cerca, en caso de que su hijo se enferme o de que tenga un accidente.

¡Confíe en su instinto! Aun cuando la persona, o la guardería que usted haya elegido para cuidar a su hijo, cumpla con todos los requisitos, si usted no se *siente* bien con esa persona o con ese lugar, siga buscando. Usted se tiene que sentir bien con la persona y con el lugar donde va a dejar a su hijo.

La siempre popular guardería

Su primera opción para el cuidado de su hijo es una guardería. Éstas se encuentran con facilidad; además, cuentan con profesores de planta y programan actividades diarias como dibujo, manualidades y música. Si usted busca, podría encontrar alguna que enseñe cosas básicas como el alfabeto, a contar y a escribir.

Las buenas noticias

Los profesores de las guarderías suelen estar acreditados para enseñar, el ambiente es alegre y limpio, su hijo podrá jugar con otros niños, si el profesor está enfermo habrá un reemplazo y disponen de buenas áreas de recreación. Además, habitualmente a estos establecimientos les exigen licencia y son supervisados por las agencias correspondientes para garantizar el cumplimiento de las normas.

Tenga en cuenta que he dicho *habitualmente a estos establecimientos les exigen licencia*. Puede darse el caso de que usted entre en una guardería y no vea la licencia por ninguna parte. Por esta razón usted debe ser exigente, observador y hacer muchas preguntas. Si usted encuentra una guardería sin licencia, dé la vuelta y váyase: Las guarderías que carecen de licencia no responden ante nadie por sus condiciones de higiene y de seguridad.

Las malas noticias

El aspecto negativo de las guarderías es que algunos padres resuelven mandar allá a sus hijos cuando están enfermos. Sí, esto significa que si usted matricula a sus hijos en una guardería, ellos se enfermarán y sus compañeros les contagiarán la última epidemia de gripe.

Usted también podría tener dificultades para encontrar una guardería que admita niños que todavía no están entrenados para utilizar la vacinilla. O la guardería le podría cobrar una suma adicional por cambiarle los pañales a su hijo.

Un tercer aspecto relativo a las guarderías es que, si las aulas están muy llenas, es posible que sus hijos no reciban una atención individualizada. ¿Qué quiere decir que las aulas están muy llenas? Todo depende de la edad de los niños y del área disponible. Llame a la Oficina de Bienestar Infantil para pedir información acerca de los requisitos para las guarderías infantiles.

Para evitar que sus hijos le contagien a usted enfermedades y gérmenes, báñelos tan pronto como lleguen a la casa después de pasar el día en la guardería. Esta estrategia ayuda a prevenir la proliferación de los gérmenes.

Observe si los empleados de la guardería se lavan las manos (deben hacerlo cada vez que cambien un pañal, que suenen una nariz, o que le ayuden a algún niño a utilizar la vacinilla). Los juguetes se deben lavar diariamente, y el personal debe utilizar guantes plásticos cuando limpie las colitas y cuando maneje alimentos (lo cual, esperamos, nunca debe suceder al mismo tiempo).

Las guarderías de las empresas

La nueva tendencia en atención infantil diurna son las guarderías patrocinadas por compañías particulares. Si usted decide matricular a su hijo en una guardería, averigüe si la empresa donde usted trabaja tiene una. Esas guarderías funcionan en la misma compañía, de modo que su hijo sencillamente va al trabajo con usted todos los días.

Las guarderías patrocinadas por las empresas son una gran idea. Su hijo puede ir al trabajo con usted, usted puede visitar a su pequeño durante el día y hasta pueden almorzar juntos. Además, la madre está lo suficientemente cerca como para amamantar a su bebé (si es que admiten bebés). Si usted averigua bien, incluso podría encontrar guarderías patrocinadas por más de una empresa. En algunas ocasiones, esas guarderías reciben hijos de personas que no son necesariamente empleadas de las empresas patrocinadoras.

Las niñeras privadas

La niñera de antaño todavía existe. Tal vez usted recuerda cuando sus vecinos la contrataban por una suma ínfima para que cuidara a sus hijos.

Hay dos opciones cuando contrate una niñera privada:

✔ Que cuide a su hijo en la casa de ella.

✔ Que la niñera vaya a su casa.

En general, se debe tener mucho cuidado con las niñeras privadas, porque no se rigen por ninguna reglamentación (a menos que hayan obtenido un certificado que las acredite como niñeras). Cuando no tienen ninguna certificación, no están obligadas a cumplir normas de higiene, de salud o de seguridad. La mayor parte de las preguntas que se encuentran al final de este capítulo también se les deben hacer a las niñeras privadas, de modo que no deje de hacer esas preguntas antes de contratar a alguna.

El cuidado de su hijo en la casa de la niñera

Mantenga abiertos los ojos cuando esté entrevistando a alguna niñera privada. Vaya a su casa y observe si está limpia y ordenada. ¿Tienen seguros las puertas de las gavetas y los tomacorrientes eléctricos? ¿Hay algún sitio para que los niños jueguen? Además de las preguntas al final de este capítulo, usted debe averiguar acerca del número de niños que la niñera atiende al mismo tiempo. ¿Sale la niñera de la casa con los niños? ¿Recibe muchas visitas durante el día? ¿Tiene certificado de primeros auxilios? También es importante fijarse si la niñera no programa actividades para los niños durante el día. Su pequeño no se debe aburrir.

Las niñeras privadas que tienen esta modalidad de trabajo suelen ser menos costosas que las guarderías, y que las niñeras que trabajan en los hogares de los niños. Por lo general atienden un grupo pequeño de niños, de manera que su hijo recibe más atención que en una guardería y, si su hijo está enfermo, puede seguir contando con la niñera (aunque algunas no aceptan niños enfermos). Algunas niñeras que trabajan en sus casas tienen horarios más flexibles que las guarderías, las cuales exigen que los padres recojan a los niños a una hora determinada o que paguen una multa por no hacerlo puntualmente.

La mala noticia es que las niñeras privadas no suelen tener quien las reemplace cuando están enfermas. Tampoco requieren licencia. Usted también tiene que averiguar si la niñera acostumbra salir a vacaciones de fin de año. Si la niñera se ausenta durante todo un mes, usted podría verse en un verdadero problema.

Usted necesita encontrar a alguien cuyo interés principal sea cuidar a su hijo. Sería excelente si la niñera les tiene a los niños actividades especiales, como dibujo, manualidades y juegos parecidos a los de las guarderías. A usted no le interesa una niñera que tome ese trabajo a la ligera; es decir, como si no implicara nada distinto de seguir su vida, pero con varios niñitos a su alrededor.

Trabajar como niñera es mejor que ser padre; a las niñeras les pagan y pueden renunciar cuando quieren. — Debra Coppernoll

Cuando la niñera cuida a su hijo en su hogar

Si usted ha contratado a una niñera privada para que cuide a su hijo en su hogar, usted puede definir qué quiere que él haga durante el día. Si usted quiere que se dedique a las manualidades, o a jugar en el parque, la decisión es suya.

Usted no tiene que preocuparse de que otros niños le contagien enfermedades a su hijo, ni de tenerse que quedar en casa para cuidarlo y faltar al trabajo. Si tiene un poquito de suerte, su niñera podría hacer algunas labores domésticas. Bueno, si usted hubiera vivido en la Grecia antigua, ¡habría podido *comprar* una niñera!

El único problema que tienen las niñeras privadas es que es difícil encontrarlas, que suelen ser costosas y que usted necesita buscar un reemplazo en caso de que se enfermen. Otro problema es que usted no puede observar el trabajo de la niñera, porque nadie diferente de ella y los niños está en casa. Las niñeras no requieren licencia, y usted debe tener presente que esa persona que va a su casa todos los días va a estar sola con sus hijos. Sería bueno encontrar a alguien que usted ya conozca y en quien confíe. Recuerde que debe confirmar las referencias y, si la niñera está dispuesta, debe hacer que la estación local de policía le tome las huellas digitales. Es importante que los datos de la niñera queden registrados. También es importante que usted esté seguro de que su nueva niñera no es la hermana maléfica de Charles Manson.

Una niñera es una adolescente que viene a comportarse como una persona adulta, mientras los adultos salen a comportarse como adolescentes.
— Harry Marsh

Prepare a la niñera para que cuide a sus hijos

Cuando usted contrate a una niñera privada es importante brindarle la mayor cantidad de información acerca de los horarios de sus hijos y de lo que les gusta y les disgusta. Antes de que la niñera empiece a trabajar haga que vaya a su casa y dedique todo el tiempo que sea necesario para revisar lo siguiente:

✔ Horarios de comidas y de siestas.

✔ Juguetes favoritos y sobrenombres que los niños les tengan (por ejemplo, su hija puede llamar "Pacha" a su muñeca preferida).

✔ Comidas favoritas y alergias.

✔ Temores de su hijo (como, por ejemplo, la aspiradora, las tormentas, grandes dinosaurios púrpura que le cantan).

✔ Cosas que puede hacer para calmar a los niños cuando estén alterados.

✔ Lista de números telefónicos en caso de emergencia.

✔ Autorización (como la del ejemplo siguiente) para casos de accidente. Esta autorización también se encuentra en el apéndice C, la cual puede utilizar o fotocopiar.

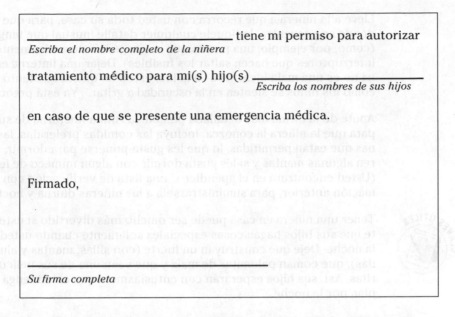

_____ tiene mi permiso para autorizar

Escriba el nombre completo de la niñera

tratamiento médico para mi(s) hijo(s) _____

Escriba los nombres de sus hijos

en caso de que se presente una emergencia médica.

Firmado,

_____

Su firma completa

La dicha de tener una niñera nocturna

Las niñeras nocturnas deben cumplir las mismas condiciones que las diurnas (para esas citas especiales entre usted y la persona amada, que, ojalá, sea su esposo o su esposa). Esas niñeras también deben tener un certificado de primeros auxilios.

Si ésta es la primera vez que cierta niñera va a cuidar a su hijo, pídale que llegue una hora antes. Si la niñera puede estar un rato con usted antes de que usted salga, su hijo se acostumbrará a que haya una persona distinta en la casa. Tómese su tiempo y revise los siguientes puntos con la niñera:

✔ Las actividades de la noche.

✔ La hora de ir a la cama.

✔ Las normas del hogar (como, por ejemplo, no saltar en la cama, ni comer en la sala).

✔ Una lista de números telefónicos de emergencia y el número del sitio donde usted va a estar durante la noche.

✔ Cualquier alergia que tenga su hijo.

✔ Una lista de *lo que se puede hacer* y de *lo que no se puede hacer*.

Por ejemplo, mantener las puertas aseguradas con candado y no hablar por teléfono toda la noche.

Lleve a la niñera a que recorra con usted toda su casa, para que sepa dónde se encuentra. Indíquele cualquier detalle inusual que tenga la casa (como, por ejemplo, una puerta que se asegura automáticamente o los interruptores que hacen saltar los fusibles). Dejar una linterna en la cocina no es una mala idea. Si se va la luz, usted no querrá que tanto la niñera como los niños se sienten en la oscuridad a gritar. ¿Ya está preocupada?

Anote de la forma más detallada posible la rutina nocturna de sus hijos, para que la niñera la conozca. Incluya las comidas preferidas, las golosinas que están permitidas, lo que les gusta ponerse para dormir, si prefieren algunas mantas y si les gusta dormir con algún muñeco de felpa. (Usted encontrará en el apéndice C una lista de verificación con la información anterior, para suministrársela a las niñeras diurna y nocturna.)

Tener una niñera en casa puede ser mucho más divertido si usted permite que sus hijos hagan cosas especiales solamente cuando usted sale por la noche. Deje que construyan un fuerte (con sillas, mantas y almohadas), que coman palomitas de maíz y que vean una de sus películas favoritas. Así, sus hijos esperarán con entusiasmo a que usted tenga algún plan por la noche.

Programas de cooperación

Los programas de cooperación son organizados por grupos de madres que comparten su tiempo para cuidar a los niños. Si usted es empleado de jornada completa, de 9 A.M. a 5 P.M., este programa no le sirve. Pero si usted trabaja medio tiempo, o no trabaja fuera de su hogar, un programa cooperativo es una buena manera de conseguir quien cuide a sus hijos cuando usted tenga una cita para almorzar o, sencillamente, cuando usted tenga que salir de compras. A usted le pagan por actuar como niñera cuando otros miembros del grupo necesiten que alguien les cuide a sus hijos. La programación se hace de manera que a un padre no le toque hacer todo el trabajo de niñera, mientras otro hace las compras. El horario de trabajo debe funcionar equitativamente.

La idea de estos programas es que usted pueda recurrir a un grupo de personas cuando necesite que le ayuden a cuidar a sus hijos. Su hijo también tendrá la oportunidad de jugar con otros niños mientras usted no está en casa. Sin embargo, puede haber momentos en que ningún miembro del grupo le pueda ayudar a cuidar a sus hijos. Un grupo de cooperación puede ser, en algunas ocasiones, poco confiable.

Cuando entre por primera vez en contacto con un grupo cooperativo, revise todas las reglas y, especialmente, lo que tiene que ver con los niños enfermos.

Programas para después de la jornada escolar

Muchas guarderías, niñeras privadas, e incluso algunos colegios públicos, ofrecen programas para después de la jornada escolar. Esos programas son aptos para niños en edad escolar, que necesitan un lugar donde esperar a sus padres después del colegio.

Cuando usted esté buscando uno de esos programas para sus hijos, debe hacer las mismas preguntas que haría si estuviera buscando una niñera para cuidarlos durante el día. Además de esas preguntas, usted debe enterarse de lo siguiente:

✔ Si hay un programa organizado para la tarde.

✔ Si hay un período para que los niños hagan las tareas.

✔ Si los niños reciben algún refrigerio por la tarde o si cada niño debe llevar el suyo.

✔ Cómo está organizado el transporte de los niños desde el colegio hasta ese sitio (si es en un lugar diferente).

✔ Cómo es la entrega de los niños a sus padres.

Pautas para buscar un centro o una guardería infantil adecuada

Usted debe actuar con determinación cuando esté buscando un lugar donde se puedan hacer cargo del cuidado de su hijo. No se intimide y no dude en hacer preguntas y en meter la nariz donde probablemente no la deba meter. Sea directo y valiente. Usted está tomando una decisión muy importante y tiene todo el derecho de actuar como un padre sobreprotector (y, quizás, un poco paranoico).

Mantenga abiertos los ojos

Hay dos aspectos importantes que usted debe tener en cuenta cuando recorra las instalaciones de la guardería donde piensa matricular a su hijo: el ambiente físico y el tipo de interacción entre los adultos y los niños.

El ambiente físico

El salón donde su hijo va a pasar la mayor parte del tiempo debe estar limpio y debe ser seguro, aunque no tiene que estar exageradamente limpio ni ordenado. Después de todo, es un salón lleno de niños. Observe los juguetes y el equipo (como, por ejemplo, las mesas y las sillas). ¿Son apropiados para la edad de su hijo? ¿Están en buenas condiciones? ¿Las obras manuales que están colocadas en las paredes le parece que fueron hechas por la profesora con ayuda de los niños, o son producto de la creatividad de los niños?

Trate de ver ese salón desde la perspectiva de su hijo. ¿Están los juguetes, los cuadros y el material de trabajo al nivel de su hijo? Ahora obsérvelo desde el punto de vista de la seguridad. ¿Son las divisiones (si hay alguna) lo suficientemente bajas como para que el profesor pueda ver lo que está pasando en todas las áreas? Los edificios nuevos están diseñados con grandes cantidades de ventanas, paredes bajas y espacios abiertos. Algunos tienen, incluso, monitores de vídeo para proteger a los niños del abuso (no es que el monitor de vídeo pueda pegar un salto y proteger a los niños; usted sabe a qué me refiero).

La interacción entre los adultos y los niños

Ahora debe observar lo que está *ocurriendo* en el salón. ¿Se ven los niños contentos y saludables? ¿Están participando en las actividades? Recuerde que ése es un salón lleno de niños. Es muy probable que, tarde o temprano, se presente una discusión o un accidente. Eso es de esperar. Usted debe observar cómo maneja la situación la persona que está a cargo del grupo. Lo ideal sería que esa persona permaneciera calmada, y les ayudara a los niños a resolver sus problemas.

Sería magnífico si el personal de la guardería se ve contento y disfrutando su trabajo con los niños. A usted no le agradaría ver que esas personas están al borde de un colapso nervioso, o que están perdiendo el control del grupo. A usted le interesa, además, que el profesor ponga en práctica las técnicas de comunicación que se expusieron en el capítulo 2; es decir, que se ponga físicamente al mismo nivel de su hijo, que dé instrucciones directas... usted sabe, porque ya leyó el capítulo 2, ¿verdad?

¿Preguntas? ¿preguntas? ¿preguntas?

Tenga lista una serie de preguntas cuando empiece a buscar un lugar donde le ayuden a cuidar a sus hijos. Anote esas preguntas, y también las respuestas. Cuando haya investigado todos los lugares y las personas que sean posibles candidatos, siéntese y revise las respuestas. Con un registro escrito, usted no tendrá que recordar quién dijo qué cosa, ni quién prometió tal otra. Al fin y al cabo, usted ya no es tan joven como antes, y la memoria es de las primeras facultades que se pierden. Al final del libro, en el apéndice C, usted encontrará esas preguntas. Cópielas y llévelas cuando esté buscando una guardería o un centro infantil para su hijo.

Haga las siguientes preguntas

Usted debe hacerles estas preguntas a todas las personas que considere que pueden cuidar a sus hijos:

¿Podría darme los nombres y los números telefónicos de algunos padres cuyos hijos estén asistiendo a este centro (o cuyos hijos hayan asistido anteriormente)?

Pida una lista de padres a los que usted pueda llamar para pedir referencias. Si usted no puede obtener esa lista (porque algunas personas no autorizan que se dé su número telefónico a personas extrañas), pregúnteles directamente a los padres si les gustan los profesores y las instalaciones. El mejor momento para hacerlo es a la hora de recoger a los niños por la tarde, cuando los padres no tienen tanto afán.

¿Permiten ustedes visitas durante el día?

Evite los lugares que no permiten que los padres hagan visitas inesperadas, o que no admiten visitas durante el día. Usted tiene derecho a entrar e inspeccionar el trabajo de los profesores, y a ver a su hijo, si lo desea. Al fin y al cabo, es *su* hijo.

¿Qué tipo de refrigerio o de almuerzo les ofrecen ustedes a los niños?

Evite los lugares que solamente les sirven a los niños alimentos ricos en azúcares, o alimentos sin valor nutritivo. Usted no necesita que su hijo coma galguerías todo el día, ni que llegue a la casa en un estado de hiperactividad, a causa del azúcar. (No sería mala idea que fabricaran pequeñas camisas de fuerza, pero no las fabrican.)

¿Puedo ver las áreas de juego?

Las áreas de juego deben estar bien iluminadas y bien supervisadas. El área debajo de los rodaderos y los gimnasios (y todo este tipo de estructuras) debe estar cubierta con un material acolchonado, como pedazos de corteza de árbol, arena, o caucho. Esos materiales minimizan los riesgos, en caso de que su hijo se caiga desde alguno de esos *juegos*. Las áreas exteriores deben estar cercadas para que los pequeños no se puedan salir y para que las personas de mala índole no puedan entrar y raptar a un niño.

¿Cuál es el procedimiento para entregar a los niños al final del día?

Es importante que la guardería o el centro infantil cuente con un sistema para registrar la entrada y la salida de los niños. Ningún centro infantil debe ser tan irresponsable como para que nadie se entere si una persona extraña entra y se lleva a un niño. También sería conveniente que en la carpeta personal de los niños se registraran los nombres de las personas autorizadas para recogerlos, como la abuela, la tía, la vecina y demás. De este modo, no se le entrega el niño a nadie cuyo nombre no aparezca en esa lista.

¿Cuáles son sus normas cuando un niño se enferma?

A usted le gustaría que el colegio o el establecimiento donde va a matricular a su hijo tenga la posibilidad de separar a los niños que están enfermos, de los que no lo están. También le gustaría que tuviera la política de devolver a casa a cualquier niño que tenga fiebre.

¿Cuál es su política para administrar los medicamentos?

A los colegios y a las guarderías les preocupan los problemas legales, de modo que algunos no administran medicamentos. Algunos lo hacen con permiso escrito y con instrucciones claras. Usted puede estar seguro de que su hijo se va a enfermar, y de que deberá tomar medicamentos, por lo cual esas respuestas deben ser importantes para usted. Si el establecimiento o la persona a cargo del niño no está autorizada para administrar medicamentos, ¿trabaja usted lo suficientemente cerca como para que deje su trabajo y vaya a darle el medicamento a su hijo (y ¿quiere usted hacer esto?)?

¿Qué harían si mi hijo se lastima?

Los niños se pueden lastimar de muchas maneras: desde darse un golpe en la cabeza, hasta partirse un brazo. La mayor parte de los centros infantiles atienden heridas menores, porque los niños se lastiman con mucha frecuencia, especialmente cuando juegan con otros niños. Si para usted es importante que le notifiquen cada vez que su hijo se haga un chichón o que se dé un golpe, solicite que pongan una nota en su archivo, para que lo llamen *cada vez* que su hijo se lastime.

Si la persona que está a cargo de su hijo solamente llama en casos de emergencia, ¿qué es una emergencia?

¿Es una emergencia cualquier situación que incluya sangre o huesos partidos? Para su tranquilidad, usted debe tener una noción clara de lo que el centro infantil considera una emergencia.

¿Cuál es el costo de la pensión?

Prepárese para un ataque cardiaco. En general, la atención infantil es costosa. Cuanto menor sea el niño, tanto mayor será el costo. Esto se debe a que el cuidado de los niños pequeños requiere más personal (la razón niño/profesor es más baja que cuando los niños son más grandes). Pregunte si la pensión incluye refrigerios o alguna comida. Y pregunte si hay costos adicionales, como, por ejemplo, por cambiarle el pañal al niño.

¿Hay algún costo adicional por recoger a los niños después de la hora fijada?

Algunas guarderías cobran por recoger tarde a los niños. El costo puede ser, o bien una cuota fija, o bien una tarifa por minuto de retraso. El personal de las guarderías desea irse a su casa a la hora fijada. Esos sobrecostos también tienen el propósito de que los padres no piensen que es aceptable llegar todos los días 10 ó 15 minutos tarde a recoger a sus hijos.

¿Qué lo acredita a usted como profesor?

Usted quiere para su hijo una guardería o un centro infantil que les exija a sus profesores haber tomado cursos de atención infantil. Esos cursos incluyen primeros auxilios y desarrollo infantil. Las niñeras privadas también deben contar con un certificado de primeros auxilios.

¿Cuán a menudo cambian a los profesores?

Encontrar un centro infantil que no tenga una gran rotación de personal es bueno para su hijo, porque es muy difícil que él pueda establecer una buena relación con algún profesor, si permanentemente los están cambiando. Cuando los cambios son frecuentes, se puede pensar que existe algún problema en el centro infantil, ya que no logra mantener un cuerpo docente estable.

¿Revisan ustedes las referencias de sus empleados?

Infortunadamente esta pregunta es necesaria. Porque ¿quiere usted, acaso, que un abusador de menores ex convicto esté a cargo de su hijo? Si eso no le preocupa, no se moleste en hacer esta pregunta.

¿Cómo imparten ustedes la disciplina?

Si la respuesta es: "Primero les pegamos y después hacemos las preguntas", es probable que usted decida seguir buscando. Conviene que usted conozca el sistema que utilizan en el centro infantil para manejar los problemas de disciplina, para que, cuando tome su decisión, usted utilice el mismo lenguaje y el mismo estilo de disciplina en su hogar. Las guarderías y los centros infantiles suelen tener buenos sistemas disciplinarios. No es habitual que caigan en el mal hábito de amenazar: "Voy a contar hasta tres para que te portes bien, o verás lo que te va a pasar". Ellos solamente les dicen a los niños las cosas una vez, y luego actúan.

Por otra parte, usted no debe matricular a su hijo en un lugar donde no haya ninguna clase de disciplina. Si él pasa la mayor parte del día con alguien que lo deja salirse con la suya cada vez que puede, usted tendrá serios problemas para encarrilar a su hijo.

Usted también puede querer saber cómo recompensan los profesores la buena conducta de los niños. Es posible que les den *stickers* o dulces, o sencillamente privilegios especiales. Conocer el sistema de recompensas puede ser importante para usted si su hijo es diabético y no puede comer dulces, o si usted detesta los *stickers* porque su hijo menor siempre se los come cuando se los encuentra.

¿Qué tipo de comunicación tendré con la persona que esté a cargo de mi hijo?

Usted debe recibir información acerca de lo que su hijo hace durante el día, y acerca de cualquier problema de conducta que se pueda presentar.

¿Cuánto entrenamiento debe tener mi hijo en el uso de la vacinilla?

Esta pregunta es para los centros infantiles, o para las niñeras privadas que solamente aceptan niños que han recibido entrenamiento para utilizar la vacinilla. Su hijo puede tener accidentes hasta los cuatro o los cinco años. Usted tiene que enterarse de si el centro infantil o la niñera va a solucionar esos accidentes y qué tan bien va a limpiar después a su hijo. Usted no querrá que llegue a la casa con los pantalones sucios. Ni que pase buena parte del día con alguien que piensa al estilo de la vieja escuela, en el sentido de que los niños deben poder utilizar la vacinilla al año de edad, y que avergüence a su hijo cada vez que tenga un accidente.

¿Cobran ustedes aunque el niño esté en vacaciones?

Algunos establecimientos hacen que los padres paguen la pensión, sin importar si el niño está asistiendo, o no. Otros no cobran durante las vacaciones. Cada guardería o centro infantil maneja esto de un modo diferente, pero usted tiene que saber si deberá pagar cuando su hijo no esté asistiendo. Los establecimientos que cobran aunque los niños no estén asistiendo, aducen que los padres pagan para reservar el cupo de sus hijos, porque solamente aceptan un número limitado de estudiantes por profesor.

¿Cuál es su programa de actividades diarias para los niños?

A usted le interesará saber si el colegio programa de una manera organizada las actividades diarias, o si hay total libertad para que cada cual haga lo que quiera. Su hijo no tiene que entrar necesariamente a un preescolar, ni se le debe forzar a que aprenda el ABC a los seis meses de edad. De hecho, el aprendizaje forzado puede ser sumamente perjudicial para los niños muy pequeños. No obstante, los niños necesitan que su día sea estructurado. Tómese su tiempo para conversar con los profesores y con el director acerca de las metas y la filosofía educativa del centro infantil. Usted quiere que su hijo asista a una guardería, a un colegio, o a un centro infantil que tenga las mismas metas que usted.

¿Tienen los niños la posibilidad de dormir siesta? ¿Cuál es su política para los niños que ya no duermen siesta?

Puede que su hijo no sea un dormilón, pero es posible que el centro elegido por usted exija, por lo menos, que todos los niños se recuesten para descansar. Usted debe enterarse de la política del centro infantil, para que cuando su hijo llegue a la casa y se queje por haber tenido que acostarse, usted le pueda aclarar que sólo se trataba de que *descansara*. Usted puede explicarle a su hijo que hay momentos para la siesta, a fin de que los demás niños descansen. En realidad, es para que los profesores puedan descansar, y terminen el día sin estrangular a nadie.

¿Podría ver el informe de su última licencia de funcionamiento?

Ese documento le dará una idea acerca de la manera en que el centro infantil cumple los requisitos oficiales. Usted también puede comunicarse con la agencia encargada de otorgar las licencias y preguntar si algún centro ha incurrido en violaciones.

Pregunte en la guardería o en el centro infantil si ofrecen actividades opcionales para los niños que no duermen siesta, como lectura, pintura y rompecabezas, entre otras.

Facilítele a su hijo el ingreso a la guardería

Usted nunca sabe cómo va a actuar su hijo durante su primer día en la guardería. Es posible que vea todos esos juguetes y todos esos niños de su misma edad y se olvide de que usted existe. Mas lo que va a ocurrir casi con seguridad es que quiera explorar, pero con usted al lado de él.

Si ésta es la primera vez que usted deja a su hijo con una niñera, o en una guardería, haga la transición de manera gradual. No se precipite a entrar, a dejar a su hijo y a salir. Eso sería difícil, no sólo para él sino también para las personas responsables de cuidarlo.

Ensaye este proceso para que su hijo se acostumbre más fácilmente a la guardería:

Día 1: Acompañe a su hijo durante la mañana y almuerce con él. Eso les dará a ambos la oportunidad de ver cómo se desarrolla la hora del almuerzo en la guardería. Después de almorzar, ambos pueden regresar a la casa para pasar juntos el resto del día.

Día 2: Acompañe a su hijo a la guardería durante unas pocas horas. Siéntese, observe y anímelo a que juegue sin usted. Su hijo estará más cómodo con la nueva situación si usted está a la vista. Después de un par de horas, salga durante un rato. Regrese y recoja a su hijo un poco más tarde. No olvide decirle que usted va a salir y que regresará pronto. Nunca se desaparezca repentinamente. ¡Eso es una torpeza!

Día 3: Acompañe a su hijo a la guardería durante unas pocas horas. Déle un beso y despídase de él. Hágale saber que usted regresará más tarde, y luego salga. Recójalo al final del día.

Día 4: Acompañe a su hijo durante unos cuantos minutos. Cerciórese de que está tranquilo. Luego déle un beso y despídase. Dígale que regresará más tarde a recogerlo, y salga.

El propósito de esta estrategia es que usted logre salir gradualmente de la guardería. Dejar a su hijo en un lugar nuevo para él, sin darle tiempo para que se acostumbre, es más duro para él (y quizás también para usted), que si se hace poco a poco.

Usted no tiene que seguir este programa al pie de la letra. Usted puede diseñar su propio programa y tomarse el tiempo que necesite hasta que su hijo se quede tranquilo en la guardería, sin su compañía.

CLAVES ÚTILES

Déle a su hijo unas cuantas fotografías de su familia para que lleve a la guardería o al centro infantil. Él se sentirá reconfortado cuando las mire durante el día.

A continuación hay más pautas para que el proceso de dejar a su hijo con una niñera, o en una guardería, sea más fácil para ambos. (Utilice la lista de verificación del apéndice C para cerciorarse de que está siguiendo esas pautas.)

✔ No haga las cosas de afán por la mañana.

Los niños detestan que los apuren y reaccionan mal cuando eso sucede. Tómese el tiempo que necesite para prepararse, aun cuando eso signifique levantar a su hijo unos minutos antes para que perezce. Y dedique unos cuantos minutos a ayudarle a sentirse cómodo en la guardería. Nunca entre de afán a la guardería a dejar a su hijo, para luego salir corriendo.

✔ Pasen un rato juntos en la mañana.

Cuando nuestro hijo mayor estaba en la guardería, yo llevaba el desayuno desde la casa y nos desayunábamos juntos allá. Eso le daba a nuestro hijo la oportunidad de sentirse cómodo con la situación, y además disfrutábamos de un rato juntos. Usted no tiene que dedicarle mucho tiempo a eso, sólo unos 15 ó 20 minutos adicionales. Cuando se hayan desayunado, su hijo se sentirá tranquilo y usted se podrá ir.

✔ Nunca se salga de la guardería sin que su hijo se dé cuenta.

Hágale saber a su hijo que usted se va, pero que regresará a las 5:00 de la tarde (o a la hora que sea). Si usted se le desaparece a su hijo sin que él se dé cuenta, se volverá temeroso de perderla de vista y empezará a prenderse de su falda o a hacer todo tipo de cosas para que usted no se vaya.

✔ Despídase con rapidez y sin rodeos.

Aparentemente hay niños que no logran separarse de su madre o de su padre, a pesar del tiempo que les hayan dedicado para ayudarles a sentirse cómodos. Cuando usted decida irse, déle a su hijo un beso de despedida y *váyase.* No se quede dándole largas explicaciones acerca de por qué se tiene que ir; sencillamente, váyase. Es imposible razonar con un niño que está enfadado o irritado, de manera que, simplemente, váyase. No es frecuente que los niños lloren durante todo el día; habitualmente dejan de llorar pronto. Una vez que usted se haya ido, el asistente de la guardería, o la niñera, puede animar a su hijo a que participe en alguna actividad que le haga olvidar que usted se fue.

✔ **No reprenda a su hijo por llorar cuando usted se vaya.**

Enojarse es una conducta natural cuando un padre se va. No es realista pedirle a un niño que no esté triste y que deje de llorar instantáneamente. Solamente dígale que lo ama, que usted lamenta que esté enfadado y que regresará a recogerlo. Luego váyase.

✔ **No sea muy duro con usted mismo.**

Los niños no son los únicos que lloran el primer día en que asisten a la guardería. Los padres también derraman una que otra lágrima. Trate de retener esas lágrimas hasta que pueda soltarlas en la privacidad de su automóvil. A su hijo no le debe quedar la sensación de que el sitio a donde lo llevaron es malo o triste.

✔ **No se preocupe si su hijo no está tan *impecable* como cuando lo dejó.**

Preocúpese, más bien, si al recogerlo lo encuentra con mocos untados en lo que por la mañana era una cara limpia. De hecho, usted debe hablar con el director o con el profesor acerca de ese asunto. Si la ropa de su hijo está al revés, es posible que haya puesto en práctica sus habilidades de autoayuda y su independencia. Por otra parte, si su hijo tiene pintura roja en la cabeza, barro en los bolsillos y pasta de moldear entre las uñas, hay buenas posibilidades de que haya pasado un día estupendo.

Su lección de hoy

La comunicación entre usted y la persona que va a cuidar a su hijo es muy importante. Así como usted necesita estar informado acerca de los acontecimientos de la guardería o del centro infantil, la persona que va a cuidar a su hijo necesita saber lo que ocurre en su hogar. Por ejemplo, si su hijo pasó la noche en vela, y no pudo dormir, esa persona debe saberlo. Eso le permitirá manejar el estado de ánimo de su hijo, o el cansancio que sienta durante el día.

Capítulo 22

Las visitas al médico

En este capítulo

▶ Cómo se debe buscar un médico.

▶ Las condiciones que debe tener la droguería.

▶ La homeopatía.

▶ La relación de su hijo y el médico.

▶ Cuándo se deben llevar los niños a donde el médico.

▶ Chequeos de visión y de audición.

▶ La odontología.

Yo detesto ir a donde el médico y tener que esperar en una salita que no es ni caliente ni fría, con revistas más viejas que yo. Luego, cuando ya casi se me ha olvidado por qué estoy ahí, llega el médico y dice: "Bien, ¿cómo está usted hoy?" Entonces me confundo y no sé si tengo que contarle al doctor cómo me siento, o si debo responder cortésmente: "Bien, gracias", mientras pienso: "Por supuesto que estoy bien. Sólo vine porque me gusta que me meta ese palo en la garganta y me haga dar arcadas".

Ésa es una *mala actitud* que no debemos transmitirles a nuestros hijos. Es responsabilidad de nosotros los padres hacerles saber a nuestros hijos que el médico (o cualquier otro profesional de la salud) está para ayudarnos, y que, no importa cuánto nos chucen o nos martiricen, están *tratando* de que nos sintamos mejor.

(El apéndice D contiene varias de las listas que se encuentran en este capítulo.)

Cómo se debe buscar el médico adecuado

Incluso antes de que nazca su bebé, usted debe empezar a hacer entrevistas y averiguaciones concernientes a los médicos (y a sus colaboradores) que van a atender a su hijo. Usted puede elegir un médico de familia, o un pediatra, que es un médico especializado en niños.

El día que nazca su bebé, un médico lo va a examinar. Pero es mejor si el médico que usted ha elegido para atender a su hijo a largo plazo puede practicarle a su bebé ese primer examen. Eso le permitiría conocer a su hijo desde su nacimiento.

La mejor manera de encontrar un médico es a través de la recomendación de los amigos, de los parientes, o de su obstetra. Empiece a hacer sus averiguaciones *antes* de que usted sepa que va a necesitar un médico. Es necesario disponer de suficiente tiempo para hacer esas averiguaciones.

Cuando alguien le recomiende un médico, hágale las siguientes preguntas (y utilice el formulario del apéndice D para escribir las respuestas):

✔ ¿Qué le gusta de ese médico?

✔ ¿Qué le disgusta de él?

✔ ¿Tiene ese médico una buena actitud cuando usted le hace preguntas?

✔ ¿Es ese médico amable y suave con sus hijos?

✔ ¿Les gusta a sus hijos ese médico?

✔ ¿Le dedica tiempo ese médico a escuchar sus inquietudes y a discutir con usted los problemas?

✔ ¿Tiene experiencia ese médico con madres que han amamantado a sus hijos?

✔ ¿Comparte ese médico sus opiniones acerca de la nutrición, de cuándo se le deben empezar a dar al bebé alimentos sólidos, etc.?

Si sus averiguaciones personales no le dan buenos resultados, busque en la guía telefónica. Empiece por los médicos que trabajen cerca de usted. Cuanto menos tenga que desplazarse, tanto mejor para usted.

Primero que todo, haga algunas llamadas e investigue un poco. Es conveniente que hable algunos minutos con la recepcionista o con la enfermera, pues usted tendría mucho contacto con ellas si elige a ese médico. Fíjese si son amables y colaboradoras o si no lo son. ¿Le gustaría tener que tolerar una actitud desagradable cada vez que necesite llamar por teléfono?

Las preguntas que conviene hacer

Éstas son algunas de las preguntas que usted les debe hacer a las personas que trabajan con el médico. (Utilice el formulario del apéndice D para escribir las respuestas, a fin de que las pueda comparar posteriormente.)

¿Cuál es su horario de atención a los pacientes?

¿Tienen horario extendido que le permita a usted entrar en contacto con ellos después del trabajo, o los sábados, si se llegara a presentar una emergencia menor? Los niños a veces son desconsiderados, y se enferman los fines de semana. Además, existen los *moquitos de medianoche*, una condición que puede requerir atención médica a altas horas de la noche para aliviar la congestión nasal de los niños.

Esa situación es cuando al bebé se le tupe la nariz y respira con mucha dificultad (porque los bebés insisten en respirar por la nariz, aunque la tengan tapada). La única forma de ayudarles a respirar es descongestionarles la nariz.

¿Cómo funcionan las visitas de seguimiento?

Los niños adquieren distintas enfermedades que requieren seguimiento para comprobar si ya fueron superadas. Averigüe cuál es el procedimiento para esas visitas médicas y si cuestan lo mismo que las demás o no.

Las infecciones de los oídos requieren atención sin cita previa

Las infecciones de los oídos suelen requerir medicamentos y visitas posteriores a donde el médico. Como muchas veces esas infecciones no desaparecen cuando el niño ha terminado la primera dosis del medicamento, es importante pedir siempre una consulta de seguimiento.

¿Atienden a los pacientes sin cita previa?

Busque un médico que atienda sin cita previa, cuando sólo se trate de chequeos. Usted sencillamente va al consultorio del médico cuando su hijo haya terminado de tomarse el medicamento, y el médico lo examina para ver si ya está mejor. Esos chequeos suelen ser menos costosos que las citas médicas comunes y corrientes. Los médicos han puesto en práctica este sistema para animar a los padres a que vuelvan a llevar a sus hijos a la consulta, lo cual es muy conveniente.

¿Cómo tengo que pagar?

¿Tengo que pagar antes de la consulta, o el consultorio le cobra directamente a la compañía de seguros?

¿Qué debo hacer en caso de emergencia?

¿Está el médico de servicio durante la noche, en caso de que se presente una emergencia?

¿Tienen ustedes otros médicos?

¿Comparte el médico el consultorio con otros profesionales? Si es así, ¿debo consultar solamente con uno, o los médicos se rotan a los pacientes? Si a su hijo lo van a examinar distintos médicos, es más difícil establecer una buena relación médico/paciente. Pero, por otra parte, si hay más de un solo doctor, es más probable que usted encuentre quién lo atienda cuando llegue de afán.

¿Tienen médicos de reemplazo?

No es realista esperar que los médicos hagan turnos de 24 horas, siete días a la semana. Ellos también necesitan descansar. Es importante que haya médicos de reemplazo para las emergencias. Conviene que usted y su hijo conozcan al reemplazo de su médico. Si en algún momento usted tiene que pedirle ayuda, es agradable encontrar una cara conocida.

¿Cómo es su sala de espera?

Algunos consultorios médicos son tan grandes que tienen un área para los niños que no están enfermos (los que están allí para sus chequeos generales, o los que están de acompañantes), y otra área especial para los niños que están enfermos. Los niños propagan los gérmenes a través de las manos. Y babosean los juguetes de los consultorios médicos, además de que les tosen y les estornudan encima. Si sus hijos están sanos en ese momento, dejarán de estarlo después de que se hayan entretenido con esos juguetes. Es agradable encontrar un lugar que atiende en horarios diferentes a los niños sanos y a los niños enfermos, o donde están físicamente separados, para que los que están bien de salud no corran el riesgo de salir del consultorio con alguna enfermedad.

Una familia es una unidad compuesta no sólo por niños sino también por hombres, por mujeres, de vez en cuando por algún animal, y por el resfriado común. — Ogden Nash

La entrevista con el médico

Cuando usted encuentre un consultorio médico donde le hayan respondido sus preguntas a satisfacción (y donde hayan sido amables con usted), pida una cita para reunirse con el médico. Hágale saber a la recepcionista que el propósito de esa cita es conocer al médico y hacerle algunas preguntas. Como antes, usted espera que se trate de una persona accesible y con una buena disposición para responder sus preguntas. Si la recepcionista le informa que el doctor no está disponible para esa clase de citas (¡pero que ella con gusto responderá sus preguntas!), prosiga su búsqueda. Usted necesita encontrar a alguien que respete la necesidad que usted tiene de enterarse de algunas cosas.

Cuando usted finalmente esté reunida con el médico, quizás pueda pasar por alto las preguntas concernientes a su educación. Al fin y al cabo, si el médico se graduó en la Facultad de Medicina del Estado Torácico Superior, ¿le importaría eso mucho?

Usted asiste a esa reunión para formularle preguntas al médico acerca de las cosas que le preocupan, o para conocer el criterio del médico sobre el manejo de los niños y de las enfermedades. Si usted es una madre primeriza, podría estar interesada en saber cuál es la opinión del médico acerca del amamantamiento, la nutrición, etc.

Esté atenta a la manera en que el médico reacciona a sus preguntas. ¿La escucha con atención y le dedica tiempo? ¿Parece una persona comprensiva? Todo eso es importante para la relación médico/paciente. A usted no le sirve un médico que no tenga tiempo para usted, o que no la escuche.

Usted está buscando un médico cuya meta no sea solamente mejorar a sus hijos sino también educarlo a usted para que siga desempeñando en su hogar el papel de doctor o de doctora. Su médico debe estar dispuesto a compartir con usted información acerca de los síntomas de su hijo, de sus enfermedades y de las medidas preventivas que usted puede poner en práctica. Cuanto más aprenda usted acerca de lo que puede hacer para ayudarles a sus hijos, tanto más podrá hacer por ellos en su hogar y (es de esperar) tanto menos tendrá que visitar al médico.

✔ Nadie es perfecto. Usted podría encontrar un médico con una personalidad maravillosa, pero que no trabaje concienzudamente. Yo prefiero un médico meticuloso, aunque tenga la personalidad de una máquina dispensadora de gaseosas.

✔ ¡Confíe en su intuición! Usted podría encontrar un médico que tenga las respuestas apropiadas, cuyo personal sea amable, cuyo consultorio sea limpio y cerca de su casa, pero con quien usted no se siente cómodo. No deje de buscar. A usted tiene que gustarle el médico y tiene que entenderse bien con él, al igual que sus hijos. Si algo de ese médico le molesta, no se sienta mal por seguir buscando.

No olvide la droguería

La ubicación de la droguería que usted va a utilizar es casi tan importante como el médico. Tenga presentes estos aspectos (y utilice el formulario del apéndice D para escribir los datos):

Ubicación. Lo ideal es una droguería que esté ubicada en el mismo edificio del consultorio del médico. Todo lo que no signifique estar sacando y metiendo a los niños al automóvil es excelente.

Horario de servicio. Las mejores droguerías son las que están abiertas las 24 horas del día. Puede ocurrir que su bebé se despierte a las 2:00 A.M. gritando... y que se le haya acabado la aspirineta para bebé, o el gel para aliviar el dolor de encías.

Registros computarizados. En la actualidad, muchas droguerías tienen computarizadas todas las fórmulas médicas de sus clientes, lo cual les permite mantenerse al tanto de los medicamentos que su hijo ha tomado y de los que está tomando en el momento. Esa medida de seguridad evita que su hijo reciba dos medicamentos diferentes que, si se le dan en conjunto, podrían hacerle daño.

Información acerca del medicamento. La información médica abreviada explica para qué es el medicamento, sus contraindicaciones y sus posibles efectos secundarios.

Una alternativa: la homeopatía

Cuando su hijo tiene una infección de oído, el profesional de la medicina le mira los oídos y le formula un medicamento para curar la infección. Pero no trata de curar la causa de la infección.

Cuando usted lleva a su hijo a donde un profesional de la homeopatía, él examina el cuerpo del niño para tratar de descubrir a qué ha reaccionado con una infección de oído. El homeópata le da, entonces, un remedio que ayuda a que el organismo de su hijo se cure a sí mismo. Sin químicos.

La homeopatía... cura un porcentaje mayor de casos que cualquier otro método de tratamiento, y está fuera de toda duda que es más seguro y más económico y que se trata de la ciencia médica más completa. — Mahatma Gandhi

Gandhi estaba, supuestamente, obsesionado con sus movimientos intestinales.

Cómo funciona la homeopatía

La labor del homeópata es educarlo a usted tan sumamente bien, que llegue el momento en que él se quede sin trabajo. (Ojalá los abogados también trabajaran así.) Cuanto más sepamos acerca de lo que nos enferma, tanto más podremos hacer para evitar que nosotros, y nuestros hijos, nos enfermemos.

Los profesionales de la homeopatía no se limitan a tratar la infección sino que tratan a la persona como un todo. Ellos aprenden acerca de la persona y de sus conocimientos sobre la salud, y estudian su relación con los alimentos, con la higiene, con el entorno y con muchos otros temas.

Cuando el homeópata conoce los antecedentes, formula un *remedio* que fortalece al organismo para que se cure a sí mismo. Los homeópatas utilizan ingredientes naturales, los cuales no contienen toxinas.

La medicina homeopática existe desde hace unos 200 años. Es menos costoso ir a donde el homeópata que ir a donde el médico cada vez que los niños están resfriados o que tienen fiebre. Usted puede guardar los remedios en su casa y utilizarlos como medida de prevención. De esta manera, el resfriado y la fiebre no se convierten en una otitis.

Aspectos generales que usted debe conocer

Los homeópatas no son un grupo de locos que se sientan alrededor de velas encendidas para charlar y enterrarles alfileres a pequeños muñecos (aunque si usted hace esas cosas, yo respeto profundamente su decisión). La homeopatía es una ciencia que funciona.

✔ Nosotros tenemos un médico y un homeópata. Llevamos al bebé a donde el médico para los chequeos de seguimiento, para que lo vacune y para que cosa a los niños cuando se cortan. Pero llevamos a nuestros hijos a donde el homeópata cuando están enfermos.

✔ Los remedios homeopáticos se encuentran en las droguerías homeopáticas y, en los Estados Unidos, en la mayor parte de las cadenas de droguerías, entre las cuales están Kmart, Payless, Thrifty y Walgreen's.

✔ A los profesionales de la homeopatía también les consultan problemas de conducta.

La relación del médico y el niño

Su hijo aprende de usted cómo se debe comportar en las distintas situaciones. Así, pues, le corresponde a usted darle buen ejemplo. El ejemplo que usted debe darle a su hijo es que usted piensa que el médico es una buena persona, aunque tenga que hacer cosas que nos duelen o que nos molestan (como ponernos inyecciones, colocarnos cosas frías en el pecho o encandilarnos los ojos con luces brillantes). Todo eso tiene un buen propósito.

Cuando visiten al médico, tenga presentes estas normas (y revíselas en el formulario del apéndice D para que esté seguro de que las está siguiendo):

✔ **Muéstrese contento y relajado.** Si su hijo lo ve a usted contento y relajado, él se sentirá mucho más tranquilo.

✔ **Salude alegremente al médico.** Eso le indica a su hijo que a usted le agrada el médico y que está contento de verlo.

✔ **Utilice el nombre del médico.** Las personas se comportan de una manera más amigable cuando se dirigen a ellas por su nombre. Cuando usted utiliza el nombre del médico, su hijo lo aprende.

✔ **Déle las gracias al doctor después del examen.** Esta estrategia también refuerza en su hijo la idea de que el médico es una persona que está para ayudar.

✔ **No use nunca las visitas al médico como una amenaza.** Nunca le diga a su hijo: "Si no estás juicioso, te voy a llevar a donde el médico para que te ponga una inyección". La próxima vez que tenga que llevarlo a donde el médico, su hijo se sentirá angustiado y todo el tiempo sentirá miedo de que le pongan una inyección.

✔ **No le diga a su hijo que algo le va a doler, o que no le va a doler, si usted sabe que le dolerá.** Lo mejor es que usted no diga nada, y que deje que su hijo decida si duele o no.

Cuándo se debe visitar al médico

Durante los primeros meses de vida de su bebé, usted va a sentir como si viviera en el consultorio del doctor. ¡No se preocupe! A medida que su hijo crezca, usted tendrá que ir cada vez menos a que lo vacune y a que le practique exámenes de rutina (los que muestran si el niño se está desarrollando bien). La lista siguiente le dará una idea de las épocas en que tendrá que llevar a su hijo a donde el médico, y con qué propósito. Hay un motivo por el cual las vacunas que su hijo recibirá no figuran en la lista. El criterio acerca de la vacunación infantil cambia, y me desesperaría tener que mantener actualizado este libro cada vez que sale al mercado una nueva vacuna.

El apéndice D tiene esta misma lista para que usted la coloque en su nevera (más arte para la nevera) y para que no tenga que adivinar cuándo le toca llevar a su hijo a donde el médico.

Visitas al médico	
Edad	*Objetivo*
1 semana	Examen
2 semanas	Examen y vacunación
2 meses	Examen y vacunación
4 meses	Examen y vacunación
6 meses	Examen y vacunación
9 meses	Examen y vacunación
12 meses	Examen
15 meses	Examen y vacunación
18 meses	Examen
2 años	Examen
3 años	Examen
5 años (o poco antes de entrar al colegio)	Examen y vacunación
Cada 2-3 años de ese momento en adelante	Exámenes generales
12 años	Exámenes y vacunación
15 años	Exámenes y vacunación

Usted no tiene que seguir al pie de la letra este plan de vacunación. Hay médicos que ofrecen distintas opciones para vacunar a los niños y hay padres que prefieren no vacunar a sus hijos.

✔ Dependiendo de la salud de su bebé, su médico podría querer verlo más frecuentemente de lo que indica esta tabla.

✔ Nunca pase por alto las enfermedades de sus hijos. Y nunca tome a la ligera la irritabilidad, la fiebre baja, o cualquier otra condición inusual, porque podría significar que se está desarrollando alguna enfermedad o alguna infección.

✔ Pida cita con su médico cuando su hijo tenga 38 grados centígrados de fiebre, o cuando ésta le haya durado más de 24 horas. Lea el capítulo 23 para que conozca las señales de que el niño tiene alguna enfermedad. Son varias las señales de que su hijo se está comenzando a enfermar.

Problemas de visión y de audición

En las citas de rutina, el médico les examina a los niños la audición, la visión y el desarrollo de la dentadura. Esos chequeos suelen ser suficientes para la audición y para la visión. Los colegios también les practican a los alumnos exámenes de audición, cuando los padres piensan que sus hijos podrían tener algún problema (distinto del que se presenta todas las noches cuando les anuncian que es hora de irse a la cama).

Es importante que usted cuide la visión de sus hijos para evitar problemas en el futuro. A los recién nacidos les examinan los ojos, y durante el chequeo de los seis meses el médico se los vuelve a examinar. Usted debe hacer ver a su hijo por un oftalmólogo cuando tenga entre tres y cuatro años, y de ahí en adelante debe hacerle examinar los ojos una vez por año.

Sin importar cuál sea la edad de su hijo, ponga una cita con su médico si se presenta cualquiera de las siguientes situaciones (y utilice la lista de verificación del apéndice D):

✔ Su hijo desvía un ojo, o se restriega los ojos con frecuencia (cuando no está cansado).

✔ Los ojos del niño se mueven rápidamente hacia arriba o hacia abajo, o de lado a lado.

✔ Los ojos del niño se ven llorosos, sensibles a la luz, o distintos de como son habitualmente.

✔ En la pupila se le ve una substancia blanca, blanca grisosa, o amarillosa.

✔ Los ojos le duran varios días enrojecidos.

✔ Los párpados se ven caídos, o los ojos se ven hinchados.

✔ Si tiene secreciones de algún tipo.

Cómo se debe iniciar un buen programa de higiene dental

El programa dental de sus hijos debe comenzar cuando son bebés. Las encías se deben mantener limpias cuando esos dientecitos filudos empiecen a salir. Usted quiere que sus hijos tengan una dentadura fuerte y saludable, para que lo puedan morder duro cuando usted tenga la feliz ocurrencia de meterles un dedo entre la boca para ver cuántos dientecitos nuevos les han salido.

Para que sus hijos tengan una buena y linda dentadura, ellos necesitan una dieta rica en frutas, en vegetales, en productos lácteos, en carne magra (como pescado y pollo) y en almidones (como pan y papa). Cualquier alimento rico en calcio les conviene a sus hijos. Las papas fritas, los dulces y el helado, no forman parte de ninguno de estos grupos alimenticios.

Además de una buena dieta, sus hijos van a necesitar lavarse los dientes todos los días, van a necesitar flúor (el cual se puede obtener en el agua) y van a tener que visitar regularmente al odontólogo para ver si todo está marchando bien. (En el apéndice D usted podrá comprobar si está cumpliendo con todos los requisitos.)

✔ **A los niños se les deben lavar los dientes todos los días.**

De preferencia dos veces al día. Límpiele las encías al bebé con una toallita sencilla, que no sea super absorbente. Si lo hace con una toalla gruesa le podrían dar arcadas y podría llegar a detestar que usted le haga eso, más de lo que ya lo detesta.

✔ **Es importante utilizar seda dental apenas empiecen los dientes a tocarse unos con otros (las muelas son las primeras).**

Como sus hijos sólo podrán utilizar correctamente la seda dental cuando tengan alrededor de siete u ocho años, hasta esa edad usted tendrá que ayudarles. Cuando empiecen a hacerlo solos, supervíselos para que lo hagan lo mejor que sea posible.

✔ **Déles a sus hijos (incluido el bebé) agua para beber.**

Es una manera excelente de limpiarles la boca. Los bebés hacen una cara horrible las primeras veces que se les da agua, pero al poco tiempo les empieza a gustar.

✔ **Apenas le empiecen a salir los dientes a su bebé, utilice un cepillo dental especial para su edad, y cepílleselos con mucha suavidad.**

Tenga cuidado de no cepillarle muy duro las encías. Eso las podría hacer retroceder y los dientes se podrían dañar.

✔ **Utilice una cantidad mínima de crema dental (un poquito como del tamaño de una uña del bebé).**

Si la crema dental corriente es muy fuerte para su bebé, elija una especial para niños, o compre en un almacén de productos naturales una crema dental más suave, de las que no contienen substancias edulcorantes.

✔ **Usted debe seguir lavándoles los dientes a sus hijos hasta que tengan siete u ocho años.**

A la mayor parte de los niños se les dificulta mover el cepillo de la forma correcta para poder llegar a las encías, sin lastimarlas. Quizás usted pueda ayudarles una o dos veces por semana cuando tengan cinco o seis años, pero revíseles siempre los dientes después de que se los hayan cepillado y pídales que se los vuelvan a cepillar si nota que en las encías todavía hay restos de comida.

✔ **No olvide cepillarles a sus hijos la lengua (arcadas, arcadas, arcadas) y el paladar.**

Sus hijos deben cepillarse los dientes durante aproximadamente dos minutos (y usted también). Como dos minutos es una eternidad para los niños, utilice un relojito de los que sirven para preparar huevos, o ponga una canción que dure cerca de dos minutos.

Cuándo se debe visitar al odontólogo

Usted puede intentar llevar a su hijo a donde el odontólogo cuando tenga dos años. Algunos niños se sientan felices en la silla del consultorio y abren la boca con toda confianza mientras un extraño con guantes les mete la mano. Pero hay niños que no logran manejar esa situación hasta mucho tiempo después. Si usted tiene alguna preocupación acerca de la dentadura de su hijo, no espere. Ponga una cita inmediatamente con el odontólogo si a sus hijos empiezan a salirles puntos oscuros, si hay lugares donde parece que los dientes estuvieran empezando a dañarse, si tienen las encías inflamadas o si les sangran cuando se lavan los dientes, o si les duelen las encías o lo dientes.

Es muy importante que usted establezca una relación con un odontólogo, y que no deje de llevar a sus hijos cada seis meses para un chequeo. Le advierto: si usted pone una cita para sus hijos, tarde o temprano el odontólogo terminará convenciéndolo a usted, también.

✔ Hay pocos odontólogos pediátricos. Esos profesionales son especialistas en desarrollo infantil y en técnicas de manejo psicológico y conductual.

✔ Haga todas las averiguaciones necesarias para conseguir un buen odontólogo, como lo haría para conseguir un médico.

✔ Es conveniente que visiten al odontólogo tan pronto como puedan, para que él determine si sus hijos están obteniendo una cantidad adecuada de flúor. En algunos lugares el agua no contiene flúor (como, por ejemplo, donde nosotros vivimos), por lo cual es necesario darles a los niños un suplemento vitamínico que contenga flúor.

Los dientes les salen a los bebés de dos en dos. Las encías de su bebé van a estar lastimadas durante todo el proceso de la dentición.

¿Qué es un odontólogo? ¿Duele?

Lea al principio de este capítulo la sección "La relación del médico y el niño". Se refiere a la relación que usted debe establecer con su médico. Usted también tiene que establecer una relación de apertura y confianza con su odontólogo. Sus hijos deben aprender que el odontólogo es una persona que les mira los dientes para comprobar si están sanos y fuertes, y si están creciendo bien. (Utilice la lista de verificación del apéndice D.)

✔ Deje que sus hijos se sienten en la silla del consultorio odontológico sin su ayuda.

Ése es un paso más hacia su independencia, y es más probable que se porten bien si usted no está pendiente de ellos en ese momento. Además, en esas salas no suele haber mucho espacio, y a usted no lo necesitan allá. Sin embargo, si es la primera cita del niño y todavía es pequeño, el odontólogo seguramente va a dejar que usted lo acompañe hasta que se sienta cómodo con la situación.

✔ Déle siempre las gracias al odontólogo cuando termine la cita.

✔ Léales a sus hijos libros acerca de las visitas a donde el odontólogo.

Busque libros que tengan dibujos de cosas que ellos vayan a ver en el consultorio odontológico.

✔ No utilice las citas odontológicas como una amenaza.

✔ No le diga nada acerca de la posibilidad de que le duela.

Es posible que a su hijo ni se le haya pasado por la cabeza la idea de que le podría doler. No toque ese tema.

Su lección de hoy

Trátese de un médico, de un homeópata, de un optómetra o de un odontólogo usted elige a los profesionales que desee para sus hijos. Tómese todo el tiempo que necesite para buscarlos y para entrevistarlos. Usted quiere, seguramente, que esos profesionales atiendan a sus hijos durante muchos años.

Capítulo 23
Salud e higiene

● ●

En este capítulo

▶ Qué debemos hacer para que nuestros hijos permanezcan seguros y sanos cuando hace calor y cuando hace frío.

▶ Cómo se pueden mantener al mínimo los estornudos y las narices tupidas.

▶ El botiquín del hogar.

● ●

Usted tiene que esforzarse para que la higiene reine en su hogar. La higiene es el arte de permanecer sanos y de evitar las cosas que nos enferman. Requiere esfuerzo y sentido común, dos cosas que no son características, precisamente, del funcionamiento normal de los niños. Este capítulo está dedicado a las cosas que lo enferman a usted y a sus hijos (distintas de comerse todo el paquete de chocolates en una sola sentada).

Los elementos peligrosos

El sol, el calor y el frío son elementos perjudiciales si uno no se expone adecuadamente a ellos. La piel de sus hijos es sumamente delicada y esos elementos los afectan a ellos más que a usted (porque su piel ha envejecido y está curtida por la intemperie).

El sol

Si el día está soleado y bonito, sus hijos van a querer estar afuera de la casa. Y deben poder hacerlo. El sol es una magnífica fuente de vitamina D. Pero, como todas las cosas de la vida, el sol solamente es bueno si se toma con moderación. Tenga en cuenta estas precauciones cuando sus hijos estén afuera (y utilice la lista de verificación del apéndice E):

✔ **Aplíqueles a sus hijos un filtro antisolar cuando vayan a exponerse al sol (excepto a los bebés menores de seis meses).**

Eso también incluye el sol del invierno. Utilice una loción que tenga un factor de protección solar de 30 ó más, que sea a prueba de agua e hipoalergénica, es decir, que no irrite la piel. Esta clase de filtro antisolar no tiene fragancia y es más suave para las pieles delicadas. Además, usted no quiere que el perro de la familia se embobe lamiendo a los niños, porque la loción huele a pastel de coco.

✔ **Aplíqueles el filtro antisolar en todas las partes que estén expuestas al sol.**

Entre esas partes están los oídos, detrás de los oídos, la nariz, el dorso de las manos y la parte posterior del cuello. También conviene aplicarles a los niños algún bálsamo labial que contenga filtro antisolar para que no se les resequen los labios, ni se les partan, cuando haga sol o viento.

✔ **Aplíqueles a sus hijos el filtro antisolar con generosidad.**

Embadúrnelos de verdad. Pero no les aplique la loción antisolar cerca de los ojos, porque puede ser muy irritante. Y tampoco le aplique a un bebé menor de seis meses.

✔ **Lea las instrucciones del filtro antisolar.**

Usted verá que tiene que aplicarse a menudo. Una sola aplicación nunca es suficiente.

✔ **No deje que sus hijos se asoleen entre las 10:00 A.M. y las 3:00 P.M.**

Porque es el lapso durante el cual el sol es más fuerte. Por tanto, hace más calor y es más probable que le haga daño a la delicada piel de los niños.

✔ **Los niños deben utilizar sombrero cuando se vayan a exponer al sol.**

El sombrero no sólo les protege la piel sino que les mantiene la cabeza más fresca, lo cual ayuda a evitar que se insolen. ¡Y los sombreros siempre están de moda!

El sol que se refleja en el agua y en la nieve tiene la capacidad de quemarles la piel a los niños. Y un error que los padres comenten con frecuencia es olvidar que el sol puede ser más dañino y más fuerte de lo que ellos piensan que es. Nueve de cada diez melanomas se relacionan con quemaduras severas de sol durante la infancia.

No hay ningún problema en dejar que su hijo pase todo el verano sin broncearse. Es socialmente aceptable tener la piel pálida. Al fin y al cabo, los niños se reúnen para jugar y no para ver cuál está más bronceado.

Si sus hijos se queman mucho, usted puede aplicarles compresas de leche fría y agua fría mezcladas por partes iguales. Aplíqueles las compresas en los labios y en los párpados para aliviar la sensación de inflamación y de calor. Colocar sobre la piel bolsas de té bien frías también ayuda a aliviar el dolor producido por las quemaduras del sol.

¡Está haciendo demasiado calor!

Los niños pueden jugar indefinidamente bajo el sol sin inmutarse. Nosotros, los adultos, sentimos la primera gota de sudor y corremos a la sombra, o a donde está el aire acondicionado. Pero, por alguna razón, los niños sencillamente no sienten la temperatura. Incluso pueden demorarse en captar por qué motivo les estamos pasando un cubo de hielo por las piernas. Observe algunas medidas básicas de seguridad:

✔ Cuando esté haciendo calor afuera, vigile cuidadosamente a sus hijos. Si le parece que están muy acalorados (cara roja, sudor, palidez, o debilidad), hágalos entrar y refrésquelos.

✔ No permita que sus hijos se queden afuera durante más de una hora, sin entrar a desacalorarse.

✔ Déles a sus hijos abundante líquido. Lo mejor que usted les puede dar en un día cálido es agua fría.

✔ Como los bebés no sudan bien, es necesario tomar medidas adicionales para mantenerlos frescos. Déle a su bebé muchos líquidos y báñelo con agua tibia para que se refresque. No le aplique loción antisolar, y nunca lo deje al sol sin sombrero (y nunca durante más de unos pocos minutos cada vez).

Los niños se insolan con la misma facilidad que los adultos. La insolación se produce cuando la persona se expone al calor mucho tiempo, porque el organismo no puede enfriarse a sí mismo. Si usted cree que su hijo está insolado, pida ayuda inmediatamente, colóquelo en un lugar frío y, empezando por la cabeza, mójelo con agua fría utilizando una esponja o una toalla (no utilice agua helada, ni alcohol para hacer fricciones). Con la insolación se presenta también deshidratación, de modo que empiece a darle a su hijo líquidos fríos. Los niños se suelen insolar cuando se quedan jugando al sol mucho tiempo (y cuando están demasiado abrigados para la temperatura imperante).

¡Está haciendo demasiado frío!

La mejor manera de pasar el invierno es quedarse en la casa y acomodarse en una silla blanda y cómoda frente a la chimenea, mientras se disfruta un té caliente (con una bolsa de ricas galletas). Bueno, eso es lo que yo pienso. Pero los niños piensan distinto. Como ocurre cuando hace calor, a ellos el frío los tiene sin cuidado. Y también les puede hacer daño exponerse al frío durante largos ratos. (Utilice la lista de verificación del apéndice E.)

✔ **Nunca deje que sus hijos salgan al frío sin la indumentaria apropiada.**

Eso quiere decir ropa interior larga, suéter de cuello tortuga, pantalones largos impermeables, abrigos y zapatos impermeables, medias de algodón, sombreron con tapa oídos y mitones forrados y a prueba de agua (mantienen más calientes las manos de los niños que los guantes). Utilice siempre ropa de algodón para sus hijos. Evite el poliéster y el rayón.

✔ **Mantenga secos los dedos de las manos y los dedos de los pies de los niños cuando estén jugando afuera.**

La ropa húmeda enfría la piel y aumenta la probabilidad de que se presenten quemaduras por el frío. Cómpreles a sus hijos ropa impermeable.

¡ADVERTENCIA!

Esté atento a cualquier señal de quemadura por frío

Présteles atención a sus hijos cuando le digan que tienen mucho frío. Éntrelos y observe si tienen alguna señal de haberse quemado por el frío, como, por ejemplo, si sienten la piel muy fría y han perdido la sensibilidad en esa área, o si la piel está pálida, brillante y dura. Si usted piensa que su hijo tiene quemaduras por el frío, llame a su médico inmediatamente. Para ayudarle mientras llega el médico, déle líquidos calientes para que beba, y sumérjalo en agua tibia para que empiece a calentarse de nuevo el area quemada (el agua no debe estar caliente porque el niño la sentirá más caliente de lo que en realidad está). Usted también puede tratar de calentar al niño arropándolo con mantas, o puede cubrir el área afectada con una toalla caliente. *No frote el área afectada.* No sólo sería doloroso para el niño sino que podría hacerle daño a la piel. Al ir entrando en calor, su hijo empezará a sentir picazón y como si la piel se le estuviera quemando, y poco a poco empezará a adquirir color.

✔ **Asegúrese de que las botas y los zapatos de invierno no les queden muy ajustados.**

El calzado apretado afecta a la circulación y puede producir quemaduras por el frío.

✔ **Póngale un límite al tiempo que los niños pueden permanecer afuera.**

Póngale un límite al tiempo que los niños pueden estar por fuera de la casa cuando esté lloviendo, cuando esté haciendo mucho viento o cuando la temperatura sea inferior a los cero grados centígrados.

El aire frío del invierno puede resecar la cara de los niños. Para evitar la resequedad, apLíqueles en la cara loción humectante antes de que salgan. Si sus hijos están mocosos, o si están en la etapa de las babas, póngales vaselina en la nariz y en la barbilla. La vaselina no se cae tan fácil como la crema humectante.

Narices tupidas y estornudos

Es triste, pero va a llegar el día en que su hijo atrapará un resfriado y usted se preguntará quién se siente peor: usted o su hijo. Usted se sentirá mal porque, en realidad, no es mucho lo que puede hacer por alguien que está en esas condiciones. Y su hijo se sentirá mal porque así es como se siente la gente cuando está resfriada o con gripe.

Cuando usted note que a su hijo se le está empezando a tupir la nariz y que está empezando a estornudar, actúe sin demora:

✔ **Lave las cerraduras de las puertas y los juguetes que otros niños puedan tocar.**

Los gérmenes se propagan especialmente a través de las manos, y usted no está interesado en que otras personas se enfermen.

✔ **Lávese las manos y láveles las manos a sus hijos cada vez que tenga la oportunidad.**

Usted no tiene interés en resfriarse, ni en contagiar a nadie. Usted tampoco quiere que sus hijos se toquen los ojos después de restregarse la nariz mocosa y que propaguen los gérmenes por todas partes. Así es como empiezan las infecciones de los ojos.

✔ **Prepárese para hacerle a su médico una descripción detallada de los síntomas de sus hijos.**

¿Puede usted describir cómo están actuando comiendo y sintiéndose sus hijos? ¿Cómo son sus movimientos intestinales? ¿Si se están jalando las orejas? ¿Si están tosiendo o produciendo algo (y cómo es eso)? ¿Si sus narices están mocosas? ¿Y de qué color (transparente o verde) es lo que sale de ellas?

Su bebé se sentirá mejor cuando esté más fresco. No le ponga mucha ropa, esperando que "sude" el resfriado. Eso no funciona. Los niños también duermen mejor en una habitación fresca, que en una habitación caliente y mal ventilada.

Bañe a su bebé con frecuencia en agua tibia. Viértale una taza de agua en la cabeza (mientras le apoya bien la espalda, para evitar que se caiga hacia atrás) y lávele la flema que le salga de la nariz. Siga vertiéndole una taza de agua en la cabeza hasta que tenga limpia la nariz. Si su bebé es todavía muy pequeño no se podrá sonar, y a los niños no les gusta que les metan en la nariz jeringas de succión para extraerles la mucosidad. En realidad, yo no conozco a nadie que le guste que le metan cosas en la nariz.

¡Tengo fiebre!

La fiebre es una señal de que hay alguna infección, como gripe o resfriado. Para que la fiebre desaparezca, usted no puede hacer nada distinto de sanar a su organismo para que la infección se vaya. Hay medicamentos, como el acetaminofén, que sirven para bajar la fiebre, pero que no curan el problema.

✔ Pregúntele a su pediatra si le puede dar acetaminofén a su hijo (como, por ejemplo, Tylenol para niños).

Si su hijo tiene fiebre es porque hay una infección en alguna parte. Eso suele significar que el niño puede contagiar a otras personas. Usted debe lavarse las manos cada vez que pueda, hasta que el niño ya no tenga fiebre. Los gérmenes se propagan por las manos, y usted no desea contagiarse de lo que tiene enfermo a su hijo, ni desea contagiárselo a los demás miembros de su familia.

Para que sus hijos se sientan más cómodos en la casa, déles mucha agua y jugo, y póngales poca ropa. Si uno de sus hijos está con fiebre, usted lo haría sentir todavía más incómodo si le pone mucha ropa.

Antes de que empiece a darles un medicamento a sus hijos, pregúntele a su médico el nombre, la dosis y el horario en que se los debe dar. Nunca les dé aspirina a sus hijos sin que el médico la haya formulado.

Cuándo debemos llamar al médico

La fiebre significa que hay una infección. Nunca tome la fiebre a la ligera, y nunca suponga que todo se arreglará dándole Tylenol a su hijo.

Es más fácil decidir qué debemos hacer cuando nuestro hijo tiene fiebre, si tenemos en cuenta su edad.

✔ **Bebés de menos de tres meses.**

Llame al médico si su bebé tiene alguna señal de estar afiebrado. Su pequeño organismo tiene que trabajar muy duro para combatir las infecciones.

✔ **Bebés de tres a seis meses de edad.**

Llame al médico si su bebé tiene 38 grados centígrados de fiebre, o más.

✔ **Bebés, niños que están empezando a caminar y niños mayores.**

Llame al médico si su hijo tiene más de 38 grados centígrados de fiebre.

Esté atento a la temperatura de su hijo. Tómesela dos o tres veces al día para saber si se presenta algún cambio importante. Si la temperatura aumenta drásticamente, llame al médico.

Las molestas infecciones de oído

Es muy triste que tantos bebés y tantos niños pequeños vivan con una infección de oído permanente. Como sus canales auditivos son tan pequeños, el líquido queda atrapado y se desarrolla fácilmente la infección.

Cuando su hijo tenga una infección de oído, su médico formulará un medicamento, y el problema deberá solucionarse en el curso de los siguientes siete a diez días. Asista siempre a la consulta de chequeo, porque esas infecciones a menudo no se curan fácilmente. Las infecciones persistentes son comunes y pueden causarle mucho daño a su hijo.

No tome a la ligera las infecciones de los oídos, porque pueden conducir a algo más serio. Si usted nota que su hijo está empezando a jalarse una oreja, llévelo a donde el médico. Cuando un niño tiene una infección de oído, también puede ponerse irritable, le puede dar fiebre o también puede presentar síntomas de otras enfermedades.

Señales de enfermedad

No demore en llamar al médico si su hijo tiene poca fiebre pero actúa como si estuviera enfermo. Entre las señales de que hay alguna enfermedad están:

✔ Dificultad para respirar

✔ Gritar duro mientras tiene las rodillas en alto

✔ Jalarse las orejas

✔ Amígdalas inflamadas

✔ No despertarse para comer o no comer lo habitual

✔ Cambios en los hábitos de sueño

✔ Dificultad para despertarse

✔ Tez pálida o grisácea

✔ Círculos oscuros bajo los ojos

✔ Labios amoratados

✔ Actuar sin energía

✔ Mal aliento (sin haberse comido tres huevos duros)

✔ Olor en las partes privadas, a pesar del baño

Todas éstas son señales de que hay algún problema. Lleve a su hijo a donde el médico y nunca tome riesgos cuando esté de por medio la salud de sus hijos. (Utilice la lista de verificación del apéndice E.)

Desconfíe de los médicos que recomienden ponerle tubos a su hijo dentro de los oídos. Esa solución no siempre es necesaria. Consúltele a un homeópata, o a un médico de familia, y obtenga una segunda opinión: con seguridad esos profesionales le plantearán una alternativa distinta. Lea el capítulo 22, el cual contiene una sección sobre los homeópatas.

Medidas para prevenir la proliferación de gérmenes (¡uacc!)

Los gérmenes no se suelen propagar volando en el aire a su antojo. Se propagan a través de las manos, o mediante alguna clase de contacto. Teniendo esto en cuenta, lea los siguientes consejos para mantener los gérmenes al mínimo (y vea si puede llenar todas las casillas del apéndice E):

No comparta las toallas. Especialmente si usted seca a un niño que está mocoso, y luego utiliza la misma toalla para secar a sus hermanos. ¿Ve cómo se propagan los gérmenes?

No comparta las tazas. El hábito de darles a los niños un sorbo de nuestra taza se adquiere fácilmente. Sin embargo, hay que evitarlo al máximo. Cada miembro de su familia puede tener su propia taza para utilizarla cuantas veces quiera. De ese modo, usted no tendría que utilizar todas las tazas que hay en su casa y no compartirían la tos ni los resfriados.

No bese a las mascotas. Por mucho que queramos a nuestros gatos, a nuestros perros, a nuestras iguanas, o lo que sea, nuestras manifestaciones de afecto se deben limitar a mimarlos y a cuidarlos adecuadamente. Reserve los besos para su familia. Las mascotas tienen gérmenes y no conviene que los compartamos con ellas.

No se siente en un sanitario sucio. Los sanitarios pueden ser muy sucios. Por eso a alguien se le ocurrió fabricar los protectores de papel que la gente utiliza en los baños públicos y que en algunas ocasiones se quedan pegados en el trasero o se enredan en la ropa.

No coma carne ni huevos crudos. Eso es difícil para mí, pues adoro el *sushi*. (Por supuesto que yo solamente como lo que está cocinado.) La carne y los huevos crudos pueden tener bacterias.

No fume. Ya no es un mito que las consecuencias de fumar son muy graves. Si usted fuma, sálgase del mundo de la negación y entre en el mundo real. El humo del cigarrillo aumenta la cantidad y la severidad de los resfriados, de la tos, de las infecciones de los oídos y de los problemas respiratorios de las personas que lo respiran, aunque no fumen. Si usted fuma cerca de sus hijos, ellos también están fumando.

No se toque la cara. Es difícil enseñarles esto a los niños, pero las manitas deben mantenerse lejos de las caritas. Piense en este problema matemático fundamental:

Tocarse la nariz mocosa + restregarse los ojos = infección en los ojos.

Lávese las manos. Y también láveselas a todos los demás. Lávese las manos después de ir al baño, después de cambiar un pañal, después de estornudar o de toser, antes y después de manejar alimentos, antes de comer, después de trabajar en un ambiente sucio y después de hacer la limpieza. Láveles las manos a los niños antes y después de comer, después de ir al baño, si se han tocado la colita mientras usted les estaba cambiando el pañal, después de jugar con los amiguitos, cuando lleguen a la casa del colegio o de la guardería y si los ve restregándose los ojos o la nariz. Como ve, usted pasará todo el día básicamente lavando manos.

Desinfecte su casa con frecuencia. Éste será para usted un proceso de toda la vida. Lave todo, incluidas las cerraduras de las puertas, la cocina y todos sus utensilios, y todo lo que tenga que ver con sus hijos (como juguetes y los implementos que usted utiliza para cambiar pañales).

Enseñémosles a los niños la manera en que se deben comportar, y cuando sean mayores no se apartarán de ella. — Proverbios 22:6

¿Tiene usted un buen botiquín en casa?

Usted no quiere vérselas con un niño enfermo, mirar en el botiquín y ver que está vacío. Prepárese con anticipación para lo peor. Esté preparado para manejar la situación cuando sus hijos atrapen un resfriado, o cuando utilicen la cabeza para golpear el suelo. Busque esta lista de verificación también en el apéndice E. Córtela y llévela a la tienda para que no se le olvide comprar nada.

✔ Termómetro

Se supone que los termómetros rectales son mejores para los bebés. Yo nunca he conseguido que mis hijos se queden lo suficientemente quietos como para ejecutar la delicada operación de colocar el termómetro donde debe ser. También son difíciles de utilizar los termómetros que requieren colocarle al niño una tira de plástico en la frente. A los niños no les gusta estarse quietos tanto tiempo. Los termómetros que se colocan debajo del brazo y los que se colocan entre el oído (son dos clases distintas) son bastante precisos y fáciles de utilizar. Posiblemente usted tendrá que experimentar con sus hijos para ver cuál toleran, y cuál no.

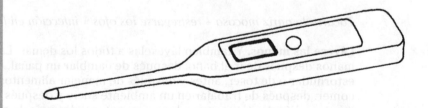

✔ Jeringa de succión

Este aparato se utiliza para limpiar las pequeñas fosas nasales del bebé, que tienden a llenarse de moco y a producir unos ruidos que no le molestan al bebé, pero sí a usted, y mucho. Las mejores son las que entregan en los hospitales cuando nacen los bebés. Las que venden no son tan eficaces.

Para que esa jeringa funcione eficazmente, colóquela en una fosa nasal, y, al mismo tiempo, cierre la otra con uno de sus dedos. Es como cuando uno sopla por un lado de la nariz, mientras tiene cerrado el otro. Todo sale más fácil de esa manera.

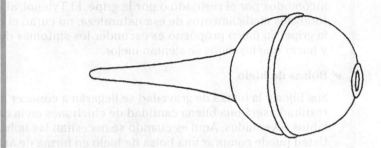

✔ Gotero para los ojos

Cuando los niños están resfriados, a menudo adquieren infecciones en los ojos. Como se restriegan la cara, se esparcen los gérmenes por todas partes, incluidos los ojos. Esos goteros sirven para aplicarles solución salina en los ojos, la cual ayuda a que la infección sane.

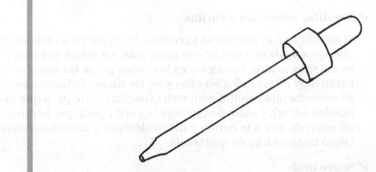

✔ Dispensador de medicamentos

Usted va a necesitar algo para darles a sus hijos los medicamentos. En las droguerías venden unos dispensadores que parecen goteros grandes, con las medidas marcadas a un lado. Recuerde que debe limpiar el dispensador de medicamentos después de utilizarlo.

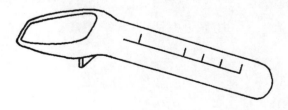

✔ **Tylenol para bebé o Tylenol infantil**

Déles a sus hijos Tylenol (o cualquier otra clase de acetaminofén) solamente cuando su médico lo recete. Tenga presente que esta droga se debe utilizar con moderación, y sólo si sus hijos están muy incómodos por el resfriado o por la gripe. El Tylenol, al igual que todos los medicamentos de esa naturaleza, no curan el resfriado ni la gripe. Su único propósito es esconder los síntomas de la infección y hacer que los niños se sientan mejor.

✔ **Bolsas de hielo**

Sus hijos y la fuerza de gravedad se llegarán a conocer muy bien. El resultado será una buena cantidad de chichones en la cabeza y de labios reventados. Aquí es cuando se necesitan las bolsas de hielo. Usted puede comprar una bolsa de hielo en forma de animalito, la cual se debe mantener en el congelador, o puede hacer una poniendo hielo y agua fría en una bolsita y envolviéndola en un trapo. Nunca coloque el hielo directamente sobre la piel del niño. No sólo duele, sino que usted podría hacerle mucho daño a la piel.

Si su hijo se hace una cortada profunda, aplique una bolsa de hielo sobre la cortada y lleve al niño a donde el médico. Los médicos están mejor equipados para esa clase de heridas.

✔ **Venditas adhesivas o curitas**

Si su hijo se cae y se raspa la rodilla, lo mejor es lavarle la herida con agua y jabón y no hacerle nada más. Lo mejor para las cortadas es dejarlas al aire. Pero a veces los niños no se las dejan en paz. Están muy interesados en ellas y se las tocan. Entonces es cuando se necesita una vendita adhesiva (sencillamente para que no se las puedan tocar). Coloque muy floja la curita para que le pueda entrar un poco de aire a la herida y luego siéntese y diviértase observando cómo trata su hijo de quitársela.

✔ **Suero oral**

Cuando tienen diarrea o fiebre alta, los bebés se pueden deshidratar con facilidad. El suero oral es una de las mejores alternativas para evitar la deshidratación, mientras que el agua y el jugo no siempre son eficaces. En realidad, si usted le da mucho jugo a su hijo cuando está enfermo, le puede producir diarrea. Pregúntele a su médico acerca del suero oral, y cuándo y cuánto les debe dar a sus hijos.

✔ **Ungüento para la pañalitis**

El ungüento para la pañalitis debe contener óxido de cinc.

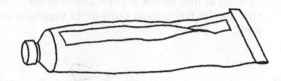

✔ **Vaselina**

La vaselina sirve para la resequedad de los labios y de la cara, para untarles a los niños en la nariz y evitar que se les irrite de tanto limpiárselas, para prevenir la pañalitis y también para colocar los siempre populares termómetros rectales.

✔ **Bálsamo labial**

Si sus hijos se resfrían, sus labios se les partirán por respirar por la boca. Si los labios se les cuartean mucho, les sangrarán, así es que mantenga esos pequeños labios lubricados.

✔ **Loción contra la rasquiña**

Esta loción es para cuando sus hijos se conviertan en el plato preferido de los mosquitos hambrientos. También sirve para las picaduras de insectos y para las erupciones cutáneas producidas por ciertos tipos de hiedra.

✔ **Jarabe de ipecacuana**

A los niños solamente se les debe dar este jarabe si han ingerido algo venenoso. *Déle este jarabe a su hijo únicamente si su médico, o alguien de una clínica toxicológica, se lo ha recetado.*

✔ **Linterna**

Es útil para mirarle al niño la garganta y para sacar astillas.

✔ **Libreta y bolígrafo**

Utilícelos para anotar los síntomas de su hijo, la hora en que le dio los medicamentos y las dosis. Esta información le sirve al médico o al homeópata cuando usted lo llame.

✔ **Jabón y loción humectantes**

La loción se necesita, especialmente, durante los meses de inverno, cuando la piel tiende a resecarse. No les aplique lociones a los niños con mucha frecuencia durante el verano porque se acaloran todavía más.

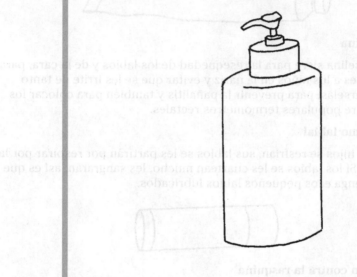

✔ **Pinzas**

Indispensables para sacar astillas.

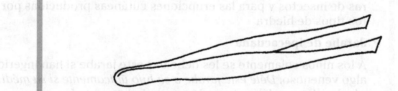

✔ **Humidificador o vaporizador**

Esta clase de vaporizador (aunque no quepa en su botiquín) es maravilloso cuando los niños están resfriados. El aire moderadamente frío y húmedo es más fácil de respirar que el aire seco y caliente. Además, afloja la mucosa nasal. Es necesario limpiar diariamente el humidificador para que no le salga moho.

✔ **Tijeras**

Para cortar vendajes, gasa o lo que se necesite.

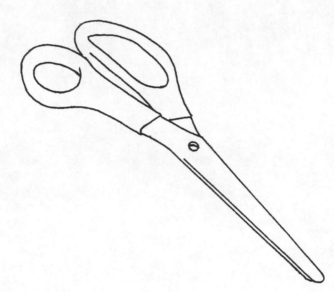

Su lección de hoy

La medicina no es una ciencia exacta; es un *arte*. Habitualmente hay más de una manera de resolver los problemas. Utilice su instinto. Si su médico ha recetado hacer algo, o tomar un medicamento que a usted no le parece correcto, no dude en hacerle las preguntas que quiera. Recuerde que usted ha contratado a ese médico. Usted es el jefe de su médico. Si a usted no le gusta lo que está haciendo su empleado, puede despedirlo. Así de fácil.

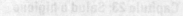

Capítulo 24

Castigo y disciplina

• •

En este capítulo

▶ Diferencias entre disciplina y castigo.

▶ Cómo se establecen las pautas para disciplinar y para castigar a los hijos.

▶ Qué debe hacer usted cuando su hijo repita un *delito*.

▶ Aspectos fundamentales para tener en cuenta.

▶ Pautas para no desviarnos del propósito del castigo.

▶ Una buena variedad de castigos.

▶ La importancia de tomar en equipo las decisiones relativas a la disciplina y al castigo de los hijos.

• •

Es difícil comprender por qué, pero en un momento u otro sentiremos deseos de jalarnos el cabello y de gritar con todas nuestras fuerzas ante algo que ha hecho nuestro lindo y encantador hijo. Pero usted no debe llegar a esos extremos. Y como tampoco desea que sus hijos se conviertan en unos malcriados, usted tendrá que tomar decisiones enérgicas y ejercer su papel de padre o de madre con firmeza. Sus hijos van a protestar cuando usted les diga "No", y luego harán cosas que, bueno, lo harán enfurecerse. De modo que se trata de un círculo vicioso. Usted no quiere niños malcriados, pero tampoco quiere golpear a sus hijos (de verdad, no quiere).

Este capítulo trata acerca de lo que significa disciplinar a los hijos. También trata acerca del castigo (eso que usted hace cuando su hijo elige hacer lo que no debe).

La gran diferencia entre la disciplina y el castigo

Algunos padres temen disciplinar a sus hijos. Y algunos sienten que la disciplina es la manera en que los padres les imponen su voluntad a los hijos, sin importar lo que éstos desean. Ninguna de esas dos actitudes es correcta.

El propósito de la disciplina y del castigo es *enseñarles* a los niños. Es un proceso de aprendizaje. Usted puede ser un buen padre y tener ideas claras acerca de la disciplina y el castigo, sin temer que sus hijos lleguen a odiarlo, ni pensar que usted va a arruinar sus vidas para siempre.

Crimen y castigo

Disciplinar a los hijos es fijar normas y límites básicos y hacer que los hijos vivan de acuerdo con ellos. Suena fácil. El único problema es que sus hijos, por sus propias razones, no siempre van a querer seguir esas reglas y esos límites. Siempre será como si ellos tuvieran su propio programa, el cual posiblemente no corresponda al suyo.

Es difícil, pero usted tiene que ser enérgico y no debe ceder al llanto, ni a los grandes ojos llorosos. Si sus hijos lloran porque usted no los deja brincar en el sofá, bueno, que lloren. Lloran porque están enfadados, no porque estén heridos físicamente. Hay una gran diferencia. Usted debe conocer la diferencia entre los dos tipos de llanto.

Si sus hijos están enfadados y empiezan a llorar, usted tiene las siguientes opciones:

✔ **Acepte el hecho de que están llorando.**

No se enfade ni suelte la tan trillada frase: "Voy a darte algún motivo para que llores". El hecho de que sus hijos estén furiosos no quiere decir que usted también se enfade. Es suficiente con que ellos lo estén.

✔ **Trate de consolar a sus hijos.**

Hágales saber a sus hijos por qué motivo usted no quiere que hagan algo (lo cual no siempre funciona cuando los niños están enfadados). Si usted puede, álcelos y abrácelos. Que usted esté enfadado, o que no los haya dejado hacer algo, no quiere decir que usted no les pueda demostrar afecto. A veces los niños lloran más tiempo y

---

Por favor, no diga esto...

Usted acaba de regañar a sus hijos por brincar sobre el sofá. Ellos están molestos y hasta enfadados, y están llorando. Por favor, no les diga: "Paren de llorar o les voy a dar algún motivo para que lloren". ¿No se da cuenta? Ellos ya tienen un motivo por el cual están llorando. Están furiosos. Para los niños, ésa es una razón tan válida para llorar como cualquier otra. Pegarles porque están llorando realmente no sirve para que dejen de llorar. Nunca ha servido y nunca servirá.

---

con mayor intensidad cuando los estamos abrazando y alzando. De modo, pues, que escuche atentamente a sus hijos para que usted sepa cuándo los debe soltar, cuándo los debe consolar y cuándo no les debe prestar atención.

✔ **No les preste atención cuando estén llorando.**

Hay niños que lloran más duro y durante más tiempo cuando saben que los estamos escuchando, o que eso nos molesta. Usted puede darles a sus hijos la opción de irse a su dormitorio y de regresar a donde usted está cuando hayan recuperado el control de sí mismos, o usted puede retirarse. Dígales a sus hijos que usted regresará cuando se dé cuenta de que ya se calmaron.

✔ **Distráigalos.**

Esta estrategia funciona a la maravilla con los bebés y con los niños que están aprendiendo a caminar, porque ellos se distraen con mucha facilidad. Si sus hijos están furiosos, sáquelos a caminar durante un rato o déles un juguete. En algunas ocasiones esta estrategia funciona como si se tratara de cerrar un grifo de agua. Felicidad al instante.

Los niños pondrán a prueba sus reglas. Algunos captarán la idea sólo después de que usted les haya dicho unas cuantas veces: "No, no te sientes sobre el gato". Otros niños pensarán que es muy gracioso desobedecer y seguirán sentándose sobre el gato, por lo cual usted tendrá que ser tan testarudo como ellos, quitarlos muchas veces de ahí y decirles una y otra vez: "No, no te sientes sobre el gato".

Técnicas de disciplina y de tortura

Cuando usted se decida a disciplinar a sus hijos, es posible que empiece a parecer regañón. A nadie le gusta escuchar cuando otra persona está sermoneando. Para defenderse de esa molestia, sus hijos podrían empezar a no prestarle atención a lo que usted les dice. Más o menos como hace su esposo, que se desentiende cuando usted empieza a contar que él arroja la ropa sucia *junto* a la canasta de la ropa sucia y no *dentro* de ella, o como hace su esposa cuando usted describe el inmenso pescado que se le escapó cuando fueron de pesca el fin de semana.

Humor (el ja ja ja de la vida)

Cuando enfrentamos una situación con sentido del humor es más probable que todo salga bien que cuando no utilizamos el humor. Cuando usted tiene que disciplinar a sus hijos, habitualmente no se trata de situaciones de vida o muerte, y un poquito de humor puede transmitirles mejor su punto de vista. Es más fácil recordar una situación graciosa que una orden directa, al estilo de los sargentos de la Marina:

Lo que usted quiere decir:

"Pon los zapatos en su sitio".

Lo que usted debe decir:

"Tus zapatos se salieron del guardarropa. ¿Podrías ayudarles a regresar a su casa?"

Lo que usted quiere decir:

"Come con la boca cerrada".

Lo que usted debe decir:

"¿Tu boca sabe cómo comer y estar cerrada al mismo tiempo? Me encantaría que eso sucediera".

Lo que usted quiere decir:

"¿Quién dejó afuera la leche?"

Lo que usted debe decir:

"¿Qué tal si te conviertes en policía lechero y verificas que todos sigan las reglas que tienen que ver con la leche? ¡Arresta al que infrinja esta ley!"

Lo que usted quiere decir:

"Deja de pegarle a tu hermana".

Lo que usted debe decir:

"Yo sé que tu hermana hace cosas que te producen deseos de darle una zurra, pero ¿por qué no le pegas a tu cama, en vez de pegarle a ella cuando te enfadas así?"

Lo que usted quiere decir:

"¿Fuiste tú el que rompió el botón del televisor?"

Lo que usted debe decir:

"Oh, oh. El botón del televisor está roto. ¿Sería que el televisor *empujó* el botón, o tuviste tú algo que ver en eso?"

Póngalo por escrito

La meta de la disciplina es enseñarles a los niños a diferenciar lo que está bien de lo que está mal y enseñarles normas de buena conducta. Pero si sus hijos no le prestan atención porque usted está empezando a sonar como un disco rayado, entonces su meta de tratar de enseñarles algo se esfuma. El capítulo 2, "Cómo debemos comunicarnos con nuestros hijos", enseña formas alternativas de comunicación para que nuestros hijos nos entiendan y reciban nuestro mensaje. Por ejemplo, escribirles notas y cartas.

Si usted está cansado de decirles a sus hijos todos los días que cierren la tapa del sanitario, sencillamente ponga un letrero en la pared del sanitario. Este suave recordatorio evitará que usted suene como una persona regañona, y los niños recibirán el mensaje... ¡si es que saben leer!

Por favor, ¡ciérrame
cuando hayas terminado
lo que tienes que hacer!
Muchas gracias,
Sr. Sanitario

La penosa experiencia de castigar a los hijos

Cuando usted haya fijado las normas y los límites, pero sus hijos hayan decidido no observarlos, es hora de castigarlos. Esto es distinto de cuando su bebé de diez meses deja los juguetes regados por toda la casa. Un niño de tan corta edad todavía no ha aprendido a recoger sus juguetes. (Y hay niños que nunca aprenden a hacerlo.)

El castigo es la sanción que usted les impone a sus hijos cuando han infringido las reglas o las pautas que usted les ha fijado. Es una *herramienta educativa* que se utiliza para enseñarles a los niños a seguir esas reglas o normas. (Usted la aplica, por ejemplo, cuando su hijo de ocho años decide arrojarle piedras al automóvil, aunque él ya sabe que eso no se debe hacer.)

No obstante, usted no puede castigar a un niño que no conozca, o que no entienda, las reglas.

El castigo debe corresponder al delito

Así que su hijo acaba de romper uno de los vidrios del automóvil con una piedra. En realidad, fue con una de varias piedras. ¿Ahora qué va a hacer? Mirar el castigo como una excelente herramienta de aprendizaje. Aquí no se trata de golpear físicamente a sus hijos cada vez que miren feo sino de enseñarles a tomar buenas decisiones. Si ellos no toman las decisiones adecuadas, habrá consecuencias. Tenga presentes estos puntos cuando castigue a sus hijos:

✔ **Ponga castigos realistas.**

No *encierre* a alguien durante un año si usted sabe que es imposible hacer cumplir un castigo de esa duración.

✔ **No sea muy indulgente.**

Si un castigo no produce ningún efecto en sus hijos (excepto hacerles perder tiempo), entonces usted está siendo muy indulgente. Para que el castigo sea una experiencia de aprendizaje, debe tener sentido para los niños.

✔ **Piense cuidadosamente en el castigo.**

A veces los niños quedan afligidos con sólo ver el enfado de sus padres y luego recibir un regaño.

Para castigar al niño que rompió el vidrio del automóvil, usted tendrá que tomar en consideración dos cosas. Primero, usted tendrá que pensar si su hijo es lo suficientemente mayor como para estar por fuera de la casa arrojando piedras (por ejemplo, tiene seis años). Y, segundo, usted tiene que estar seguro de que a su hijo se le ha dicho, y ha entendido, que no debe arrojarles piedras a los automóviles. Si ninguna de estas dos condiciones se cumple, usted tiene que analizar bien si va a castigar a su hijo.

Por ejemplo, si fue un pequeño de dos años el que arrojó la piedra y sencillamente lo hizo con éxito, no es mucho lo que usted puede hacer aparte de regañarlo. Pero un niño de dos años no entenderá que lo que hizo está mal, y probablemente nunca le han dicho que eso no se debe hacer.

Hay varias opciones para castigar al niño que rompió el vidrio del automóvil:

Castigo: Aislamiento.

Resultado: Lo único que un niño de seis años aprendería con este castigo por haber roto el vidrio del automóvil es que salió muy bien librado. El niño no aprendería nada.

Castigo: Darle una tunda.

Resultado: Las tundas no duran y no sirven para enseñarles a los niños. Como en el caso anterior, el niño sentiría que salió muy bien librado.

Castigo: Trabajar para pagar el vidrio.

Resultado: Realizar tareas adicionales en el hogar para pagar el vidrio tiene un gran potencial de aprendizaje. Haga una lista de las tareas, el precio por cada una y el precio total que tendrá que pagar el niño por el vidrio. Esa lista, junto con las tareas que va a realizar, es un buen recordatorio para el niño que haya tomado una mala decisión.

Castigo: Pérdida de algún privilegio.

Resultado: Este castigo sería eficaz en combinación con el castigo de trabajar para pagar el vidrio. En vez de ir a patinar, el niño podría pasar ese rato realizando algunas tareas adicionales en el hogar.

La idea es combinar diferentes castigos para que al niño le quede claro que hizo algo malo. Pero castigue a sus hijos solamente cuando esa experiencia les deje alguna lección. Cuando se logra esto, sus hijos pensarán dos veces antes de volver a infringir alguna norma.

Cómo se hace del castigo una experiencia de aprendizaje

La disciplina y el castigo deben ser experiencias para que el niño aprenda. Cuando sus hijos infrinjan una regla y usted crea que merecen un castigo, cerciórese de que ellos entiendan totalmente *por qué motivo* los está castigando.

Por ejemplo, si usted ve que su hijo está haciendo algo terrible, no lo arrastre por un brazo hasta su habitación. Si usted hace eso, se habrá saltado un importante paso en su meta de disciplinar a su hijo. Olvidó hacerle saber por qué lo está castigando; es decir, se le olvidó decirle que usted piensa que lo que hizo fue malo. Dígale: "Como hiciste *lo que sea,* te voy a mandar a tu habitación".

En algún momento, recuérdele a su hijo la razón por la cual está castigado. Visítelo en la *prisión* y explíquele lo que usted piensa. "Tienes que quedarte aquí arriba mientras todos tus amigos están jugando afuera, porque le dijiste una grosería a Marilyn. ¿Entiendes?"

Si el castigo es de larga duración, pregúntele al niño de vez en cuando por qué razón está castigado. "¿Te acuerdas por qué es que no puedes nadar en la piscina esta semana?" El niño debe poder responderle con exactitud por qué no puede hacerlo. Si dice: "Se me olvidó", recuérdeselo. Observe estas sencillas pautas:

✔ Impóngale al niño un castigo que él no olvide.

✔ El castigo debe ser apropiado al delito cometido.

✔ Asegúrese de que el castigo le enseñe algo al niño.

¿Ha hablado usted alguna vez con un niño cuyos padres le pegan todo el tiempo? Cuando uno les pregunta a estos niños por qué razón les pegaron la última vez, ellos suelen responder: "No sé". Esta respuesta demuestra lo eficaz que es esa clase de castigo; si los niños no pueden recordar el delito ¿para qué les sirvió el castigo?

Esté usted tratando de enseñarles a sus hijos a cumplir con las normas de la casa, o los haya castigado por quebrantar esas normas, siempre hágales saber por qué razón algo no es permitido. Tendrá más significado para ellos y, en consecuencia, es más probable que lo recuerden. Si ellos entienden que si brincan en el sofá se romperán los resortes, y después no podrán sentarse de nuevo ahí, es menos probable que lo vuelvan a hacer. Si usted puede, muéstreles los resortes del sofá para que ellos capten de qué les está usted hablando.

Pautas de disciplina y de castigo

No tome a la ligera la idea de disciplinar o de castigar a sus hijos. No es fácil estar alerta siempre para comprobar que los niños estén siguiendo las reglas del hogar. Tampoco es fácil decidir la clase de castigo que se les va a imponer a los niños, y eso nunca es una tarea agradable.

Para facilitar esa tarea, sus decisiones acerca de lo que es permitido en el hogar, y de lo que no es permitido, deben ser absolutamente claras. Usted no puede tener normas dobles (es decir, permitirle a un hijo que haga algo, mientras que castiga a otro por hacer lo mismo), y usted debe ser consecuente y firme con sus hijos.

Cómo podemos ser amorosamente firmes (el arte de ser consecuentes)

Cuando usted haya fijado las pautas y las normas de conducta en el hogar, debe ser consecuente acerca de esas decisiones. Usted no puede castigar a sus hijos por algo, y a la siguiente oportunidad actuar como si no hubiera ocurrido nada. Cuando los padres no son consecuentes, pueden tener muchos problemas.

Sea enérgico. Sea fuerte. Si sus hijos lloran porque usted no los ha dejado hacer algo, déjelos llorar. Están llorando porque no lograron lo que querían. Eso no significa que lo vayan a odiar a usted, o que usted haya hecho algo malo. Significa que sus hijos están enfadados. Ya les pasará.

Lea el capítulo 3, "Cómo es un padre consecuente".

No deje de insistir en su empeño

Cuando sus hijos hayan quebrantado una norma intencionalmente, sea firme y no flaquee. Cuando sus hijos hagan algo así, considérelo una prueba. Están probándolo a usted para ver si, en realidad, va a hacer algo al respecto. Usted no puede correr el riesgo de fallar en esa prueba.

Si usted ha establecido la norma de que los niños no pueden arrojar la pelota dentro de la casa, pero lo hacen, usted debe insistir en su empeño de hacer cumplir la norma, y los debe castigar. Si usted fija una regla, pero no castiga a sus hijos por infringirla, a ellos no les importará quebrantar otras normas. Pensarán que sus normas son un chiste.

Insistir en su empeño también significa que si usted ha impuesto un castigo que exige que sus hijos hagan algo (como, por ejemplo, escribir un informe, o limpiar algo en la casa), usted verifica que hagan eso. Si usted no es firme, y no le hace un seguimiento al castigo, está dándoles mal ejemplo a sus hijos. Les está transmitiendo el mensaje de que, aunque usted les diga algo, ellos no tienen que tomarlo con mucha seriedad porque usted no se toma el trabajo de verificar que lo hagan.

Lea el capítulo 4, "Insista en su empeño y manténgase firme".

La ira se debe evitar especialmente cuando se va a imponer un castigo.
— Cicerón

Cuando el niño repite el delito

La disciplina es una cosa sencilla. Es hacer que los niños aprendan algunas normas y las obedezcan, para que lleguen a ser personas decentes. El castigo es un poco más difícil. Cuando un niño repite el mismo *delito* una y otra vez, conviene que nos detengamos a pensar por qué razón el niño está repitiendo esa conducta.

¿Le ha explicado al niño por qué no debe hacer eso? Si usted se lo ha explicado y, al parecer, el niño es consciente de que escarbar la planta no sólo causa un desastre sino que también puede acabar con ella, quizás haya algo más de por medio.

Conviene que usted se haga las siguientes preguntas:

✔ **¿Le está prestando a su hijo suficiente atención?**

Todos sabemos que los niños prefieren la atención positiva. Les gusta que sus padres jueguen con ellos, que los besen y que los abracen. Pero si no están recibiendo eso, harán lo que sea para obtener atención. Recibir atención negativa es mejor que no recibir nada.

✔ **¿Está aburrido su hijo?**

Haga que su hijo le ayude a doblar la ropa o a cocinar. Jueguen algo juntos. Déle algún proyecto que pueda realizar solo, pero no olvide revisar su trabajo a menudo y elogiarlo por lo que está haciendo.

✔ **¿Sigue esa conducta algún patrón?**

¿Escarba el niño las plantas solamente cuando usted está ocupada acostando a su hermanita, o cuando usted está poniendo en orden sus cuentas? Si ése es el caso, el niño podría estarle demostrando que no le gusta que usted le preste atención a otra persona, o a otras cosas distintas de él. Hágale saber que tan pronto como usted termine lo que está haciendo, podrán hacer algo especial ustedes dos. Luego déle algo para mantenerlo ocupado mientras usted termina su labor.

Ejerza autoridad sin ser un tirano

El hecho de que usted tenga que disciplinar a sus hijos no es una invitación para que los irrespete o para que los trate con malos modales. Tampoco quiere decir que usted debe asumir el papel de zar y hacer de sus hijos unos esclavos.

Deje que los niños sean niños

Los niños son niños y se les debe permitir que cometan errores. Usted no puede esperar milagros de personas que no son ni siquiera tan viejos como su vestido favorito. En algunas ocasiones los niños son torpes, derraman las cosas, las tumban y las dejan caer, y suelen hacer travesuras sin ser maliciosos ni malos.

No repita siempre lo mismo, porque sus palabras pierden eficacia

En vez de decir siempre: "No" o "Deja eso", ofrézcales a sus hijos alternativas de conducta. Si usted ve que uno de ellos está empezando a pintar una pared, dígale: "No pintes la pared. Aquí tienes una hoja de papel para que pintes". Si usted siempre grita: "No", "¡Deja eso!", "¡Quieto!", o "¡Ayúdenme, mis hijos me están volviendo loca!", sus palabras perderán eficacia después de un tiempo.

Usted no tiene que ganar siempre

La disciplina no tiene por qué ser una serie de triunfos y de fracasos entre usted y sus hijos. A veces la disciplina puede dejarle campo a una que otra concesión entre ustedes, siempre y cuando que usted les transmita su punto de vista a sus hijos.

No es importante, por ejemplo, que usted gane siempre la guerra de la elección de vestidos. Ésa puede ser una de las primeras áreas en las que su hijo y usted lleguen a un acuerdo mutuo. Su meta es que el niño se vista, y su hijo podría desear ejercer su independencia ayudando a elegir su ropa. Aquí es donde usted cede, y el niño se viste de una manera aceptable para ambos.

Los padres tienden a pensar que si las cosas no se hacen siempre como ellos dicen, están permitiendo que sus hijos los manejen. Piense en la escena del niño que se tiene que vestir por la mañana. La meta suya, como padre, es que el niño se vista. ¿Importa realmente que el niño se ponga la camisa rosada, o la camiseta azul? No, no importa, siempre y cuando que el niño quede vestido.

Es mejor que sus hijos se unan a usted a través del respeto y la cordialidad, que a través del temor. — Terencio

Maneje la situación con suavidad

Es tan fácil hacer que los niños hagan algo, como hacer que no hagan nada, y es tan fácil hacerlo con suavidad, como hacerlo a base de gritos. Recuerde que, cuando usted imparte disciplina, su meta es enseñarles algo a sus hijos. Ellos estarán en mejor disposición de escucharlo a usted y de *oír* lo que les está diciendo, si usted expresa con suavidad lo que quiere decirles. Sin embargo, no se sorprenda si no lo logra siempre. Es posible que usted pierda la paciencia y que grite cuando entre en una habitación y vea que la alfombra está toda embarrada. La meta es *intentarlo.*

Con palabras suaves se puede convencer a una serpiente de que salga de su guarida. — Proverbio iraní

Guíe a sus hijos con entusiasmo

Si usted está tratando de que sus hijos hagan algo que no quieren hacer, aborde la situación con mucho entusiasmo, y hágala parecer divertida. Si usted hace ver la postura de los zapatos como una situación divertida, y como un juego, sus hijos creerán que es divertido hacerlo, y quizás se olvidarán de gritar, de patear y de arrojar los zapatos por la habitación.

No acose a sus hijos

Usted siempre debe tener fe en que sus hijos van a hacer lo correcto. Usted no debe sentarse a esperar (como el gato espera a que el ratón salga de su escondite) que sus hijos hagan algo, para luego caerles como si fueran su presa. No caiga en la trampa de reprender a sus hijos antes de que haya pasado nada, sólo porque usted prevee que *podrían* hacer algo. Esa conducta le crispa los nervios a cualquiera.

El propósito del castigo

El castigo debe ser una acción positiva. Aunque es imposible predecir todas las situaciones que se podrían presentar, tenga presentes estas pautas:

✔ **¿Qué les debe enseñar el castigo a sus hijos?**

Si usted se acostumbra a imponer siempre el mismo castigo por el mismo delito, ese castigo perderá eficacia y no les dejará ninguna lección a sus hijos. Si ése es su caso, cambie el castigo.

✔ **Sus hijos deben saber siempre por qué los están castigando**

Si usted manda a sus hijos a su dormitorio, pero ellos ignoran el motivo, usted habrá desperdiciado la oportunidad de enseñarles algo. Ese castigo no significará nada para ellos. Es difícil explicarles a los niños en edad preescolar por qué los están castigando, porque ellos necesitan que se les den explicaciones claras y específicas.

✔ **No castigue a sus hijos cuando esté enfadado**

Las decisiones que se toman de afán, o las que tomamos cuando estamos enfadados, nunca son buenas. En esos casos, nuestras decisiones obedecen más al deseo de desquitarnos, que al deseo de enseñarles algo a nuestros hijos. Imponga el castigo cuando usted haya tenido unos minutos para calmarse y para pensar en lo que usted debe hacer.

✔ **Déles a sus hijos la oportunidad de corregir el error**

Todo el mundo debe tener la posibilidad de corregir lo que hizo mal. Como padre, su meta es resolver el problema, no castigar cada vez que puede. El castigo debe ser el último recurso. Mentir es un buen ejemplo. Si usted pilla a uno de sus hijos en pleno proceso de *estirar la verdad*, pero puede detenerlo antes de que se convierta en una mentira de proporciones mayúsculas, usted le habrá dado a su hijo la oportunidad de corregir su error.

✔ Olvide y perdone

No sea rencoroso con sus hijos. Después de castigarlos, dígales que sigue amándolos y luego olvídese del delito que hayan cometido. No hay necesidaad de volver sobre el tema, ni de utilizarlo en otra ocasión.

No podemos ser perdonados si rehusamos perdonar. — Janette Oke

Castigar a los hijos no es divertido. Si usted lo disfruta, tiene que buscar asesoría psicológica. La única manera en que podemos evitar castigar a un hijo es considerar el castigo como el último recurso. Los siguientes ejemplos ofrecen alternativas para manejar algunos problemas, sin recurrir al castigo.

Retíreles a sus hijos las tentaciones. Si usted pasa todo su tiempo guardando la vajilla en el mueble del comedor, colóquele al mueble una cerradura a prueba de niños. No deje al alcance de sus hijos las cosas que no quiera que ellos toquen. Esto, desde luego, no siempre es posible. Al fin y al cabo, es un poquito difícil retirar todos los cojines de los muebles para que el pequeño deje de tirarlos en el piso, como si fueran una cama.

Reconsidere qué es importante. ¿Impuso usted una norma antes de analizarla bien? Como en el ejemplo anterior, ¿le importa a usted, realmente, que sus hijos pongan los cojines en el suelo para jugar con ellos? ¿Es, de veras, tan importante que los cojines permanezcan en su lugar? Piense bien antes de imponer una norma.

Deje que sus hijos le ayuden a resolver los problemas. Si, al parecer, su hijo no puede volver a colocar en su lugar las camisas que no quiere ponerse sino que insiste en dejarlas en el piso del dormitorio, pídale que busque una solución para ese problema. Él podría sugerir que se deje para las camisas el cajón de más abajo, a fin de que él las pueda tomar y guardar con más facilidad.

Detenga a su hijo antes de que se meta en problemas. Cuando su hijo esté a punto de tumbar la planta de la sala, párese en frente de él y deténgalo. Dígale que no debe tocarla, y haga que en ese momento se interese en otra actividad.

Permanezca calmado y no grite. Con seguridad sus hijos no le prestarán atención a usted si les grita. Aunque su hijo le esté gritando a usted, no caiga en la trampa de responder con gritos. Haga acopio de paciencia y hable con calma y con tranquilidad. Esta estrategia ayudará a calmar a su hijo y le enseñará que conservar la calma es la mejor manera de comunicarse.

Explíquele a su hijo lo que usted está haciendo y por qué lo está haciendo. El conocimiento es poderoso. Las cosas tendrán más sentido para sus hijos si ellos entienden por qué usted hace algo, o por qué no les permite hacer algo, en vez de tener que obedecer reglas improvisadas que no significan nada para ellos. (Más o menos lo que yo siento acerca de la contabilidad.) Es posible que sus hijos no aprendan al principio, pero no pierda la esperanza. Llegará el día en que ellos entenderán lo que usted les está diciendo.

Pídales a sus hijos que vuelvan a empezar. Cuando sus hijos se comporten rudamente, o le hablen a usted de manera descortés, pídales que vuelvan a empezar. Incluso, hágalos salir de la habitación y volver a entrar para que empiecen de nuevo. Sin embargo, en esa ocasión dígales que piensen acerca de lo que dijeron, y cómo lo dijeron (o que piensen qué es lo que quieren decir, y cómo lo deben decir).

Clases de castigo

De modo que sucedió. Usted realmente tendrá que castigar a su hijo por haber hecho algo atroz. A continuación encontrará algunas opciones para castigar a sus hijos. No se acostumbre a utilizar un solo tipo de castigo, porque perdería eficacia. Utilice distintas modalidades de castigo. Debemos ejercer la autoridad con *creatividad*.

Todos los niños son distintos y responden al castigo de manera diferente. No se les debe aplicar siempre el mismo castigo a todos los niños.
— Shirley Hardin

Aislamiento

Un método popular de castigo es el aislamiento. Este tipo de castigo consiste en retirar físicamente al niño de una situación particular y hacer que se siente solo en algún otro sitio, durante un lapso específico. El objetivo es que, si el niño está pegándole a los hermanos, gritando o haciendo una pataleta porque no logró salirse con la suya, sacarlo de la situación le permite *entrar en contacto con sus más recónditos sentimientos*. De hecho, es un lapso para que recupere el control de sí mismo. Y separar a un niño de sus compañeros de juego puede ser muy *doloroso* para él.

Sin embargo, como casi todo lo que tiene que ver con los niños, usted debe adaptar la situación al niño y a las circunstancias particulares. Usted también debe tomar en consideración dos cosas:

✔ **El sitio:** ¿Es el dormitorio de su hijo el sitio más apropiado para que permanezca durante el castigo de aislamiento? ¿Contribuye a que se siente y a que piense en lo que hizo? ¿No es su habitación, acaso, el sitio donde también él juega, lee y hasta ve televisión? Si usted se va a tomar el trabajo de castigar a su hijo, no lo mande, precisamente, al lugar donde más le gustaría estar. Sería como decirle: "Bien. Lo lograste. Estás en un problema. Tu castigo es que te vayas a comer helados con este dinero que te doy".

✔ **La duración:** Cuando castigue a su hijo aislándolo, no fije un límite estricto de tiempo. Si usted le dice a su hijo que el castigo va a durar cinco minutos, pero a los cinco minutos el llanto y la pataleta no han parado, eso quiere decir que el aislamiento no ha sido suficiente. Ese castigo no será eficaz si usted saca al niño a los cinco minutos. No habrá aprendido nada, porque esos minutos no habrán bastado para que recupere el autocontrol.

Usted debe ponerle a su hijo una condición cuando lo castigue aislándolo: "Te saldrás de aquí durante cinco minutos. Si al cabo de los cinco minutos has recuperado el control de ti mismo, podrás volver. Si no te has calmado, estarás castigado durante otros cinco minutos".

Si el propósito del tiempo de aislamiento es que el niño reflexione sobre lo que hizo, entonces la norma en cuanto a la duración del castigo debe ser un minuto por cada año de vida. A un niño de cuatro años se le impondría un castigo de cuatro minutos. Una persona de treinta años se quedaría afuera reflexionando durante treinta minutos. ¡Mi mamá tendría que sentarse a reflexionar durante horas!

Retiro de privilegios

El castigo es más eficaz si se utiliza como un instrumento de aprendizaje que se puede recalcar una y otra vez. Por ejemplo, retirarle al niño un privilegio (como no dejar que vea vídeos durante una semana) es algo que le causa un impacto todos los días de la semana. A diferencia de los castigos que terminan rápidamente, como una tunda o el tiempo fuera, retirarle al niño un privilegio importante para él sí le deja huella.

Cuando mis hijos hacen algo que amerita un castigo, a mí me gusta retirarles algún privilegio. Yo les quito el privilegio durante un lapso que yo crea que les va a producir un verdadero impacto. Mi hijo mayor tomó un martillo y le quitó pedazos de madera a la terraza de la casa. Tenía cinco años. En vez de darle una tunda (yo sabía que 20 minutos después habría olvidado por qué le había pegado), decidí retirarle el privilegio de ver *Batman* durante una semana. Estoy segura de que habría llorado menos si le hubiera dado su zurra. Pero durante cinco días, cada vez que me preguntaba si podía ver *Batman,* yo tenía la oportunidad de recordarle que había tomado una mala decisión (el martillo y la terraza), y que por esa decisión no podía hacer algo que le gustaba tanto. Sobra decir que, desde entonces, no volvimos a tener ningún problema con un martillo.

Retirar privilegios no funciona si los niños son todavía muy pequeños para recordar, o para saber, que hicieron algo indebido.

Asignación de tareas adicionales

Sus hijos deben tener tareas asignadas para realizar todos los días, como, por ejemplo, tender sus camas, guardar su ropa, sacar la basura, o lo que sea. Y a sus hijos hay que enseñarles que todo el mundo tiene responsabilidades, y que eso es parte de la vida. Pero si los niños hacen algo que tiene que ver con el cumplimiento de sus tareas, y que amerita un castigo, asígneles alguna tarea adicional. Por ejemplo, si estuvieron jugando afuera y regaron la basura por todas partes, el castigo puede ser que recojan la basura y que rastrillen las hojas y limpien la maleza del jardín.

Utilice este castigo con moderación. Sus hijos tienen que realizar algunas tareas, de todos modos, y no conviene que piensen que los están castigando cada vez que les piden que realicen alguna tarea doméstica adicional. Pero, si se utiliza de vez en cuando, este castigo es sumamente eficaz.

Castigue al niño educándolo

Los niños no suelen ser personas malas, venidas de otro planeta para arruinar nuestra vida. ¡De verdad! Así, pues, cuando su hijo haga algo que usted considere que no ha debido hacer — como, por ejemplo, transgredir alguna norma del hogar — tenga en cuenta que los niños *habitualmente* no hacen esas cosas para mortificarnos. A menudo los niños quebrantan las normas porque no saben cuáles son las consecuencias, o porque, en primer lugar, no conocen las normas. Como sus hijos realmente quieren hacer lo correcto, la educación puede ser una herramienta poderosa para que no se repita el *delito.*

Por ejemplo, si usted encuentra que su hijo está quebrantando una regla, porque está destruyendo el jardín que usted tanto cuida, convierta el castigo en una oportunidad para que su hijo aprenda algo. Haga que investigue y que elabore un informe sobre las flores o sobre las raíces. Si todavía es muy pequeño para escribir, haga que pinte unas flores y unas raíces. Salga con su hijo para mirar las flores y otras plantas y cuéntele para qué sirven las raíces. Vayan a una biblioteca, o a una librería, y lean acerca de las raíces. Cuanto más sepa su hijo acerca de las consecuencias de lo que hizo, tanto menos probable es que lo vuelva a hacer.

Esta experiencia de castigo/aprendizaje no funciona con los niños menores de tres años. Son todavía muy jóvenes para entender la relación que hay entre lo que uno les está leyendo en un libro y lo que ellos hicieron.

Las tundas (¡horror!)

Mucha gente todavía piensa que pegarles a los niños es una forma aceptable de castigo. Su razonamiento es el siguiente: "A mí me pegaron, y resulté normal", o "Yo sólo les pego a los niños para que me entiendan". No voy a decir si vapulear a los niños está bien o mal. Sencillamente, voy a dejarles algunas inquietudes.

El castigo es una herramienta de aprendizaje. Usted la utiliza para enseñarles algo a sus hijos. ¿Pegarles a los niños logra ese objetivo? No; realmente no lo logra. Además, si usted le da nalgadas a su hijo, ¿qué está enseñándole?

Pegarles a los hijos y darles nalgadas ¿no será, más bien, una manera rápida y fácil en que usted resuelve sus frustraciones, cuando no puede manejar la situación? Al fin y al cabo, es fácil vapulear a un niño grosero. Es muy demorado ser paciente y explicar las cosas, lo cual, desde luego, produce resultados más positivos.

Con cada acción suya, usted les da ejemplo a sus hijos de la forma en que se deben comportar. Si usted se enfurruña cada vez que algo no le sale como quiere, sus hijos se enfurruñarán también. Si usted grita cuando se siente frustrado, sus hijos harán los mismo. Si usted golpea las cosas, o les pega a sus hijos cuando está enfadado, sus hijos también lo harán. No confíe en el viejo dicho: "Mis hijos no son tan tontos como para solucionar los problemas a golpes", porque usted les está enseñando algo muy distinto cada vez que les pega. Sus hijos no distinguen entre *golpear* y *pegar,* ni distinguen las situaciones que dan lugar a cada una de esas acciones.

El castigo debe ejercer un impacto en sus hijos. Debe ser recordado por el mayor tiempo posible. Si usted les pega a sus hijos, ¿durante cuánto tiempo les podrá usted recordar el motivo por el cual los castigó? El proceso de castigar a los niños dándoles una zurra dura muy poco y, por tanto, se olvida muy rápido.

La toma de decisiones en equipo

Los dos padres deben estar de acuerdo en cuanto a las normas de la casa. Mamá no puede pensar que los niños no deben brincar en el sofá, mientras papá está brincando ahí con los niños. Ustedes dos deben estar de acuerdo en que el sofá es para sentarse y no para brincar encima. Además, ustedes dos deben hacer cumplir esa norma si ven que los niños no la están siguiendo. No conviene que mamá sea la que pone siempre los castigos, mientras papá actúa como si no hubiera visto nada.

El capítulo 19, "Pautas para compartir la crianza (el sistema de dos partes)", se refiere a la importancia de que la pareja funcione como un equipo a la hora de criar a los hijos. La disciplina y el castigo son áreas en torno a las cuales ustedes dos tienen que ponerse de acuerdo. Ustedes no pueden tener dos criterios distintos y tratar de poner ambos en práctica.

Toma de decisiones tras bambalinas

Cuando usted y su pareja enfrenten situaciones que exijan castigar a sus hijos, siéntense y conversen acerca de lo que cada uno piensa que se debe hacer para manejar la situación de la mejor manera. No se sorprendan si sus opiniones son diferentes. Sus antecedentes son distintos (a menos que sean primos), y pueden discrepar en muchas cosas. Escuche a su pareja, respete sus puntos de vista y lleguen a una decisión compartida acerca de la disciplina y del castigo para sus hijos.

Aprenda a ser flexible

Si antes de tener hijos ustedes empiezan a tomar decisiones relativas a la disciplina y al castigo, podrían darse cuenta de que lo que ustedes decidieron no funciona en la vida real. Sean flexibles, y analicen en conjunto y a la luz de la realidad, las decisiones que tomaron en el pasado. Discutan siempre esos cambios. No conviene que usted moleste a su pareja haciendo cambios sin consultárselos.

Su lección de hoy

Usted debe utilizar la disciplina y el castigo para *enseñarles* a sus hijos a diferenciar lo que está bien de lo que está mal, para *enseñarles* a cumplir sus tareas domésticas y las normas de convivencia familiar y para *enseñarles* a tomar buenas decisiones.

Capítulo 25

Los niños sí pueden ser amables y cariñosos con sus hermanos

· ·

En este capítulo

▶ Cómo se deben preparar los niños para la llegada de un nuevo hermanito.

▶ Pautas para que sus hijos sean buenos y amables con sus hermanos.

▶ Enséñeles a sus hijos a jugar armoniosamente.

▶ Cómo se les enseña a los niños a ser afectuosos con sus hermanos.

▶ La comunicación entre sus hijos.

· ·

Oye, Lucho, ¿viste lo que mamá y papá trajeron a casa? Es un niño verda-
deramente chiquito. Al parecer, no es mucho lo que hace. ¿Por qué no arro-
jas algo entre su jaula para ver si lo puedes despertar? Mira, ensaya con
este camión.

Hermanos y hermanas: *una vida armoniosa* no es el nombre de un
espectáculo sino la realidad. Es responsabilidad suya hacer que
esto suceda. Este capítulo está dedicado al amor entre los hermanos y
las hermanas, y a lo que usted tiene que hacer para que sus hijos tomen
ese camino.

Yo no tengo hermanos. Mis padres nunca hermanearon. — Hawkeye
Pierce en *M*A*S*H**

¡Tuve un hermanito!

Es posible que usted esté pensando en tener otro hijo. ¡Oh, qué felicidad! Pero es posible, también, que usted se esté preguntando cómo van a reaccionar sus hijos (o su hijo único) a la llegada de un nuevo miembro a la familia. Esa pregunta que usted se está haciendo es muy importante y merece que le preste atención.

Cuando se sepa que va a llegar un nuevo bebé a su hogar, se van a plantear muchos interrogantes. No sea tímido a la hora de responderlos. Lea la sección "Cómo debemos responder las preguntas de nuestros hijos" en el capítulo 2.

He aquí algunas sugerencias acerca de la manera en que se debe enfrentar la llegada de un nuevo bebé:

✔ **No les diga a sus hijos que les va a llegar un nuevo compañerito de juego.**

Eso puede ser verdad en el futuro, pero no durante el siguiente año, más o menos. No fomente en sus hijos la expectativa de que, tan pronto como su hermanito o su hermanita nazca, se van a empezar a divertir de lo lindo. No lo haga porque eso no es verdad. Los recién nacidos no hacen nada divertido, excepto vomitar de vez en cuando.

✔ **No olvide demostrarles a sus hijos que ellos son especiales para usted, como será el nuevo bebé.**

Haga algo especial por cada uno de sus hijos. Déles un regalito "de parte del bebé", o hágale a cada cual una camiseta divertida, para que sepan que usted sigue considerándolos muy especiales.

✔ **No descuide a sus hijos mayores.**

Empéñese en hacer algo con ellos después de que haya nacido el bebé. Usted tendrá que programar esa actividad. Los bebés consumen muchísimo tiempo, sin que uno se dé cuenta. No deje de ponerse "citas" con sus hijos.

✔ **Haga que sus hijos se formen una idea real de lo que significará la llegada del hermanito.**

Hágales saber que, al principio, el bebé necesitará que usted le dedique mucho tiempo, y que lo único que va a hacer es llorar, comer y dormir. Nada más. Dígales, también, que mamá se sentirá muy cansada y que tendrá que dormir siestas para descansar.

✔ **Pregunte si el hospital de su localidad ofrece reuniones para preparar a los niños que van a tener un hermanito.**

En esas reuniones se habla de lo que les gusta a los niños, y de lo que les disgusta, de cómo se cambian los pañales y de otros temas básicos que sus hijos tendrán que conocer. Ellos tendrán que aprender que *no* está bien arrojar un camión entre la cuna cuando el bebé está adentro.

✔ **Averigüe si el hospital de su localidad ofrece reuniones a las que usted pueda asistir con sus hijos.**

En esas reuniones usted obtendrá información general acerca de la conducta que sus hijos podrían manifestar cuando llegue el bebé, y también aprenderá cómo puede evitar que ellos se sientan celosos del hermanito.

✔ **Pídales a sus hijos que le ayuden a preparar la llegada del nuevo hermanito.**

Pídales que le ayuden, que hagan dibujos para colocar en la habitación del bebé, que empaquen la pañalera (cuando usted tenga listo lo necesario), y que le ayuden a buscar los pañales y los biberones. Cuando los niños ayudan a preparar la llegada del bebé, ellos sienten que forman parte de la vida de su nuevo hermanito.

Cuando usted ya tenga listas las cosas, ¿cómo van a comportarse sus hijos con su nuevo hermanito? Todo depende de ellos y de su madurez. Si usted asiste a las reuniones de preparación familiar para la llegada de un nuevo bebé, las cuales mencioné antes, se dará cuenta de que clasifican el comportamiento de los niños de acuerdo con la edad. Yo creo que depende más de la madurez de cada niño. Los pequeños de dos años suelen mostrarse enfadados o celosos con el recién nacido, mientras que los niños de ocho años podrían mostrarse alborozados. Sin embargo, eso no siempre ocurre. Puede suceder que usted tenga que vigilar mucho a su pequeño de dos años, porque él podría querer *ayudarle* a alzar al bebé, mientras que su hijo de ocho años podría mostrarse súbitamente muy irritado, sin que haya una razón clara. Sean cuales sean las edades de sus hijos, es posible que se presenten más berrinches y más ataques de llanto que de costumbre, además de regresiones (como volverse a mojar en la cama, actuar como si no se pudieran alimentar solos y pedir que los alcen cuando ellos podrían caminar, etc.). Incluso, es posible que sus hijos pequeños traten de quitarle a usted al bebé para encaramarse en su regazo. Esas acciones suelen ser señales de que sus hijos se sienten inseguros y de que necesitan que usted les preste atención.

Enséñeles a sus hijos a ser buenos hermanos

Cuando usted tenga más de un hijo tendrá que asumir nuevos papeles. Usted se convertirá instantáneamente en mediador, en negociador, en árbitro y en juez. Enfrentará situaciones donde su labor consistirá en escuchar a las dos partes, llorosas y sollozantes, para descubrir qué fue lo que pasó. Pero la mayoría de las veces usted no tendrá siquiera una pista de lo que ocurrió. A usted le parecerá que las dos partes tienen razón, y ambas *sentirán* que están en lo correcto.

A continuación hay algunas pautas generales que le ayudarán a mantener la salud mental, mientras moldea a sus hijos para que se conviertan en hermanitos amorosos y tiernos.

✔ **No compare a sus hijos.**

Aunque sienta la tentación de decir: "¿Por qué no te estás quieto, como tu hermano?", eso no se debe decir. Si usted siempre hace sentir a sus hijos como si uno fuera mejor que otro, ellos empezarán a sentir resentimiento contra sus hermanos. Si usted quiere que uno de sus hijos se esté quieto, pídale que se esté quieto. Desde luego, siempre sirve que usted diga por qué razón se debe quedar quieto y tranquilo. No mencione que su hermano, o que su hermana, sí está calmada, como usted quiere. No es importante mencionar eso.

✔ **No tome partido.**

Usted tiene que ser la parte neutral a la cual todos puedan acudir. Si usted siempre toma partido por alguno de sus hijos, en vez de ayudar a resolver los problemas, es posible que ellos decidan solucionar sus conflictos a puñetazos, en vez de acudir a usted.

Hay ocasiones en que es mejor que usted se haga el desentendido y deje que sus hijos solucionen sus problemas. Y eso es lo que suele suceder. Además, usted no va a estar siempre al lado de ellos para ayudarles a dirimir sus diferencias. Por supuesto que usted debe interceder si sus hijos empiezan a pegarse. Nunca les debe permitir que resuelvan sus problemas peleando y dándose puños.

✔ **Permanezca calmado.**

Cuando sus hijos estén alterados y, al parecer, cualquier pensamiento o acción racional sea imposible, usted tiene que mantener la calma. Usted debe ser la persona ecuánime y capaz de ayudarles a todos los demás a recuperar el control de sí mismos. Si usted también se exalta, no es mucho lo que podrá hacer para ayudar a resolver los conflictos.

✔ **Mantenga el sentido del humor.**

Ría. Y ría mucho. En algunas ocasiones, reír es la única solución cuando hay un conflicto. Si usted es capaz de hacer que sus hijos vean el lado chistoso de la situación, el problema se esfumará. Además, ¿cómo puede usted tomar en serio una discusión que gira alrededor de quién tocó primero a quién?

✔ **No les ponga apodos a sus hijos.**

Ésta es una norma importante en nuestro hogar. Los apodos pueden ser muy hirientes, y es más difícil pelear cuando no se permite utilizar apodos, como, por ejemplo, Sapo, o Cariflaco. Cuando uno de sus hijos empiece a utilizar apodos, deténgalo inmediatamente. Esta norma se debe establecer desde el principio. El viejo dicho: "Palos y piedras pueden quebrar mis huesos, pero las palabras nunca lograrán herirme" no es exactamente cierto. Los palos y las piedras duelen, pero las palabras duelen, *también*.

✔ **No permita que se peguen ni que se empujen.**

Esto sí que es difícil. Un instinto natural nos produce deseos de atacar a quien nos haga salir de nuestras casillas. He visto bebés hasta de diez meses que, de alguna manera, tratan de atacar a sus hermanos mayores, cuando están hasta la coronilla de que les quiten un juguete de sus manos. Enseñarles a los niños que no deben pegarles a sus hermanos es una lección permanente, la cual no se aprende con facilidad. Usted tiene que enseñarles a sus hijos, constantemente y con firmeza, que en su familia no se permite pegar ni empujar. Si los niños no pueden tocar a alguien de una manera cariñosa, entonces, sencillamente, no deben tocar a esa persona.

✔ **Haga que sus hijos pasen ratos solos.**

Si, al parecer, sus hijos siempre están en plan de *atacarse*, es posible que necesiten estar solos un rato. Si usted logra separarlos — hacer que uno de sus hijos juegue en la habitación, mientras el otro juega en la sala — no se podrán seguir fastidiando, y serán más tolerantes el uno con el otro. A menudo los hermanos necesitan alejarse y estar solos.

Enséñeles a sus hijos a jugar juntos

El mayor problema cuando los niños juegan juntos es que, en algún momento, todos se sienten atraídos hacia el mismo libro, o hacia el mismo muñeco de felpa... y ahí comienza la pelea. Una versión diferente es cuando uno de los niños tiene un juguete, y el hermano mayor decide que ya es hora de apropiarse de él, *en vez* de que su hermano chiquito lo tenga.

Es difícil enseñarles a los niños a compartir sus cosas. Debo admitir que cuando yo tengo una caja de chocolates, me cuesta trabajo compartirla. Si alguien se apropia del único chocolate que tiene cereza, ¡pierdo la cabeza!

Lo que uno siente deseos de hacer — pero no se debe hacer — es comprar cada juguete por duplicado. Si se trata, por ejemplo, de la bicicleta, entonces sí conviene comprar dos. Los niños se divierten mucho cuando salen a pasear juntos, cada cual en su bicicleta. Cuando es más divertido que todos tengan el mismo juguete (como las muñecas Barbie), entonces está bien comprar más de uno. Pero si es un juego, solamente se debe tener uno.

Sus hijos tienen que aprender a compartir. No pueden ir por la vida pensando que lo de cada cual es suyo, y solamente suyo. La próxima vez usted terminará comprándoles sendas cajas de cereal, porque alguien se come siempre todos los *marshmallows* del cereal que usted les compra.

Usted puede enseñarles a sus hijos a compartir los juguetes, si les enseña a intercambiarlos. Es decir, uno de los niños ofrece su juguete a cambio del que tiene su hermano. En algunas ocasiones eso funciona, pero en otras no. La parte más difícil es enseñarles que si algún niño no quiere intercambiar su juguete, todos tendrán que esperar hasta que ese juguete quede libre. Desde luego, nadie le quitará los ojos de encima hasta que el niño que lo tiene lo suelte, y entonces todos se abalanzarán sobre él.

Cuando el juego se convierte en pelea

Sin importar cuánto lea usted acerca de la manera en que se les debe enseñar a los niños a jugar amistosamente con sus hermanos, llegará el momento en que habrá batallas en torno a quién juega primero con qué. Como usted no estará siempre al lado de sus hijos para actuar de mediador y para desbaratar las peleas, no intervenga, y deje que ellos solucionen sus problemas a su manera.

Sin embargo, manténgase atento a la situación. Usted tiene la responsabilidad de intervenir de inmediato si la discusión se vuelve pelea, y si empiezan los puñetazos, las patadas o los apodos. Ahí es donde usted vuelve a actuar como maestro. Usted tendrá que hacerles saber a sus hijos que no se permiten las peleas ni los apodos, pero que pueden utilizar *palabras* para resolver sus diferencias.

Cómo se les enseña a los niños a tener una relación afectuosa con sus hermanos

He conocido suficientes familias en mi vida como para saber que ser afectuoso y amable con los hermanos no le nace de manera natural a todo el mundo (o, por lo menos, para saber que esa conducta no ha sido fomentada). Usted tiene que enseñarles a sus hijos a ser bondadosos y gentiles entre ellos. Cerciórese de que su conducta forme parte de esa enseñanza. Con sus acciones, usted les da ejemplo a sus hijos de la manera en que se deben comportar los unos con los otros.

✔ **No haga equipo para molestar a su hijo.**

Hacer chanzas puede ser divertido en algunas ocasiones, pero no lo es cuando uno es el blanco de la burla o de las bromas. Eso nunca es divertido. No cometa el error de unirse a alguien que esté molestando a otra persona, creyendo, equivocadamente, que se trata de un chiste inofensivo. Su actitud no sólo confirmaría que hacer bromas pesadas es correcto (los adultos sabemos tomarlas como son, pero los niños no saben), sino que daría la impresión de que está haciendo equipo con otra persona para atacar a alguien. Si ese alguien es su hijo, es doblemente malo. Se supone que usted debe ser el mayor apoyo de su hijo, y quien más lo anime y aliente.

✔ **No hable mal de uno de sus hijos delante de los demás.**

Insisto en que usted debe ser el apoyo más importante de sus hijos. Aunque usted nunca debe hablar mal de ninguno de ellos, debe evitar hacerlo, especialmente, delante de sus otros hijos. Ellos necesitan que todo lo que usted diga acerca de ellos sea positivo y benévolo.

✔ **No fomente la rivalidad entre sus hijos.**

Su tarea como padre no es instigar las peleas y las discusiones, y luego esperar tranquilamente a que empiece el lío. Algunos padres lo hacen, y eso está mal. Sus hijos tendrán suficientes discrepancias en el futuro, sin necesidad de que usted le eche leña al fuego. Esa clase de conflictos también se presentan cuando los padres comparan a los niños. Cada uno de sus hijos tendrá sus cualidades y sus limitaciones. A nadie le gusta que le digan: "¿Por qué no eres como tu hermano/hermana?"

✔ **Aliente las manifestaciones de cariño entre sus hijos.**

Los niños pequeños aprenden a demostrar afecto con toda naturalidad si sus padres los besan y los abrazan con frecuencia. Cuando usted vea que sus hijos se están demostrando afecto, hágales saber lo feliz que se siente de que se estén besando y abrazando. Ese refuerzo positivo les transmitirá la noción de que dar afecto es natural y bueno, y los animará a seguirlo haciendo.

✔ **Enséñeles a sus hijos a ser suaves.**

Cuando usted vea que su hijo de dos años está tocando con rudeza al bebé, tómele la mano y con ella acaricie suavemente al niño. Dígale a su hijo que así es como nos debemos tocar. Es posible que usted también tenga que enseñarles a ser suaves a los niños más grandes, cuando no han tenido la oportunidad de vivir con niños pequeños o con bebés.

✔ **Enséñeles a los niños a ser unidos.**

Sus acciones son muy importantes para enseñarles a sus hijos acerca de la unión familiar. Este libro contiene varios capítulos que recalcan la importancia de que los miembros de la familia hagan cosas juntos. Un buen ejemplo de la forma en que opera la unión familiar es cuando todos participan en las labores domésticas, en la cocina y en los juegos. Ésa es una de las lecciones más importantes e invaluables que usted les puede enseñar a sus hijos. Y no olvide la influencia que ejercen los libros de cuentos en los niños. Usted les puede leer algunos que pongan énfasis en la unidad familiar.

No deje solos a sus hijos menores de cuatro años. Le podrían hacer daño a uno de sus hermanitos, si deciden abrazarlo muy fuerte o si tratan de alzarlo.

La comunicación entre los hermanos

A sus hijos les dan ejemplo todas las personas que los rodean, especialmente sus hermanos mayores. Escuche atentamente la manera en que se comunican sus hijos. Si usted advierte que uno de los niños mayores está perdiendo la paciencia y está empezando a gritar o a ser detestable con uno de sus hermanos pequeños, intervenga y recuérdele que la mejor manera de hablar es con calma y con decencia.

Todos sus hijos verán en usted un ejemplo. Si permanece calmado, si no grita y si no utiliza el sarcasmo, sus hijos aprenderán de usted esa conducta. Sus hijos mayores tratarán de imitarlo a usted y a su forma de actuar con ellos. Asegúrese de que sus hijos vean en usted una persona cariñosa, amable y suave.

Si usted no les da a sus hijos ejemplo de suavidad y de gentileza, esto es lo que aprenderán de usted y de sus hermanos mayores:

✔ **A no prestar atención.**

Son muchos los padres que no les prestan atención a sus hijos cuando hablan. Es un mal hábito que frustra a los niños, y es un rasgo que no conviene enseñarle a nadie. No deje de escuchar a sus hijos cuando le estén hablando a usted. Demuéstreles que los está escuchando. Y si oye que sus hijos están jugando, pero que uno de ellos no le está prestando atención a su hermano, hágaselo notar.

✔ **A ser sarcásticos.**

Mi familia es experta en sarcasmo. En consecuencia, yo tengo que cuidarme mucho para no ser sarcástica delante de mis hijos. Los niños sarcásticos son los peores; dan la impresión de ser irrespetuosos y odiosos. Si su familia tiene fama de sarcástica, trate de impedir que prospere esa mala costumbre. Una oportunidad que parece perfecta para utilizar el sarcasmo es cuando respondemos las preguntas de los niños, pero ellos no captarán de qué se trata, y sí aprenderán a comunicarse de una forma detestable.

✔ **A amedrentar.**

Usted presenciará esto cuando su hijo mayor advierta que él es más grande y más fuerte que su hermano menor. Es como un gen oculto que todos tenemos, aunque no haya muchas oportunidades de utilizarlo. Si usted ve que su hijo mayor está intimidando a uno de sus hermanos menores, hágale notar lo que está haciendo, y por qué razón no lo debe hacer. Ésa es una magnífica oportunidad de enseñarles a sus hijos a ser bondadosos y amables. Los niños necesitan aprender que, aunque sean más grandes, no tienen derecho a forzar a los más pequeños a que hagan algo, ni tienen ventajas sobre los niños menores. Los niños tienen que ser serviciales, suaves y amables siempre que sea posible.

Su lección de hoy

Es difícil enseñarles a los niños a compartir sus cosas. Aunque esa lección suele incluir lágrimas y pataletas, los niños terminan por aprender la lección sin esa clase de reacciones. Lo importante es que sus hijos aprendan que los juguetes — y otras cosas en la vida — son para compartir.

Parte V
La parte de las decenas

La 5ª ola   **por Rich Tennant**

"SEÑOR FAJARDO: LE AGRADECERÍA QUE ME INFORMARA DE ANTEMANO LA PRÓXIMA VEZ QUE VAYA A APLASTARSE EL PULGAR CON UN MARTILLO".

En esta parte...

Las listas de cosas pueden ser divertidas: las diez montañas más altas, los diez diamantes más grandes, diez vegetales que se parecen a ex presidentes, diez hombres llamados Ned que sufren de flebitis, etc. Desde luego, las listas de diez cosas no siempre tienen que ser triviales. Muchas cosas que se pueden aprender aparecen en listas de decenas (como, por ejemplo, diez cosas que se deben hacer y diez cosas que no se deben hacer). Eso es lo que usted encontrará en esta sección: algunas listas de diez cosas que le ayudarán a ser un mejor padre.

Capítulo 26

Diez cosas que usted debe hacer todos los días

- -

En este capítulo

▶ Reparta afecto.

▶ Diga esas palabras importantes.

▶ Siéntase especial.

▶ Aliméntese de manera nutritiva.

▶ Lea todos los días.

▶ Hable, hable, hable.

▶ Dedíqueles a sus hijos momentos especiales.

▶ Diga "por favor" y "gracias".

▶ Sea paciente.

▶ Sea accesible.

- -

unque tuve que limitar esta lista a diez cosas (de ahí el nombre de
esta sección, *La parte de las decenas),* los padres tienen mucho
por hacer diariamente. Yo elegí las diez que vinieron primero a mi mente, y considero que forman parte de las cosas *realmente importantes* que
usted tiene que hacer.

Déles a sus hijos muchos besos y abrazos

Todos los miembros de su familia necesitan sentir todos los días que
usted los ama. No sólo sus hijos sino también su compañero de crianza.
No escatime besos y abrazos. La gente afectuosa vive más tiempo o, por
lo menos, eso dicen.

Dígales a los miembros de su familia que los ama

Todo el mundo necesita sentirse amado. Aunque usted demuestre su amor a través de las cosas especiales que hace por los miembros de su familia, también es importante que ellos escuchen estas palabras tan importantes: "Te amo".

Los niños necesitan amor, especialmente cuando no lo merecen. — Harold S. Hubert

Dígale a su familia que es especial

Además de que los miembros de su familia necesitan sentirse amados, necesitan saber que son especiales. Usted puede hacerles saber eso no sólo con palabras sino también haciendo cosas especiales por cada uno de ellos. Mándeles noticias a sus hijos entre sus loncheras, o mándele a su pareja una nota en su cartera, o en su maletín de trabajo. O déjele un mensaje en el contestador automático de la oficina. Uno hace que las personas se sientan especiales gracias a las cosas que hacemos por ellas.

Alimente a su familia nutritivamente

Es importante que sus hijos se alimenten correctamente y también es importante que usted se cuide. Cuando usted se come un banano de postre, en vez de una torta de chocolate (¡ummm!), no sólo está dando buen ejemplo sino que les está enseñando a sus hijos a tomar una decisión acertada en cuanto a la alimentación.

Léales a sus hijos

Cuando usted les lee a sus hijos, disfruta de un rato de tranquilidad con ellos, los inicia en un buen hábito y les enseña a amar los libros. Se ha comprobado que los niños a quienes les leen (*y que leen*) tienen un coeficiente intelectual más alto, mejor vocabulario y más habilidad en el uso del lenguaje.

Hábleles a sus hijos

Usted debe enterarse todos los días de lo que están haciendo sus hijos, de dónde han estado, y con quién han estado. Cuando usted habla con sus hijos, empieza a crear el hábito de la comunicación honesta entre usted y su familia. Todos ustedes deben poner en práctica un estilo de comunicación abierto y honesto.

Dedíquele todos los días un rato a cada uno de sus hijos

Si usted tiene más de un hijo, es fundamental que le dedique un rato a cada uno. Usted debe hacer que cada niño se sienta especial e importante. Cuando usted pasa un rato a solas con cada uno, les ayuda a no sentirse aislados sino como parte de una familia.

Ponga en práctica sus buenos modales cada vez que pueda

La mejor manera de enseñar buenos modales es a través del ejemplo. Si usted dice siempre "por favor" y "gracias", sus hijos aprenderán sin dificultad a hacer lo mismo.

Sea paciente, aunque no quiera

¡Oh, Dios! Ésta sí es muy difícil. Es posible que su paciencia no sea puesta a prueba todos los días, de modo que le conviene ahorrarla para aquellos días en que, de verdad, la necesite.

Podemos aprender muchas cosas de los niños. Por ejemplo, cuánta paciencia tenemos. — Franklin P. Jones

Sea accesible siempre

El capítulo 1, "Cómo se gana el juego de la crianza", trata acerca de los distintos papeles que usted desempeña cuando es padre. Uno de ellos es el de amigo. Si usted se comporta como un verdadero amigo de sus hijos, con seguridad será accesible para ellos. Usted desea que sus hijos puedan hablar acerca de cualquier tema con usted, que le puedan hacer las preguntas que los inquietan y que nunca sientan que usted está demasiado ocupado para ellos.

Capítulo 27

Diez reglas generales
para el hogar

En este capítulo

▶ Sea activo, en vez de reactivo.

▶ No utilice apodos.

▶ No permita los golpes ni los empujones.

▶ No se una a otro para atacar a alguien.

▶ No permita que haya algo más importante para usted que sus hijos.

▶ Trate a los miembros de su familia como si fueran sus invitados.

▶ Los horarios son importantes.

▶ La seguridad ante todo.

▶ La atención de la casa.

▶ ¿Dónde están todos?

T odos los miembros de su familia, sin excepción, tienen que cumplir estas normas en el hogar. No se le deben dar privilegios a nadie. Eso quiere decir que ustedes, los padres, también deben observar esas normas. Ustedes deben ser firmes y consecuentes cuando alguien infranja alguna de ellas. Sea enérgico y fuerte.

Sea activo, y no reactivo

Ser activo con los hijos significa formar parte activa de sus vidas. Si usted es reactivo, se limitará sencillamente a reaccionar a lo que sus hijos hagan y digan. Juegue con sus hijos, en vez de limitarse a oír que alguno ganó la partida. Léales libros, en vez de limitarse a guardarlos cuando los niños los hayan hojeado.

No permita los apodos

"Palos y piedras pueden quebrar mis huesos, pero las palabras nunca lograrán herirme". Esto es totalmente falso. Entre las cosas más dolorosas que podemos recordar están las palabras rudas. Imponga en su hogar la norma de que, si no se puede decir algo agradable, no se debe decir nada.

Si no podemos decir algo agradable, no digamos nada. — Thumper en *Bambi*

No permita los golpes ni los empujones

Los miembros de su familia deben tratarse con cariño y con amabilidad. Si cualquier situación desemboca en golpes o en empujones, detenga a las personas comprometidas. Esas situaciones se presentan a menudo cuando los hermanos tratan de solucionar sus problemas a su modo, pero las cosas no salen como ellos quieren.

No le pegues a tu hermana porque siempre te caerán encima. — Del primo Justin, de 16 años

No se una a otra persona para atacar a alguien

Vivir como una familia es muy divertido, hasta que los miembros empiezan a *tomar partido*, y, al parecer, todos se *atacan* entre sí. Así es como comienzan, habitualmente, las bromas pesadas. Alguien dice alguna cosa en chiste, luego alguien hace su aporte, y, al final, todos terminan metidos en el lío. Si la persona a quien van dirigidas las burlas y las chanzas no se ofende, no habrá problema. Pero si la persona no toma bien las cosas, detenga las chanzas de inmediato.

Sus hijos deben ser lo primero

La televisión, el trabajo, los deportes del fin de semana, los pasatiempos favoritos. Todas esas cosas pueden restarle tiempo para estar con sus hijos. Es conveniente tener una vida aparte de ellos, pero se debe buscar un equilibrio entre el tiempo que les dedicamos a las distintas actividades, y el que les dedicamos a nuestros hijos. Pasar tiempo con su familia debe ser más importante para usted que cualquier otra cosa. Algún día sus hijos crecerán, y usted deseará que tengan más tiempo para usted.

Sea amable y respetuoso con los demás

Esto es fácil. Significa ser amable y tratar a los miembros de su familia como si fueran sus invitados. Nunca piense que los miembros de su familia no son importantes, porque, si lo hace, olvidará decirles "por favor" y "gracias", o hacer por ellos cosas especiales.

La única razón por la que siempre trato de conocer mejor a los padres, es porque me ayuda a perdonar a sus hijos. — Louis Johannot

Cíñase a los horarios

No importa que de vez en cuando usted cambie su rutina diaria, pero los niños necesitan tener horarios. Necesitan comer todos los días a la misma hora (o, por lo menos, casi a la misma hora), e irse a la cama también a la misma hora. Ellos dependen de esos horarios, y estarán de mejor ánimo si se ciñen a ellos.

Tenga siempre en mente la seguridad de su hogar

Antes de que usted se dé cuenta, sus hijos darán botes, caminarán, hablarán y brincarán. Sus pequeños dedos arrancarán y abrirán todo, para poderse meter entre la boca lo que encuentren. Evite accidentes aplicando medidas de seguridad y utilizando los dispositivos que venden para ese fin. Usted no necesita que sus hijos tengan un accidente que habría podido prevenir fácilmente.

Todos deben ayudar en la casa

En ninguna parte está escrito que las mamás cocinan y limpian, que los niños juegan y que los papás sacan la basura y leen la prensa. Eso es un mito. Todos los miembros de su familia deben tener responsabilidades que contribuyan al bienestar común y a la atención del hogar. Cuanto menos tiempo tengan que dedicarle a las labores domésticas, tanto más tiempo podrán dedicar a divertirse y a hacer planes en familia.

Todos se deben reportar

El paradero de sus hijos nunca debe ser un secreto. Usted debe saber siempre dónde están y con quién están. Y ellos también deben saber dónde están sus padres. Contribuye a la seguridad de la familia que todos den cuenta y razón de su paradero.

Capítulo 28

Diez cosas que usted debe consultar con su conciencia

● ●

En este capítulo

▶ ¿Está usted trabajando mucho?

▶ ¿Está preparado para lo peor?

▶ ¿Está usted gritando?

▶ ¿Piensa usted en lo que está haciendo?

▶ ¿Así que tu nombre es... *Jordan?*

▶ ¿Estás hablando de mí?

▶ ¿Estás diciendo la verdad?

▶ ¿Sabe usted dónde están sus hijos?

▶ ¿Tiene usted algún mal hábito?

▶ ¿Cuán segura es su casa?

● ●

¡No, no, no! No hay nada tan molesto como las listas de cosas que no se deben hacer. Sin embargo, piense en éstas cosas como si se las estuviera susurrando al oído el angelito que usted tiene sobre su hombro derecho. Son, sencillamente, sutiles recordatorios que le permitirán avanzar por ese camino recto y angosto que lleva a la verdad.

Nadie lo va a premiar por escuchar a su conciencia. No recibirá una donación del gobierno. No habrá placas conmemorativas. Y, como usted está cumpliendo las reglas, es probable que siga pagando bastantes impuestos. Pero su recompensa será que usted criará una buena cosecha de niños. Eso suele ser más importante que cualquier otra cosa.

No convierta el trabajo en una adicción

Pocas personas admiten ser adictas al trabajo. La mayor parte de las personas están tan ocupadas que ¡no les importa! Se limitan a inventar excusas sin mucho fundamento para permanecer en el trabajo. Cualquiera que no sea adicto al trabajo puede ver que esas excusas no son válidas.

El trabajo es importante porque le proporciona el dinero que usted necesita para mantener a su familia. Sin embargo, su familia es mucho más importante que cualquier trabajo que usted pueda llegar a tener en su vida.

Esté preparado

Pedirle a una persona que esté preparada siempre para la peor situación posible suena negativo y lúgubre, pero es necesario cuando se es padre. La manera en que todo padre debe estar preparado para lo peor es haciendo que su hogar sea lo más seguro posible. Mantenga su botiquín surtido con todo lo que se podría necesitar (lea el capítulo 23, "Salud e higiene"), consiga detectores de humo y extinguidores de incendio, y organice simulacros de incendio. Si usted está preparado para lo peor, podrá enfrentar cualquier eventualidad.

No les grite a sus hijos

La forma en que usted se comunica con los miembros de su familia es muy importante. Es una de las bases sobre las cuales se construye su relación familiar. Si la única manera en que usted les habla a sus hijos es con gritos, está desperdiciando oportunidades muy valiosas de comunicarse con ellos.

Si usted se encuentra a punto de gritar, ¡deténgase! Piense en lo que está haciendo, y enfrente la situación de otra manera. Luego regrese al capítulo 2, "Cómo nos debemos comunicar con nuestros hijos", y léalo a fondo.

No permita que sus hijos adquieran hábitos que tendrán que dejar

Vemos que nuestros hijos están encaramándose en la mesa del comedor, mientras bailan al son de la música. Nos reímos, ¡ja, ja, ja! Pero, como padres, hemos cometido un error. Hemos permitido que hagan algo que no deberían hacer. Como recibieron retroalimentación positiva por lo que hicieron, lo volverán a hacer.

Si usted no quiere que sus hijos adquieran hábitos que tendrán que dejar más adelante, jamás permita que se inicien. Los niños adquieren hábitos con mucha facilidad, *especialmente* cuando sus padres reaccionan de una manera positiva.

No escriba el nombre de sus hijos en su ropa

Los secuestradores y esa clase de gente utilizan los nombres escritos en la ropa de los niños para convencerlos de que se monten en sus automóviles, o de que entren en sus casas. No les facilite esa información. Los niños piensan que si alguien los llama por su nombre, entonces esa persona es decente o conocida. No escriba los nombres de sus hijos en sus prendas de vestir. (Por supuesto, los secuestradores y la gente mala también es estúpida: "Así que tu nombre es..." (la marca de la ropa que lleva el niño).

No hable mal de sus hijos

Hablar mal de la gente es un hábito *detestable*. Pero hablar desfavorablemente de los hijos es un acto imperdonable (y debe ser castigado con un bastonazo). Sus hijos deben tener siempre la certeza de que usted los apoya y de que piensa bien de ellos y de lo que hacen. Si usted habla mal de ellos (como, por ejemplo, si les cuenta a los amigos de usted cuáles son las malas costumbres de sus hijos), no les estará brindando el apoyo adecuado. Además, a sus amigos no les interesa saber cuáles son los hábitos de sus hijos.

Los jóvenes no saben lo suficiente como para ser prudentes; por tanto, intentan lo imposible y lo logran generación tras generación. — Pearl S. Buck

No les mienta a sus hijos

En ningún otro momento de su vida alguien va a confiar en usted de una manera tan incondicional, ni lo va a amar tanto, como sus hijos. No disminuya la confianza que ellos le tienen, diciéndoles mentiras. En realidad, no hay necesidad de hacer eso.

Cuídese de las mentiras que les dice a sus hijos sin mala intención, como, por ejemplo, que el sabor de un medicamento es rico, que usted sólo se irá por un minuto (cuando, en realidad, se va a demorar una hora), etc. Piense en lo que va a decir, antes de decirlo.

No deje solos a sus hijos en ninguna parte

No deje solos a sus hijos en la casa, en el automóvil, en un sofá, en la mesa de cambiar pañales, o en la cama. Todas esas situaciones son peligrosas y se prestan para que los niños se hagan daño.

Deshágase de sus malos hábitos

"Yo puedo hacer mejor que tú cualquier cosa". Sus hijos vivirán de acuerdo con ese lema. De manera que ¿desea usted de verdad que sus hijos lo superen en cosas tales como fumar, beber, pasar tiempo en el garaje jugueteando con las herramientas, decir groserías a diestra y sinistra, o comer galletas de chocolate al desayuno? Tómese un momento para reflexionar acerca de su vida. Deje de hacer, o modifique, cualquier conducta que no quiera que sus hijos hagan. Ellos están ahí observando y esperando a que usted haga algo que ellos puedan copiar.

En resumen, los malos hábitos que adquirimos en la niñez no hacen una pequeña diferencia sino que hacen toda la diferencia. — Aristóteles

Mantenga su casa a prueba de niños

Tenemos la suerte de vivir en un país donde alguien ha fabricado toda clase de dispositivos, pensado en lo peor que pueden hacer los niños. No pase por alto esos artefactos de seguridad. Pueden ayudar. Para que usted tenga una preocupación menos, invierta en cerraduras de seguridad para los estantes, y en protectores para los tomacorrientes eléctricos.

Capítulo 29

Diez cosas con las que su hijo se puede ahogar

. . . .

En este capítulo

▶ Diez cosas con las que se puede atorar o ahogar su bebé (clasificadas de acuerdo con el sabor).

. . . .

Los niños son sorprendentes. Se meten cualquier cosa entre la boca. Algunos succionan todo lo que encuentran en el suelo, y por eso se les puede llamar "aspiradoras". ¿Qué quiero decir? ¿A quién le gustaría probar las virtudes culinarias de cosas tan exóticas, excepto, quizás, a los franceses? (Seamos serios: ¿Hígados de ganso? En otras palabras, "¡Mon Dieu, Marie! ¡Rápido, que está pasando un ganso! ¡Matémoslo y comámonos su hígado!")

La siguiente lista enumera las diez cosas que los niños se meten entre la boca con más frecuencia, y con las cuales corren el riesgo de ahogarse. Procure mantener a sus hijos alejados de esas cosas.

Dulces duros

Usted y yo sabemos que no nos debemos pasar enteros los dulces duros. Esos dulces se pueden alojar en la garganta de los niños, y los pueden hacer atorar y hasta ahogar. Eso puede ocurrir, incluso, con esos dulcecitos tan conocidos llamados "salvavidas". El huequito que tienen no está diseñado para que el niño respire en caso de que se le atragante.

Palomitas de maíz

No son para las personas que carecen de dientes, excepto los abuelos cuando van en cine.

Uvas

Cuando los bebés las chupan, es como si tuvieran canicas dentro de la boca. Definitivamente ¡no! Espere a que sus hijos tengan dientes y coman solos para darles uvas. Y vigílelos siempre cuando se las estén comiendo. Usted nunca sabe cuándo una uva descarriada podría deslizarse por una garganta ingenua.

Vegetales crudos cortados en círculos

Los peores son las zanahorias. No corte los vegetales en círculos sino en tiritas largas.

Salchichas cortadas en círculos

No se moleste cortando las salchichas en tiritas. Córtelas en pedacitos muy pequeños, o déles algo distinto a sus hijos.

Nueces

Ven, Luis, cómete esta nuez. ¡No!

Juguetes pequeños y partes de juguetes

Que le den al niño entre la bolsita de sorpresas un carrito de Mickey Mouse no quiere decir que sea para comer. (De hecho, McDonald's advierte que los juguetes que ofrece *no* son para los niños pequeños.) Sea especialmente cauteloso con los juguetes de los niños más grandes, los cuales suelen tener partes pequeñas. Por ejemplo, los personajes de las películas suelen tener una gran cantidad de piecitas, las cuales son perfectas para esconderse en la alfombra y para que el bebé las encuentre después. Acostúmbrese a leer en las cajas de los juguetes la edad para los cuales son apropiados.

Cositas varias

En esta categoría están los ganchos, las monedas y todos los demás artículos que solemos encontrar debajo de los cojines y en el fondo de los cajones. Es sorprendente con cuántas de esas cositas se puede ahogar un niño.

Botones

Los niños arrancan fácilmente los botones de la ropa o de los muñecos de felpa, y se los meten entre sus boquitas antes de que usted se dé cuenta. Pensándolo bien, algunos de esos botones se ven realmente apetitosos.

Globos desinflados o reventados

Los niños pueden divertirse mordiendo los globos, pero cuando se los tragan el caucho crea una barrera hermética entre los pulmones y el aire. Un grave peligro. A los niños les fascinan los globos, pero cuando se revienten, deshágase de ellos sin demora. Deshágase también de los globos que estén desinflados, y de los que estén escondidos debajo de los muebles.

Lo mejor que usted puede hacer para evitar que sus hijos se ahoguen es observarlos atentamente y mantener limpia su casa. Limpiar no es sólo esterilizar las cosas sino levantar el desorden del piso. Revise debajo de los cojines y de los muebles, entre los cajones y en las camas, y recoja cualquier cosa que su pequeño pudiera llevarse a la boca. Tome, también, un curso de primeros auxilios para que aprenda acerca de lo que es el atoramiento, y cómo se pueden desatorar los niños.

Capítulo 30
Diez maneras de ahorrar tiempo

••

En este capítulo

▶ Mantenga bien surtido su refrigerador.

▶ Mantenga lista una pañalera.

▶ Sea el primero en bañarse.

▶ Escoja la ropa la noche anterior.

▶ Prepare todo lo que necesite para el baño de sus hijos.

▶ Arrégleles a sus hijos las uñas por la noche.

▶ Prepare comida adicional.

▶ Elabore tablas con las tareas domésticas.

▶ Empaque la noche anterior.

▶ Disponga un sitio para todo y mantenga todo en su sitio.

••

"Si pudiera guardar tiempo entre una botella... probablemente se me perdería la botella".

Todo lo que los padres podamos hacer para facilitarnos la vida, incluyendo ahorrar tiempo, es bienvenido. A continuación encontrará diez maneras de ahorrar tiempo, las cuales le proporcionarán unos minutos adicionales para dedicarles a sus hijos.

Mantenga bien surtido el refrigerador

Prepare jugo y biberones adicionales, y manténgalos en el refrigerador para cuando los necesite de afán. Esta estrategia es útil, especialmente, para alimentar al bebé a media noche. Tenga a la mano, también, refrigerios para los niños más grandes. Por ejemplo, tajadas de queso, palitos de zanahoria, fruta y porciones individuales de yogurt y de compota de manzana.

Es difícil hacer que los niños coman algo que no hayan visto en la televisión. — Linda Mullen

Tenga lista la pañalera

Tenga siempre lista una pañalera para cuando vaya a salir con su bebé. Acostúmbrese a limpiar la pañalera y a volverla a empacar, cuando regrese a su casa de cualquier salida. (Excepto los jugos y los biberones, los cuales deben estar listos en el refrigerador.)

Sea el primero en bañarse y en afeitarse

Levántese, báñese, y vístase antes que sus hijos. Usted se demorará menos arreglándose si no tiene que ocuparse de ellos, y, al mismo tiempo, tratar de bañarse, de afeitarse y de vestirse.

Haga que sus hijos elijan su ropa la noche anterior

Si a sus hijos les gusta escoger la ropa que se van a poner, haga que la elijan la noche anterior. Disponga un sitio especial para esa ropa, a fin de que no haya confusiones cuando los niños se vistan al otro día. Esto facilita las cosas por la mañana, y evita las guerras diarias de la ropa.

Prepare lo que necesita para el baño

Tenga listo todo lo que necesita para bañar a sus hijos, de modo que no tenga que gastar tiempo buscando las toallas, el jabón, etc. El mejor sitio para guardar esas cosas es una canasta grande que usted pueda llevar por la casa, cuando decida bañar a los niños en un lugar distinto.

El arreglo de las manos y de los pies

Córteles a sus hijos las uñas de las manos y de los pies mientras están dormidos. Gastará mucho menos tiempo luchando con ellos. Y es menos probable que los corte cuando están quietos. Usted podrá dejar de cortarles las uñas mientras están dormidos, cuando lleguen a la edad en que se puedan estar quietos durante esa *tortura*. Esa *edad* depende de cada niño. Algunos logran estarse quietos a los dos años. Otros (los más cosquillosos) tienen que esperar más tiempo. Usted tendrá que probar con cada uno de sus hijos.

Cocine más, más, y más

Cuando cocine, prepare el doble. Coman la mitad, y congele la otra mitad. Cuando desee una comida rápida y fácil, sencillamente descongele lo que guardó, y tendrá una comida completa.

Haga listas y más listas

Elabore una lista de las tareas domésticas que le corresponden a cada miembro de su familia. Si las tareas están escritas, usted gastará menos tiempo recordándoles que las *hagan*. Y llegará el momento en que cada cual se demorará menos haciéndolas, al convertirse su responsabilidad en un buen hábito.

Limpie y recoja inmediatamente

Imponga la norma familiar de que cada cual limpia o recoge lo que usó, o lo que ensució. Eso le ahorra a usted tiempo y trabajo. Por ejemplo, si usted cambia un pañal, deshágase de inmediato del pañal sucio y limpie el desorden que se haya producido. Si su hijo escarbó el tarro de las galletas, haga que él limpie el mostrador de la cocina.

Lo que se aprende en la cuna dura hasta la tumba. — Proverbio húngaro

Mantenga todo en su lugar

Disponga un lugar para *cada cosa*. Enséñeles a sus hijos que sus abrigos sólo pueden estar en un sitio, que los zapatos van en el guardarropa y que los pañales se guardan en cierto cajón. Además, cerciórese de que todos coloquen en su lugar los abrigos y la ropa apenas se la hayan quitado. Aunque todo el mundo se haya desvestido en la entrada de la casa, sus hijos deben colocar *inmediatamente* en su lugar todo lo que se hayan quitado.

Si usted tiene que jugar a las escondidas cada vez que necesita algo, está perdiendo el tiempo.

Capítulo 31

Diez cosas que le dijeron sus padres

• •

En este capítulo

▶ Frases de los padres (organizadas al azar).

• •

Los padres dicen las cosas más horribles. Este último capítulo está dedicado a los padres que, a través de la historia, se inventaron esos dichos tan inteligentes. En un momento u otro, a todos nos dijeron estas cosas. Y todos podemos caer en la misma trampa que nuestros padres y utilizar esas expresiones. Sólo el tiempo dirá...

A continuación también se presentan algunas réplicas originales y lógicas, que, como adultos, podríamos utilizar si alguien nos espetara esas frases. Desde luego, no habríamos respondido así cuando éramos niños. ¿Se imaginan el lío en que nos habríamos metido? ¡Qué horror!

"Te voy a dar algún motivo para que llores"

Como si estar llorando no fuera suficiente para ti.

"Espera a que llegue tu papá"

Ahora me quedan tres horas de vida. Quizás papá invite a comer a mamá a algún restaurante, y entonces podré molestar a la niñera.

"Si tu hermana se lanzara por un precipicio, ¿tú harías lo mismo?"

¡Vaya! ¡Sería el día más feliz de mi vida!

"Te lo he dicho una y mil veces"

Entonces con ésta son 1001 veces... y la cuenta sigue.

"Los niños son para verlos y no para oírlos"

Pero ¿qué pasa si tengo que ir al baño? ¿O si tengo que hacer una pregunta *realmente* importante? ¿O si los extraterrestres llegan y tratan de secuestrarme?

"No quiero oír una palabra más"

Estupendo. Me sentaré aquí y haré sonidos de animales.

"Haz lo que te digo, pero no lo que yo hago"

¡Claro! Como si me fueras a encontrar a *mí* jugando cartas con una manada de viejas de 40 años.

"Deja limpio el plato. Hay niños muriéndose de hambre en la China"

Excelente. Mándales este montón de masa verde, ¡y no me la hagas comer a mí!

"Dime cuando tengas que ir al baño"

Pero entonces me acostumbraré a decirle a todo el mundo cuando quiero ir al baño. Cuando tenga 52 años, y esté en una junta directiva, me pararé y anunciaré: "Excúsenme, pero tengo que hacer pipí".

"Te pegué a ti porque estabas más cerca"

¿Significa esto que ahora yo le puedo pegar a quien esté más cerca de mí, y así sucesivamente?"

Parte VI
Los apéndices

La 5ª ola
por Rich Tennant

"LO BUENO DE TENER HIJOS A NUESTRA EDAD ES QUE CASI SIEMPRE NUESTRA HORA DE LA SIESTA COINCIDE".

En esta parte...

A continuación hay datos muy valiosos, de esos que a uno le encanta encontrar en los libros. Es como descubrir un billete grande entre el bolsillo de una chaqueta vieja. Uno no sabía que estaba allí y se siente feliz por haberlo encontrado y porque ese billete tiene valor. Ésa es la misma sensación que usted experimentará después de leer los apéndices A al E (que contienen útiles cuestionarios y listas de verificación).

Apéndice A
La seguridad

• •

Tratar de que el mundo sea siempre un lugar seguro para sus hijos podría hacerlo sentir como una persona paranoica o sobreprotectora. Pues séalo. Es preferible sentirse así que tener que lamentar no haber invertido el tiempo y el dinero necesarios para convertir la casa y el automóvil en lugares seguros. Utilice estas listas para verificar que tiene todo lo que necesita (o que está haciendo todo lo necesario para que sus hijos vivan seguros). Lea, también, el capítulo 9 para que obtenga mayor información acerca de este tema.

Dispositivos de seguridad para incendios

- ❑ Detectores de humo.
- ❑ Extintores de incendio.
- ❑ Escaleras de emergencia.
- ❑ Detectores de monóxido de carbono.

Seguridad en el dormitorio

- ❑ No utilice cunas antiguas ni de fabricación casera.
- ❑ La ropa de la cama debe ser sencilla (sábana, manta y protectores laterales).
- ❑ No utilice almohadas (hasta que el niño tenga tres años).
- ❑ Deshágase de los protectores laterales cuando el niño ya pueda levantarse en la cuna.
- ❑ No coloque las cunas ni las camas de los niños pequeños cerca de persianas, cortinas o adornos que tengan cuerdas que ellos puedan jalar.
- ❑ Coloque protectores plásticos en todos los tomacorrientes eléctricos y en los cables conectados.
- ❑ Cerciórese de que los juguetes que están en el dormitorio de los niños sean apropiados para su edad.
- ❑ Lave y seque los juguetes de sus hijos con frecuencia.

❑ No coloque los recipientes de los juguetes, ni los muebles de sus hijos, cerca de las ventanas.

❑ Utilice recipientes para los juguetes que sean de material liviano, como el plástico, y que tengan tapas que se puedan retirar o mantener abiertas.

❑ Cerciórese de que los bolsos y las carteras estén fuera del alcance de los niños.

❑ No permita que los bebés duerman sobre colchones cubiertos de plástico.

❑ Los bebés no deben dormir nunca en camas de agua, ni sobre cojines, almohadones o edredones de los adultos.

❑ Nunca, y en ninguna circunstancia, deje solo o le dé la espalda a un bebé que esté sobre la mesa de cambiar pañales.

La seguridad y los accesorios infantiles

❑ Revise los juguetes para ver si les faltan partes.

❑ Revise los chupetes de su bebé para cerciorarse de que estén en buen estado. Si el chupete está roto, deshágase de él.

❑ Lave los chupetes a menudo.

❑ Nunca sujete el chupete alrededor del cuello del bebé.

❑ Deshágase de los móviles de la cuna cuando su bebé ya pueda levantarse y jalarlos.

❑ No acueste a sus hijos con juguetes sobre la cama.

❑ No utilice el cargador de su bebé, ni el asientito de su columpio, para llevar a su hijo en el automóvil o en bicicleta.

❑ Siga todas las instrucciones del fabricante para ensamblar y para utilizar los columpios infantiles.

❑ No coloque la silla alta del bebé muy cerca de las paredes, de los mostradores o de las mesas.

❑ Utilice los coches de sus hijos con su respectivo equipo de seguridad.

❑ Manténgase alerta a los deditos cuando esté armando, o desarmando, el coche.

❑ No cuelgue de las manijas del coche pañaleras o bolsos pesados.

❑ No utilice el caminador de su bebé cuando no haya colocado barreras en las escaleras.

La seguridad del salón familiar

❏ Coloque protectores plásticos en todos los tomacorrientes eléctricos y en todos los cables que estén conectados.

❏ Coloque barreras en la parte superior e inferior de todas las escaleras.

❏ Cuando visite casas ajenas, lleve una barrera portátil para colocar en la escalera.

❏ Coloque los objetos delicados en sitios altos, fuera del alcance de los niños (hasta que sus hijos ya sepan que no los deben tocar).

❏ Vigile a los niños pequeños cuando estén sentados en algún mueble.

❏ Raspe, lije y vuelva a pintar todas las áreas de su casa que lo necesiten.

❏ Haga revisar los escapes de monóxido de carbono de las calderas, de las chimeneas y de las parrillas de gas.

❏ Limpie una vez al mes los filtros de aire de los calentadores y del aire acondicionado.

❏ No mantenga el automóvil prendido dentro del garaje.

❏ Mantenga amarradas y fuera del alcance de los niños las cuerdas de persianas y cortinas.

La seguridad en la cocina

❏ Colóqueles cerraduras a todos los estantes.

❏ Cuando cocine, utilice los fogones posteriores de la estufa.

❏ Mantenga los cajones cerrados con seguro.

❏ Mantenga a los niños pequeños alejados cuando usted esté cocinando.

❏ Deshágase, o guarde muy bien, de las bolsas plásticas del supermercado, las bolsas de la basura, el plástico de envolver, las bolsas de los sandwiches, las bolsas de la lavandería y la cinta pegante de cualquier tipo (como la de los empaques de los juguetes).

❏ Mantenga las bebidas alcohólicas fuera del alcance de los niños.

❏ Haga una lista de los números telefónicos importantes y colóquela a la vista de todos, cerca del teléfono.

❏ Tenga siempre en su botiquín jarabe de ipecacuana, pero no lo utilice a menos que se lo ordene un médico o un experto de una clínica de toxicología.

La seguridad en el baño

❑ Mantenga los baños cerrados con barreras e instale seguros a una altura que sus hijos no puedan alcanzar.

❑ Mantenga cerradas las tapas de los sanitarios.

❑ Mantenga cerradas las puertas de las duchas.

❑ Nunca deje con agua los lavamanos, las bañeras, las tinas o los baldes.

❑ Guarde bajo llave las cremas, los perfumes, los desodorantes y toda esta clase de cosas.

❑ Mantenga siempre los medicamentos en el botiquín y fuera del alcance de los niños.

❑ Utilice empaques a prueba de niños para todo, absolutamente todo.

❑ Mantenga los electrodomésticos (como, por ejemplo, secadores de cabello, máquinas de afeitar eléctricas y planchas) desenchufados y guardados.

❑ No permita que los niños jueguen en el baño.

❑ Nunca descuide a un niño que esté en el baño.

La seguridad en el automóvil

❑ Cuando salgan en automóvil utilice siempre, siempre, siempre, las sillitas especiales para los niños. Lo exige la ley.

❑ Utilice únicamente las sillitas apropiadas para la edad y el peso de sus hijos.

❑ Ajuste la sillita del niño con el cinturón de seguridad del automóvil.

❑ Utilice siempre el cinturón de seguridad de la sillita del niño.

❑ Lea las instrucciones de la sillita y SÍGALAS.

❑ Las sillitas de mirar hacia atrás nunca se deben colocar en el asiento delantero del automóvil, donde se encuentra la bolsa de aire.

❑ Los niños que pesan menos de 20 libras siempre se deben colocar mirando hacia atrás.

Las quemaduras

❑ Ponga su taza de café en el centro de la mesa o del mostrador.

❑ No alce a sus hijos mientras tenga en la mano una taza con un líquido caliente.

❑ Siempre que le sea posible, utilice los fogones posteriores para cocinar.

❑ Coloque las manijas de las ollas mirando hacia la parte posterior de la estufa.

❑ Mantenga a los niños alejados de los calentadores y de las calderas.

❑ Esconda los encendedores desechables o no los utilice.

❑ No permita que sus hijos manejen el horno de microondas.

❑ Nunca alce a sus hijos mientras esté cocinando.

Cosas que atoran a los niños

❑ Uvas.

❑ Dulces duros.

❑ Pedazos de bombas desinfladas o reventadas.

❑ Monedas.

❑ Vegetales crudos cortados en círculos.

❑ Botones.

❑ Nueces.

❑ Palomitas de maíz.

❑ Ganchos pequeños.

❑ Juguetes pequeños y partes de juguetes.

❑ Salchichas cortadas en círculos.

❑ Bolsas de plástico.

Apéndice B

Los viajes

• •

Salir de viaje o de paseo puede ser una experiencia para disfrutar y para descansar (si usted está preparado) o puede ser un dolor de cabeza (si usted no está preparado). Utilice las siguientes listas de verificación cuando esté planeando sus salidas. Lea, también, los capítulos 17 y 20 para que obtenga más información acerca de este tema.

El contenido de la pañalera

❑ Pañales.

❑ Pañitos húmedos.

❑ Ungüento para la pañalitis.

❑ Toalla para las agrieras.

❑ Protector para el cambio de pañales.

❑ Alimentos.

❑ Utensilios para comer.

❑ Una muda de ropa.

❑ Chupete.

❑ Manta.

❑ Agua.

❑ Biberones.

❑ Chupetes para los biberones.

❑ Babero.

Consejitos para los viajes

❑ Dése todo el tiempo que necesite para llegar a su destino.

❑ Consulte con su agente de viajes acerca de centros vacacionales que tengan facilidades para niños.

❑ Mantenga a la mano juguetes y refrigerios.

❑ Lleve el número telefónico del pediatra.

❑ Lleve los papeles de su seguro médico.

Los viajes en automóvil

❑ Pare a menudo para descansar, para comer y para tanquear su automóvil.

❑ Láveles la cara y las manos a sus hijos y deshágase de la basura con frecuencia.

❑ Conduzca con cuidado.

Los viajes en avión

❑ Empaque pañales y ropa adicional.

❑ Vaya preparado para destaparles los oídos a sus hijos.

❑ Llévele a su pequeño la sillita especial para viajar en automóvil.

❑ Lleve bebidas y refrigerios.

❑ Limite el número de artículos que lleve a la mano.

❑ No permita que sus hijos caminen por los pasillos del avión.

❑ Reserve asientos que tengan compartimentos en la parte superior.

Lista de provisiones para viajar

❑ Pañales.

❑ Pañitos húmedos (o toallas para las manos).

❑ Toalla para las agrieras.

❑ Biberones y chupetes.

❑ Manta liviana.

❑ Utensilios para comer (cucharas, tazas).

❑ Bolsas de plástico para los pañales sucios o para la ropa sucia.

❑ Una muda de ropa.

❑ Bebidas (jugo, leche formulada, agua).

❑ Alimentos.

❏ Entretenciones para los niños.

❏ Pasaportes vigentes (si viajan fuera del país).

❏ Nombre y número telefónico de su pediatra y de su seguro médico.

❏ Medicamentos.

Pautas para las vacaciones familiares

❏ No programe demasiadas actividades.

❏ Cumpla los horarios para comer y para dormir de sus hijos (tanto como sea posible).

❏ Dedique mucho tiempo a holgazanear.

❏ No coman demasiadas galguerías.

Los viajes y los alimentos

❏ Lleve suficientes bebidas y alimentos.

❏ Mantenga suficiente comida a la mano.

❏ Mantenga suficientes bebidas.

❏ Lleve una botella de agua de su casa.

❏ Mantenga una buena provisión de jugo.

❏ No lleve frutas frescas (se pueden comprar en el camino).

Apéndice C

Atención infantil

● ●

De todos los temas que usted, como padre, debe investigar a fondo, el de la atención de sus hijos es el más importante. Utilice las listas de verificación y los cuestionarios que se encuentran en este apéndice para que su investigación sea menos complicada. Usted encontrará más detalles acerca de la atención infantil en el capítulo 21.

No deje a sus hijos con una niñera, sin autorizarla para buscar atención médica en caso de accidente (a menos que su hijo tenga problemas médicos que sólo usted pueda manejar). Utilice la siguiente ficha. Llénela y entréguesela a su niñera cuando la deje sola con sus hijos.

_____ tiene mi permiso para autorizar
    Escriba el nombre completo

tratamiento médico para mi(s) hijo(s) _____
                                                 Escriba los nombres de sus hijos

_____ en caso de que se presente una emergencia médica.

Firmado,

_____
Su firma completa

Las niñeras

Revise los siguientes puntos con su niñera:

❏ Las actividades de la noche.

_____

_____

❏ La hora de la siesta y la hora de acostarse.

_____

❏ Las normas del hogar.

_____

_____

❏ Lista de números telefónicos de emergencia y el número de donde usted va a estar durante la noche.

_____

_____

❏ La comida favorita de los niños, o cualquier alergia que tengan.

_____

❏ Los juguetes preferidos de sus hijos y los nombres que ellos les
dan.

_____

_____

❏ Los temores de sus hijos y lo que se puede hacer para tranquilizarlos cuando tengan miedo.

_____

_____

❏ Lista de *lo que se puede hacer* y de *lo que no se puede hacer.*

_____

Programas para después de la jornada escolar

1. ¿Hay un programa organizado para las tardes?   ❏ Sí   ❏ No

_____

_____

2. ¿Hay algún período para que los niños hagan
   sus tareas?   ❏ Sí   ❏ No

_____

3. ¿Reciben los niños algún refrigerio por la tarde,
   o lo tienen que llevar?   ❏ Sí   ❏ No

_____

4. ¿Cómo les entregan los niños a sus padres?

_____

_____

Cuestionario para la guardería o el centro infantil

1. ¿Podría darme los nombres y los números
   telefónicos de algunos padres cuyos hijos estén
   matriculados aquí en este momento (o que
   hayan estado aquí en el pasado)   ❏ Sí   ❏ No

_____

_____

_____

2. ¿Permiten ustedes visitas durante el día?   ❏ Sí   ❏ No

_____

3. ¿Qué clase de refrigerio o de almuerzo les
   ofrecen ustedes a los niños?

_____

4. ¿Puedo ver las áreas de juego? ❑ Sí ❑ No

_____

5. ¿Cuál es el procedimiento para entregar a los
   niños al final del día?

_____

6. ¿Cuáles son sus normas cuando un niño está
   enfermo?

_____

_____

7. ¿Les administran ustedes medicamentos a
   los niños? ❑ Sí ❑ No

_____

¿Cuál es su política a este respecto?

_____

8. ¿Qué harían si mi hijo se lastima?

_____

9. Si la persona que esté a cargo de mi hijo solamente llama en caso
   de emergencia, ¿qué es una emergencia?

_____

10. ¿Cuál es el costo de la pensión?

_____

¿Hay algún costo adicional por recoger a los
niños después de la hora fijada? ❑ Sí ❑ No

_____

¿Qué planes de pago tienen?

_____

¿Cobran también cuando los niños están
en vacaciones? ❑ Sí ❑ No

_____

11. ¿Qué lo acredita a usted como profesor?

12. ¿Cuán frecuentemente cambian sus profesores?

13. ¿Revisan ustedes las referencias de sus
profesores? ❏ Sí ❏ No

14. ¿Como imparten ustedes la disciplina?

15. ¿Qué tipo de comunicación tendré con la persona que esté a cargo
de mi hijo?

16. ¿Cuánto entrenamiento debe tener mi hijo en el uso de la vacinilla?

17. ¿Cuál es su horario de actividades diarias para los niños?

18. ¿Tienen los niños la posibilidad de dormir la siesta? ❏ Sí ❏ No

¿Cuál es su política para los niños que ya no duermen la siesta?

19. ¿Podría ver el último informe sobre su licencia
de funcionamiento? ❏ Sí ❏ No

Normas para dejar a los niños en la guardería

❏ Tómese su tiempo para arreglarse por la mañana y no se apresure.

❏ Quédese un ratito con su hijo en la guardería o en el centro infantil cuando lo lleve por la mañana.

❏ Nunca se vaya de la guardería sin que su hijo se dé cuenta.

❏ Despídase de su hijo rápidamente y sin rodeos.

❏ No reprenda a su hijo si llora cuando usted se va.

❏ No sea muy duro con usted mismo.

❏ No se preocupe si no encuentra a su hijo por la tarde tan *impecable* como lo dejó por la mañana.

Apéndice D
La atención médica

. . . .

*E*legir al médico adecuado para sus hijos signica que usted tendrá
que hacer algunas investigaciones. Utilice los siguientes cuestionarios y las siguientes listas para buscar al médico que le agrade a usted y
a su familia, y que le ayude a recordar aspectos importantes de la salud
de sus hijos. Usted obtendrá más información acerca de la búsqueda de
atención médica en el capítulo 22.

Cuestionario para la búsqueda de un médico

1. ¿Cuál es su horario de consulta?

   _____

2. ¿Cómo funcionan aquí las visitas de seguimiento?

   _____

3. ¿Atienden ustedes sin cita previa?   ❏ Sí   ❏ No

   _____

4. ¿Qué planes de pago tienen?

   _____

5. ¿Qué debo hacer en caso de que se presente una emergencia?

   _____

6. ¿Cuentan ustedes con médicos adicionales?   ❏ Sí   ❏ No

   _____

7. ¿Tienen ustedes médicos de reemplazo?   ❏ Sí   ❏ No

   _____

Cuestionario para quienes le recomienden un médico

1. ¿Qué le gusta de ese médico?

_____

_____

2. ¿Qué no le gusta de ese médico?

_____

_____

3. ¿Es ese médico receptivo a sus preguntas?   ❏ Sí   ❏ No

_____

4. ¿Es ese médico suave y amable con sus hijos?   ❏ Sí   ❏ No

_____

5. ¿Les gusta a sus hijos ese médico?   ❏ Sí   ❏ No

_____

6. ¿Le dedica ese médico tiempo a usted para discutir sus inquietudes?   ❏ Sí   ❏ No

_____

7. ¿Tiene ese médico experiencia con madres que han amamantado?   ❏ Sí   ❏ No

_____

_____

8. ¿Comparte ese médico sus puntos de vista acerca de la nutrición y de la edad para empezar a darles alimentos sólidos a los niños?   ❏ Sí   ❏ No

_____

Pautas para buscar una droguería adecuada

Ubicación: _____

Horario de servicio:_____

Registro computarizado: ❏ Sí   ❏ No

Información acerca de los medicamentos: ❏ Sí   ❏ No

**Reglas para establecer una buena relación
entre su hijo y el médico**

❏ Muéstrese relajado y contento cuando visiten al médico.

❏ Salude alegremente al médico.

❏ Diríjase a él por su nombre.

❏ Déle las gracias al médico al terminar la consulta.

❏ No utilice las visitas médicas para amenazar a su hijo.

❏ Nunca le diga a su hijo que algo no le va a doler, si usted sabe que, en realidad, sí le dolerá.

Las visitas al médico

Edad	Objetivo
❏ 1 semana	Examen
❏ 2 semanas	Examen y vacunación
❏ 2 meses	Examen y vacunación
❏ 4 meses	Examen y vacunación
❏ 6 meses	Examen y vacunación
❏ 9 meses	Examen y vacunación

❏	12 meses	Examen
❏	15 meses	Examen y vacunación
❏	18 meses	Examen
❏	2 años	Examen
❏	3 años	Examen
❏	5 años (o antes de entrar al colegio)	Examen y vacunación
❏	Cada 2-3 años de ese momento en adelante	Exámenes generales
❏	12 años	Exámenes y vacunación
❏	15 años	Exámenes y vacunación

Problemas de visión
(Cuándo se debe visitar al médico)

❏ Su hijo desvía los ojos o se los restriega a menudo (cuando no está cansado).

❏ Los ojos de su hijo se mueven con rapidez hacia arriba y hacia abajo o de un lado hacia el otro.

❏ Los ojos de su hijo se ven llorosos, sensibles a la luz o distintos de como son normalmente.

❏ Las pupilas tiene alguna substancia blanca, blanca grisosa o amarillosa.

❏ Los ojos permanecen enrojecidos durante varios días.

❏ Los párpados se ven caídos o los ojos están hinchados.

❏ Hay secreción en un ojo, o en ambos, que no desaparece.

Programa de higiene dental

❏ Láveles los dientes a sus hijos todos los días, ojalá dos veces.

❏ Utilice seda dental cuando las muelas de sus hijos se empiecen a tocar unas con otras.

❏ Déles a sus hijos agua para beber, incluido el bebé.

❏ Apenas les salgan los dientes a sus hijos utilice un cepillo dental especial para niños y cepílleselos con suavidad.

❏ Utilice solamente una pequeña cantidad de crema dental (del tamaño de una uña del bebé) cuando les lave los dientes a sus hijos.

❏ Ayúdeles a sus hijos a lavarse los dientes hasta que tengan siete u ocho años.

❏ No olvide cepillarles la lengua y el paladar.

Pautas para visitar al odontólogo

❏ Permita que sus hijos se sienten solos, sin su ayuda, en la silla del odontólogo.

❏ Déle siempre las gracias al odontólogo al terminar la consulta.

❏ Léales a sus hijos libros que traten sobre las visitas al odontólogo y múestreles dibujos de cosas que posiblemente ellos verán en el consultorio.

❏ No utilice las citas a donde el odontólogo para amenazar a sus hijos.

❏ No les hable a sus hijos acerca de la posibilidad de que sientan dolor o molestias.

Apéndice E

Pautas para que sus hijos permanezcan sanos

* *

*U*tilice esta sección como referencia para que sus hijos permanezcan sanos. De igual modo, usted debe leer el capítulo 23 para que
obtenga más información acerca de lo que usted puede hacer para que
sus hijos sean siempre saludables.

Pautas para clima cálido

❑ Aplíqueles a sus hijos filtro antisolar cuando vayan a estar expuestos al sol (excepto a los bebés menores de seis meses).

❑ Aplíqueles el filtro antisolar por todo el cuerpo (pero evite el área
alrededor de los ojos).

❑ Aplíqueles a sus hijos el filtro antisolar con generosidad.

❑ Lea las instrucciones del filtro antisolar.

❑ No exponga a sus hijos al sol entre las 10:00 A.M. y las 3:00 P.M.

❑ Póngales a sus hijos un sombrero cuando estén expuestos al sol.

❑ Observe cuidadosamente a sus hijos cuando esté haciendo mucho
calor afuera.

❑ No permita que sus hijos jueguen afuera durante más de una hora
sin que se refresquen.

❑ Déles a sus hijos abundantes líquidos.

❑ Tome medidas de protección adicionales con su bebé, porque los
bebés no sudan bien.

Pautas para clima frío

❏ Nunca permita que sus hijos jueguen afuera cuando hace frío sin la indumentaria apropiada.

❏ Mantenga secos los dedos de las manos y de los pies de sus hijos cuando jueguen afuera.

❏ Cerciórese de que las botas y los zapatos de invierno no les queden apretados a sus hijos.

❏ Ponga un límite a la cantidad de tiempo que sus hijos pueden permanecer por fuera de la casa.

Señales de enfermedad

Todas estas señales indican que su hijo puede estar enfermo. Mantenga esta lista a la mano. Si sus hijos tienen algunos de estos síntomas, llévelos a donde el médico inmediatamente. Nunca corra riesgos cuando esté de por medio la salud de sus hijos.

❏ Dificultad para respirar.

❏ Gritar duro, mientras levantan las rodillas.

❏ Jalarse las orejas.

❏ Amígdalas inflamadas.

❏ No despertarse para comer o no comer la cantidad normal.

❏ Cambios en los horarios de sueño.

❏ Dificultad para despertarse.

❏ Tener la tez pálida o grisácea.

❏ Ojeras oscuras bajo los ojos.

❏ Labios amoratados.

❏ Debilidad y falta de energía.

❏ Mal aliento (sin haberse comido tres huevos duros).

❏ Olor en las partes privadas, incluso después del baño.

Cómo se previene la proliferación de los gérmenes

❑ No comparta las toallas.

❑ No comparta las tazas.

❑ No bese a sus mascotas.

❑ No se siente en sanitarios sucios.

❑ No coma carne o huevos crudos.

❑ No fume.

❑ No se toque la cara.

❑ Lávese las manos.

❑ Desinfecte la casa a menudo.

El botiquín

❑ Termómetro.

❑ Jeringa de succión.

❑ Gotero para los ojos.

❑ Dispensador de medicamentos.

❑ Tylenol para niños o para infantes (acetaminofén).

❑ Bolsa de hielo.

❑ Venditas adhesivas, o curitas.

❑ Suero oral.

❑ Ungüento para la pañalitis.

❑ Vaselina.

❑ Bálsamo labial.

❑ Jabón y loción humectantes.

❑ Loción contra la rasquiña.

❑ Pinzas.

❑ Tijeras.

❑ Jarabe de ipecacuana.

❑ Linterna.

❑ Libreta y bolígrafo.

❑ Humidificador o vaporizador.

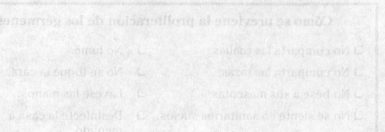

Cómo se previene la proliferación de los gérmenes

- No comparta los cepillos
- No lo lame
- No comparta las tazas
- No se toque la cara
- No bese a sus mascotas
- Lávese las manos
- Uno se siente en sanitarios sucios
- Desinfecte la casa a menudo
- No coma carne o huevos crudos

El botiquín

- Termómetro
- Jeringa de succión
- Gotero para los ojos
- Dispensador de medicamentos
- Tylenol para niños o para infantes (acetaminofén)
- Bolsa de hielo
- Vendas adhesivas o curitas
- Suero oral
- Ungüento para la pañalitis
- Vaselina
- Bálsamo labial
- Jabón y loción humectantes
- Loción contra la rasquiña
- Pinzas
- Tijeras
- Jarabe de ipecacuana
- Linterna
- Libreta y bolígrafo
- Humidificador o vaporizador

Índice

● ●

• E •

• F •

• G •

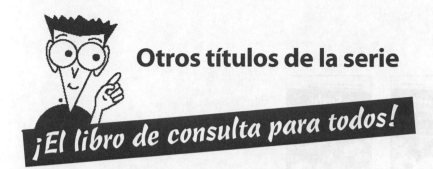

Otros títulos de la serie

¡El libro de consulta para todos!

ARTE, MÚSICA, HISTORIA Y RELIGIÓN

CC 09149

CC 09236

CC 09295

CC 09245

CC 09299

CC 09301

CC 09278

HOGAR Y TIEMPO LIBRE

CC 09249

CC 09254

CC 09208

CC 09305

CC 09280

CC 09308

SUPERACIÓN PERSONAL

CC 09261

CC 09296

CC 09298

CC 09297

CC 09307

CC 09304